मानक हिन्दी का स्वरूप

मानक हिन्दी का स्वरूप

मानक हिन्दी का स्वरूप

कलानाथ शास्त्री

राधाकृष्ण प्रकाशन

ISBN : 978-81-7119-801-6

मानक हिन्दी का स्वरूप

पहला संस्करण : 2002
पहली आवृत्ति : 2023
This book is printed on **Print on Demand** Technology : 2025

मूल्य : ₹795

प्रकाशक
राधाकृष्ण प्रकाशन प्राइवेट लिमिटेड
जी-17, जगतपुरी, दिल्ली-110 051

शाखाएँ : अशोक राजपथ, साइंस कॉलेज के सामने, पटना-800 006
पहली मंजिल, दरबारी बिल्डिंग, महात्मा गांधी मार्ग, प्रयागराज-211 001
1, अनमोल सोराबजी संतुक लेन, धोबी तलाव, मरीन लाइंस, मुम्बई-400 002

वेबसाइट : www.radhakrishnaprakashan.com
ई-मेल : info@radhakrishnaprakashan.com

MANAK HINDI KA SWARUP
by Kalanath Shastri

भूमिका

पिछले छह-सात दशकों में हिन्दी का प्रयोग साहित्यसर्जन के साथ-साथ पत्रकारिता के राष्ट्रीय और अन्तरराष्ट्रीय स्वरूपों में, इलेक्ट्रानिक मीडिया में, प्रशासन में, विधायन में, न्याय में, उच्च एवं तकनीकी शिक्षा के माध्यमों में, कम्प्यूटरीकरण में, खेलों की कमेंटरियों में तथा अन्य अनेक क्षेत्रों में जिस तीव्र गति से हुआ है उसके कारण उसमें नए-नए शब्दों और अभिव्यक्तियों का उद्भव हुआ है, यह स्पष्ट है। इस क्षेत्र-विस्तार के फलस्वरूप हिन्दी के प्रयोग में जल्दबाजी में, भ्रम में या अज्ञानवश कुछ अशुद्धियाँ हो जाती हैं, कुछ असंगतियाँ पनप जाती हैं, कहीं एकरूपता की बजाय अनेकरूपता दिखलाई देने लगती है यह भी सुविदित है। किसी भी भाषा के वेगवान विकास के कालखंड में ऐसी स्थितियाँ स्वाभाविक हैं। ज्यों-ज्यों परिपक्वता और स्थिरीकरण की प्रवृत्ति पनपती है, अशुद्धियों के संशोधन और मानकीकरण की प्रवृत्ति स्वतः उद्भूत होती है। पिछले कुछ दशक इस स्थिति के भी साक्षी रहे हैं।

मैंने अंग्रेजी के अध्यापन और संस्कृत में सर्जन के बाद जीवन के तीन-चार दशक हिन्दी की सेवा, राजभाषा की व्यवस्था, शब्दावली संकलन, अनुवाद प्रबन्धन आदि को ही समर्पित किए। इस दौरान हिन्दी का कौन-सा शब्द या प्रयोग शुद्ध है, कौन-सा अशुद्ध, कौन-सी वर्तनी मानक है, कौन-सी अमानक—ऐसे प्रश्नों से आए दिन जूझना होता था, ऐसे ही विषयों पर प्रशिक्षण देना होता था, कभी पत्र-पत्रिकाओं में लेख या लेखमालाएँ भेजनी होती थीं। ऐसी जिज्ञासाएँ आज भी बराबर बनी हुई हैं। यद्यपि ऐसे विषयों पर पिछले दिनों कुछ पुस्तकें भी प्रकाशित हुई हैं किन्तु ऐसे प्रश्नों पर अधिकृत निर्णय और पर्याप्त प्रकाश की वांछनीयता आज भी बनी हुई है। इसी की पूर्ति का प्रयास है यह पुस्तक जिसमें वर्तनी, व्याकरण, प्रयोग, शैली आदि से सम्बन्धित मानकीकरण के प्रश्नों पर सरल और तर्कपूर्ण विवेचन प्रस्तुत किया गया है। साथ ही विभिन्न क्षेत्रों में हिन्दी के विभिन्न आयामों पर चिन्तन और जानकारी भी अभिलिखित है। इसमें समय-समय पर प्रकाशित इस विषय के मेरे कुछ लेख भी संकलित हैं।

हिन्दी की शुद्धि और मानकीकरण में किस सीमा तक संस्कृत व्याकरण का मार्गदर्शन लिया जाए और किस सीमा तक उसे अपना रास्ता स्वयं तलाशने दिया जाए, इन बिन्दुओं पर विद्वानों का विचारमंथन पिछली एक सदी से चल रहा है। उन्हीं प्रसंगों का जिक्र करते हुए कहीं-कहीं इस पुस्तक में 'संस्कृतवाले' और 'हिन्दीवाले' जैसे शब्द भी आ गए हैं। इन्हें किसी अलगाववाद का प्रेरक न माना जाए, अपितु संस्कृतनिष्ठ

शैली और हिन्दी के अपने चलन के प्रतीक मानकर पढ़ा जाए यह हमारा निवेदन है। ऐसे फिकरे इस पुस्तक में इस कारण भी आ गए हैं कि इसमें वैदुष्य से बोझिल विवेचन वाली शैली न अपना कर हमने रोचक, सर्वजनबोध्य, हलकी-फुलकी पत्रकारिता वाली शैली अपनाई है।

यह तो स्पष्ट ही है कि ऐसे विषयों पर लिखी कोई भी पुस्तक स्वतःपूर्ण होने का दावा नहीं कर सकती। शब्द, अभिव्यक्तियाँ और शैलियाँ उपजती, फैलती, उभरती और विलीन होती रहती हैं। इन दिनों जिस प्रकार की जिज्ञासाएँ बलवती हैं, उन सबका समावेश इसमें हो जाए यह हमारा प्रयत्न रहा है। इसे अधिकाधिक सर्वांगीण बनाने की दृष्टि से ही मानकीकरण सम्बन्धी भारत सरकार के अनुदेश भी परिशिष्ट के रूप में दे दिए गए हैं, कुछ पुस्तकों की सूचनाएँ भी। कहीं-कहीं पूर्व प्रसंगों के सन्दर्भ अथवा विषयवस्तु के संयोजन एवं संकलन के कारण दोहराव जैसा अवश्य लगेगा किन्तु वह सुबोधता और स्पष्टता के लिहाज से रहने दिया गया है। इसके लिए हम क्षमा प्रार्थी हैं।

—देवर्षि कलानाथ शास्त्री

(भूतपूर्व निदेशक, भाषा विभाग, राजस्थान सरकार एवं अध्यक्ष, राजस्थान संस्कृत अकादमी)
प्रधान सम्पादक, "भारती" संस्कृत मासिक

अध्यक्ष
मंजुनाथ स्मृति संस्थान
सी/8 पृथ्वीराज रोड, जयपुर

क्रम

नई अपेक्षाएँ

मानक हिन्दी और देवनागरी

भाषा-चिन्तन

प्रस्तावना

हिन्दी भाषा का विकास, विस्तार और प्रसार पिछली अर्ध शताब्दी में सरकारी और गैर सरकारी प्रयत्नों के फलस्वरूप जिस तीव्र गति से हुआ है वह गति पिछले युगों में दो-तीन सदियों में भी नहीं आ पाई थी। आज ग्रन्थों, पत्र-पत्रिकाओं एवं अन्य जनसंचार माध्यमों में हिन्दी का न केवल देश में बल्कि अन्तर्राष्ट्रीय स्तर पर भी प्रयोग हो रहा है। शिक्षा के माध्यम के रूप में उच्चतम स्तर पर हिन्दी स्वीकृत है। इस विशाल क्षेत्र-विस्तार के परिणामस्वरूप उसकी वर्तनी, व्याकरण, शैली तथा चलन के बारे में अनेक जिज्ञासाएँ उद्‌भूत हुई हैं तथा शुद्धि-अशुद्धि के बारे में व्यापक पैमाने पर विचार होने लगा है। ऐसी जिज्ञासाओं के शमन के लिए मुझे पिछले 40 वर्षों में अनेक सत्रों को सम्बोधित करना पड़ा है, अनेक लेख लिखने पड़े हैं तथा व्यक्तिशः शंकाओं का समाधान या मार्गदर्शन करना पड़ा है। इन दिनों विभिन्न क्षेत्रों में हिन्दी में जो नए शब्द आ गए हैं उनके प्रयोग के प्रसंग में भी नई जिज्ञासाएँ पनपी हैं। उनका शमन पुरानी पुस्तकों से नहीं हो पाता।

ऐसी कुछ जिज्ञासाओं को लेकर एक लेखमाला निकाली जाए ऐसा आग्रह नवभारत टाइम्स के जयपुर संस्करण के तत्कालीन सम्पादक श्री श्याम आचार्य ने मुझसे किया था जिसके फलस्वरूप 60-70 आलेख उक्त दैनिक में धारावाहिक रूप से निकले थे। इनमें हिन्दी के राजभाषा रूप की जानकारी तो थी ही, उसके शब्दों की वर्तनी और व्याकरण के बारे में, उसके वाक्यों के गठन और चलन के बारे में तथा उसकी शैली के निखार के बारे में व्यावहारिक अनुभवों के आलोक में जो सामग्री दी गई थी उसे पत्रकार जगत ने भी पसन्द किया और विद्वत् जगत ने भी। नवभारत टाइम्स के प्रधान सम्पादक श्री राजेन्द्र माथुर जब जयपुर आए और उन्होंने यह लेखमाला देखी तो वे इसकी पूरी कतरनें निकलवाकर दिल्ली ले गए। उनका स्नेहादेश था कि इस प्रकार की सामग्री पुस्तकाकार में भी मिलनी चाहिए। दुर्भाग्यवश कुछ अर्से बाद ही उनका निधन हो गया किन्तु उनकी यह प्रेरणा अनेक माध्यमों से नवीकृत होती रही। अनेक विद्वान मित्रों, पत्रकारों तथा वरिष्ठ अधिकरियों ने आग्रहपूर्वक कहा कि इसे पुस्तकाकार प्रकाशित करना चाहिए। इसी का परिणाम है यह संकलन जिसमें उपर्युक्त सभी तरह की सामग्री क्रमिक रूप से संकलित है तथा अन्य अनेक विषय, शंका समाधान एवं

मार्गदर्शी सिद्धान्त स्थान-स्थान पर जोड़े गए हैं। इसमें व्याकरण की या विवेचन की शैली नहीं है, लेखक को व्यावहारिक नुस्खे बताने और सुझाव देने की शैली अपनाई गई है। अधिकांशतः वे शब्द लिए गए हैं जो प्रबुद्धजनों के लिए भी जिज्ञास्य रहते हैं। छात्रोपयोगी ऐसी छोटी-मोटी काना मात्रा की अशुद्धियाँ या माध्यमिक शिक्षा के लायक व्याकरण की अशुद्धियों को शुद्ध करने का क्षेत्र यह नहीं है। इसलिए इसमें या तो उच्चतर शास्त्रीय लेखन में होनेवाली अशुद्धियों की चर्चा मिलेगी या वर्तनी की एकरूपता जैसे विवादास्पद विषयों पर नवीनतम निर्णयों की जानकारी। दूसरे शब्दों में यह 'अच्छी हिन्दी' लिखने की कुंजी के रूप में तथा कौन सी वर्तनी मानक है इसकी कुंजी के रूप में अधिक उपयोगी होगी, ऐसी आशा है।

हिन्दी में संस्कृतनिष्ठ शब्दों को किस प्रकार लिखा जाए, उसका व्याकरण-सम्मत रूप क्या है, विभक्तियों को सटाकर लिखा जाए या हटाकर—ऐसे अनेक प्रश्न 20वीं सदी के प्रारम्भ से हिन्दी के विद्वानों को झकझोरते रहे हैं। अनेक ग्रन्थ ऐसे प्रसंगों में लिखे भी जा चुके हैं। लिपि सुधार तथा वर्तनी की एकरूपता के लिए भी लखनऊ में विद्वानों की एक समिति ने (उत्तर प्रदेश सरकार के तत्त्वावधान में) विचार किया था। फिर शिक्षा मन्त्रालय के तत्त्वावधान में विशेषज्ञ समितियों ने इन प्रश्नों पर विचार किया। केन्द्रीय हिन्दी निदेशालय ने भी इस पर एक निदेशावली निकाली। उन सबके इतिहास को दोहराने की आवश्यकता नहीं। 1905 में नागरी प्रचारिणी सभा ने विद्वानों को इस बात के लिए एकत्र किया था, 1947, 1953, 1957 में उत्तर प्रदेश सरकार ने, फिर 1962 में भारत सरकार ने। इस पुस्तक में कहीं-कहीं उनके सन्दर्भ मिल ही जाएँगे। वैसे हिन्दी व्याकरण के मानक स्वरूप की तथा वर्तनी की एकरूपता की कमी बहुत पहले से विद्वानों को अखर रही है। इसी दृष्टि से पं. कामता प्रसाद गुरु से नागरी प्रचारिणी सभा ने हिन्दी का व्याकरण लिखवाया था जो मिस्टर केलॉग के अंग्रेजी में लिखे हिन्दी व्याकरण से प्रभावित था। वह बहुत श्रम से लिखा गया था और एक समिति की मुहर भी उस पर लग गई थी। किन्तु उसकी अनेक खामियाँ वर्षों तक उसी प्रकार बताई जाती रहीं जिस प्रकार नागरी प्रचारिणी के वृहत् हिन्दी शब्द सागर की। पं. किशोरीदास वाजपेयी उसके आलोचकों में प्रमुख थे। वाजपेयीजी की उद्भट प्रतिभा, पैनी समीक्षा दृष्टि और हिन्दी की आत्मा की पहचान बहुत से विद्वानों को प्रभावित कर गई थी। इसमें पं. अम्बिका प्रसाद वाजपेयी, राहुल सांकृत्यायन, डॉ. अमरनाथ झा आदि अनेक मूर्धन्य विचारक थे। नागरी प्रचारिणी सभा ने वाजपेयीजी से हिन्दी का चलन और व्याकरण की शुद्धि को देखते हुए हिन्दी के सही रूप पर व्याकरण लिखवाया जिसके फलस्वरूप **हिन्दी शब्दानुशासन** प्रकाशित हुआ। स्वयं वाजपेयीजी ने एक छोटी पुस्तक 'हिन्दी शब्द मीमांसा' प्रकाशित कराई थी जिसमें ऐसे ही चुटीले प्रश्नों पर विवेचन था कि 'चाहिये' सही है या 'चाहिए'। 'दुहरा' सही है या 'दोहरा'। 'आपकी इच्छानुसार' सही है 'आपके इच्छानुसार'। उनकी दृष्टि सन्तुलित थी। हिन्दी के चलन को उन्होंने सर्वाधिक महत्त्व दिया था और आँख मींचकर संस्कृत व्याकरण की लकीर पीटने का विरोध किया था।

संस्कृतवाले 'लोग एकत्रित हुए' जैसे वाक्यों को अशुद्ध कहते थे, एकत्र हुए लिखते थे। वाजपेयीजी ने एकत्रित को तत्रत्य की तरह व्याकरण से सही माना और हिन्दी के चलन के मुताबिक बतलाया। हिन्दी के हिसाब से वे उपरोक्त को सही मानते हैं जैसे कि उपरान्त सही है। चलन के नाम पर ही उन्होंने संसद सदस्य को ठीक माना था जबकि संस्कृत समास और संधि के हिसाब से संसत् सदस्य होना चाहिए। जिस प्रकार मनोकामना और मूसलाधार शब्द हिन्दी के चलन में सही हैं (संस्कृत के हिसाब से मनःकामना और मूसलधार होने चाहिए) उसी प्रकार चार सूत्री कार्यक्रम (चतुःसूत्री नहीं) गौ सेवा, नेता निवास (नेतृनिवास नहीं) इकतरफा, पचमेल, अठपहलू आदि हिन्दी की प्रकृति ने अपना लिए हैं। उनके अनुसार तुम विद्वान होओ यही आशीर्वाद देना उचित है, तुम विद्वान हो का अर्थ दूसरा होता है। कपड़े धोओ क्यों सही है और लड़कियाँ गई थीं में अनुस्वार केवल थी में क्यों पर्याप्त है इन सबमें उन्होंने तर्कपूर्ण पद्धति बतलाते हुए अच्छा विवेचन किया था। उनका कहना था कि मुझे किताबें नहीं पढ़नीं में नी के ऊपर अनुस्वार होना जरूरी है किन्तु मुझे किताबें पढ़नी थीं में थीं के ऊपर अनुस्वार पर्याप्त है क्योंकि सहायक क्रियाओं में से अन्तिम स्वर पर अनुस्वार बहुत्व का सूचक हो जाता है। उन्होंने ही गये, चाहिये व आये आदि में ये को गलत बताकर ए को सही बताया था जैसे ग्रन्थ लिए, किताबें लीं, बातें कीं (करी नहीं) इन सबमें ई ही क्रिया पद का अंग होता है यी नहीं।

उन्होंने तो भाषण देना को सही करार दिया था क्योंकि भाषण करने का मतलब होता है बातचीत करना और भाषण देना का मतलब है औपचारिक स्पीच देना। वे तो धन्यवाद देना को भी चलन के कारण सही बतलाते हैं। ठीक भी है, चलन पर गहरी दृष्टि रखते हुए ही व्याकरण लिखा जा सकता है। उसमें बड़ी बारीकी से यह विचार करना होता है कि कौन सा चलन और किस प्रकार का चलन प्रामाणिक माना जाए। हमने वाजपेयीजी की दृष्टि का भी पूरा सम्मान किया है और चलन के आधार पर व्याकरण का साधुत्व परखने को पूर्ण मान्यता दी है। उसमें केवल यही कसौटी रखी है कि कोई शब्द व्याकरण से अशुद्ध है किन्तु चलन में है तो वह अवश्य मान्य माना जाएगा बशर्ते व्याकरण-सम्मत शुद्ध रूप चलन में बिल्कुल न रहा हो। इसमें केवल ऐसे ही अपवाद रह गए जैसे उपर्युक्त भी चल रहा है जो संस्कृतनिष्ठ शब्द के रूप में सही है किन्तु उपरोक्त भी तद्भव शब्द के रूप में सही है।

वाजपेयीजी की पैनी दृष्टि ने विभक्तियों को सटाकर लिखने की बजाय हटाकर लिखने का मार्ग ही उपयुक्त पाया था। उनके सभी तर्कों को परवर्ती पीढ़ी ने भी मान्यता दी और भारत सरकार ने भी। उनका केवल एक प्रयोग चलन और विद्वत् समाज द्वारा नहीं अपनाया जा सका। वह था होगा, चलेगा आदि में गा को अलग लिखना। तर्क की दृष्टि से तो यही सही था कि रहा है, गया था आदि में है, था आदि काल सूचक क्रियासहायकों को जैसे अलग लिखा जाता है वैसे भविष्यसूचक गा को भी अलग ही लिखा जाए। जाए ही गा आदि मे ऐसा लिखना ही पड़ता है। किन्तु चलन ने होगा,

होगी आदि को एक साथ लिखना ही स्वीकार किया। हमारे ध्यान में उनकी केवल एक यही बात नहीं अपनाई गई, बाकी सभी बिल्कुल सटीक बैठी हैं।

उनका यह विवेचन बड़ा चुटीला रहा कि नेताओं को रिहा करना मूर्खता होगी लिखा जाए या होगा। यह कहना जल्दबाजी होगी या जल्दबाजी होगा। शिक्षा का माध्यम हिन्दी घोषित होगी ठीक है या होगा। उन्होंने सब जगह होगी को ही सही माना था।

इस प्रकार के गहरे विवेचन के लिए उनका **हिन्दी शब्दानुशासन** और **हिन्दी शब्द मीमांसा** अवलोकनीय हैं। वर्तनी और लिपि के मानक स्वरूप के बारे में भारत सरकार के अनुदेश नवीनतम और सर्वमान्य होने चाहिए, सिवा उन बिन्दुओं के जिन्हें चलन ने नहीं अपनाया है। इसमें हम तीन बातें उल्लेखनीय मानते हैं। एक तो भारत सरकार ने विद्या, बुद्धि, विद्वान इन तीन शब्दों के तीनों संयुक्ताक्षरों द्य, द्ध, द्व को लिपि से बाहर मानते हुए यह फतवा दे दिया था कि इसमें द् को हलंत करके ही संयुक्ताक्षर लिखा जाए विद्‌या, बुद्‌धि, विद्‌वान जैसे खड़ी पाईवाले अक्षरों में खड़ी पाई हटाकर संयक्ताक्षर बनाए जाएँ किन्तु जहाँ खड़ी पाई नहीं है उन अक्षरों में हलंत लगाकर ही संयुक्ताक्षर बनाए जाएँ। इस हिसाब से तो यह प्रक्रिया सही थी किन्तु हिन्दी में द्य, द्ध, द्व ये अक्षर इतने अधिक आते हैं कि उसके द्वारा, द्वन्द्व आदि शब्दों में हलन्त लिखना कितना अटपटा लगता है, यह आप स्वयं देख सकते हैं। द्वारा शब्द तो इन दिनों सरकारी इबारतों में बहुत आने लगा है। इसलिए सरकारी अनुदेशों के बावजूद ये संयुक्ताक्षर चलते रहे। उस समय ये तीन संयुक्ताक्षर हिन्दी टाइपराइटर के कुंजी-पटल में नहीं थे। शायद भारत सरकार के हलंत लगाकर लिखने के अनुदेश का यह भी एक कारण रहा हो किन्तु बाद में इन्हें कुंजी-पटल में लेना पड़ा। आज इन्हें त्र, ज्ञ और श्र की तरह अलग से संयुक्ताक्षर मानने में न तो कोई असुविधा है न अनौचित्य। इससे सुविधा ही बढ़ेगी। हमने यह बात इसी दृष्टि से शामिल की है। 1957 के लखनऊ सम्मेलन में भी विद्वानों ने द्य आदि अक्षरों को अलग से उसी प्रकार लिखे जाने का विकल्प स्वीकृत किया था। चलन ने उस पर अब मुहर भी लगा दी है।

यह भी हमने बतलाया है कि हिन्दी, सम्पादक आदि में अनुस्वार लगाकर लिखने का उनका निर्णय चलन ने नहीं माना। हिन्दी, नन्दन, सम्पादक, केन्द्र सबमें आधा न और आधा म लिखा जा रहा है। इसका कारण हिन्दी की प्रकृति ही है। गंगा, चंचल, घंटा आदि में आधा ङ्, ञ्, ण् (गङ्गा, चञ्चल, घण्टा) लिखने का चलन तो संस्कृत में ही है अतः हिन्दी ने पंचमाक्षरों को अनुस्वार के रूप में ही अपनाया है किन्तु आधे न और आधे म से लिखने का चलन हिन्दी में उसका अपना है इसलिए उसे नकारना सम्भव नहीं रहा। एक सिद्धान्त के हिसाब से चाहे यह सही बैठता हो, किन्तु ऐसे एक ही लाठी से सारी भैंसें नहीं हाँकी जा सकतीं। चलन अपवाद ज्यादा कर देता है। पं. किशोरीदास वाजपेयी ने तो विस्तार से यह प्रतिपादित किया था कि नन्दन, सम्पादक आदि में आधा न और म लिखना ही हिन्दी के हिसाब से ठीक है जबकि गंगा, चंचल, घंटा आदि में अनुस्वार लिखना।

शेष सभी अनुदेश जो भारत सरकार ने जारी किए हैं पूर्णतया युक्तियुक्त और सर्वमान्य हैं इसीलिए उन्हें हमने परिशिष्ट में ज्यों के त्यों उद्धृत करना उचित समझा।

परिनिष्ठित हिन्दी का उद्विकास

हिन्दी पिछले सौ वर्षों में जितनी सर्वांगीण प्रगति कर चुकी है, उसे देखते हुए सहसा विश्वास नहीं होगा कि लगभग 200 वर्ष पूर्व यह भाषा अखिल भारतीय स्तर पर साहित्य सर्जन की अर्थात् काव्य की भाषा नहीं थी। तब तक ब्रजभाषा ही काव्य रचना का अखिल भारतीय माध्यम था। इसलिए हिन्दी नाम से जो भाषा उद्विकसित हुई है उसे प्रारम्भ में खड़ी बोली कहा जाता था। इसके अर्थ भाँति-भाँति के लगाए गए। पड़ी बोली अर्थात् क्षेत्रीय बोली के विपरीत खड़ी बोली अर्थात् घूमती हुई अखिल भारतीय भाषा, यह अर्थ भी बताया जाता है और खरी बोली यानी साधुभाषा के रूप में शिष्ट व्यवहार की भाषा का अर्थ भी बताया जाता है। वैसे संस्कृत जब सारे देश में फैली थी और बोलचाल में प्राकृत भाषाएँ आने लगी थीं, वह समय आज से 1000 वर्ष पूर्व ही समाप्त हो गया था। इसके बाद हिन्दी का ही कोई रूप लोकभाषा के रूप में प्रचलित था। तभी तो संस्कृत ग्रन्थों की 'भाषा टीकाएँ' लिखी जाती थीं। उस समय व्रज या लोक भाषाओं को भाषा कहा जाता था। हिन्दी का उद्भव इसीलिए शौरसैनी प्राकृत से माना जाता है। दिल्ली, मेरठ, आगरा और आसपास के इलाकों में बोली जानेवाली प्राकृत से जो लोकभाषा निकली और जिसे कभी अपभ्रंश कहा गया, वही हिन्दी की जननी थी। अपभ्रंश का यह समय 1100 ईसवी के आसपास से लेकर 1300 ईसवी के आसपास तक माना जा सकता है।

इसके बाद अनेक प्रभावों से गुजरते हुए अनेक भाषाओं के मिश्रण से जो भाषा विकसित हुई वह पूरे देश में किन्हीं कारणों से इतनी दूर तक फैल गई कि अखिल-भारतीय भाषा के रूप में उसे हिन्दी कहने और राष्ट्रभाषा मानने में अधिक कठिनाई नहीं हुई। ये प्रभाव और मिश्रण किस प्रकार पनपे इस पर विद्वानों का विचार निरन्तर चल रहा है और अब तक पूरा नहीं हुआ है। विद्वानों का विचार था कि मुगलों के आने के बाद फारसी का जो मिश्रण हुआ उससे एक सम्पर्क भाषा के रूप में जिस प्रकार उर्दू पनपी, उसी प्रकार हिन्दी भी बनी। इस धारणा में बहुत कुछ सत्यांश है भी क्योंकि जिस समय व्रज, अवधी, मैथिली, बुन्देली आदि भाषाएँ अपने-अपने क्षेत्रों में बोली जाती थीं, किसी एक भाषा का सम्पर्क भाषा के रूप में विकास आवश्यक था। यह विकास इसी प्रकार हुआ कि दिल्ली, मेरठ आदि के आसपास के सल्तनत के अधिकारी और सिपाही पूरे भारत में पछाँही बोली को ले गए। उसमें फारसी, तुर्की

आदि के शब्द भी थे। यही सम्पर्क भाषा फारसी लिपि में लिखी जाने पर उर्दू कहलाने लगी और नागरी लिपि में लिखी जाने पर हिन्दवी, हिन्दी आदि किन्तु इसका अर्थ यह नहीं है कि इस भाषा का अस्तित्व पहले था ही नहीं। अब प्रायः सभी विद्वान मानने लगे हैं कि हिन्दी का वह रूप अमीर खुसरो से भी पहले एक अखिल भारतीय भाषा के रूप में विकसित हो गया था जो साधुओं द्वारा पूरे देश में लोगों को समझाने के लिए प्रयुक्त किया जाता था। रामचन्द्र शुक्ल ने इसे सधुक्कड़ी भाषा कहा है। तीर्थयात्री और नाथपन्थी साधु इसी मिली-जुली भाषा में दूर-दूर के प्रान्तोंवाले लोगों से बात करते थे। इस प्रकार खड़ी बोली का एक पूर्व रूप पूरे देश में, विशेषतः भारत के मध्यदेश और पश्चिम प्रदेश में, जिसे अंग्रेजों ने पछाँह कहा, चलने लगा था। दिल्ली, आगरा की सल्तनत ने जब फारसी को राजभाषा बनाया और सिपाहियों की आपस में प्रयोग की जानेवाली भाषा (लश्कर की भाषा) के रूप में उर्दू पनपने लगी, उनके मिश्रण से इस बोली में उर्दू का प्रभाव और फारसी शब्द अवश्य आने लगे, यह मिली-जुली भाषा अनेक कारणों से पूरे देश की सम्पर्क भाषा बन गई। इस दृष्टि से भी हिन्दी का विकास मूलतः एक सम्पर्क भाषा के रूप में ही हुआ, यह आसानी से कहा जा सकता है। समय-समय पर इस भाषा के अनेक नाम प्रचलित हुए जैसे—हिन्दी, हिन्दवी, रेखता, रेखती, दक्खिनी, गूजरी, हिन्दुस्तानी, खड़ी बोली, गोसाँई आदि किन्तु संविधान द्वारा हिन्दी को राजभाषा मानने के साथ ही हिन्दी नाम का राज्याभिषेक हो गया। तभी से 14 सितम्बर को हिन्दी दिवस कहा जाता है क्योंकि 1949 में संविधान सभा ने इसी दिन यह धारा पारित की थी।

आम बोलचाल की यह भाषा जब से पनपी तब से इसका प्रयोग अदालतों में (ब्रिटिश सरकार के आदेश से) किया जाने लगा। सन् 1936 का वह इश्तहार प्रसिद्ध है जिसमें यू.पी. की अदालतों में हिन्दी में अर्जी देने की वांछनीयता बताई गई थी। हिन्दी को न्यायभाषा बनाने के ऐसे आन्दोलन बराबर चलते रहे किन्तु अदालतों की भाषा किन्हीं कारणों से उर्दू बना दी गई। इसके बावजूद पूरे देश में सम्पर्क भाषा के रूप में हिन्दी अपने बल पर चलती रही और बढ़ती रही।

राजधानी के आसपास पनपी यह भाषा चूँकि मुगलकालीन सिपाहियों के साथ दक्षिण तक चली गई थी और वहाँ फैल गई थी, इसलिए इसे **दक्खिनी** कहा गया। टीपू सुल्तान के सिपाही इसे केरल तक ले गए थे जहाँ कभी-कभी इसे **गोसाँई भाषा** भी कहा जाता था। इसमें चलती कविताएँ (रेखते) लिखी जाती थीं इसलिए इसे **रेखता** कहा गया। नाम जो भी कुछ हो, इसका काम सम्पर्क भाषा का ही रहा। इसके विकास का सबसे बड़ा श्रेय जाता है उन समाचार पत्रों को जो सर्वप्रथम कलकत्ता और बम्बई से हिन्दी में निकलने लगे थे। उन्नीसवीं शताब्दी के प्रारम्भ में ऐसे अखबार कलकत्ता से शायद इसीलिए बड़ी संख्या में निकले कि अंग्रेजों ने इसी प्रचलित भाषा का अपने प्रशासनिक अधिकारियों को ज्ञान कराने के लिए कलकत्ते में फोर्ट विलियम कॉलेज स्थापित किया और हिन्दी का उसमें विशेष विभाग रखा, जिसके तहत व्रजभाषा गद्य की पुस्तकें भी

लिखाई गईं। इससे भी हिन्दी का विकास हुआ। इस प्रकार उन्नीसवीं सदी के प्रारम्भ से ही हिन्दी के सम्पर्क भाषा के रूप में विकास के प्रयत्न पूरे देश में होने लगे। धर्मप्रचारकों (जिनमें बाइबिल का इन भाषा में अनुवाद करनेवाले पादरी भी शामिल हैं और इस भाषा के माध्यम से वेदों का प्रचार करनेवाले आर्यसमाजी भी) ने भी इसके प्रसार में बहुत बड़ी भूमिका निभाई। बंगाल के केशवचन्द्र सेन ने स्वामी दयानन्द को इसी भाषा में वेदों का भाष्य लिखने की प्रेरणा दी जिस पर उन्होंने **सत्यार्थ प्रकाश** हिन्दी में ही लिखा। उधर भारतेन्दु हरिश्चन्द्र साहित्य के क्षेत्र में इस भाषा का व्यापक प्रचार तथा परिष्कार करके एक ऐतिहासिक भूमिका निभा सके। उसी समय यह विवाद जन्मा कि इस हिन्दी का रूप क्या हो ? राजा शिवप्रसाद सितारेहिन्द जैसे वरिष्ठ नागरिक उर्दू मिश्रित हिन्दी के पक्ष में थे जबकि ठाकुर लक्ष्मणसिंह जैसे लेखक संस्कृतनिष्ठ हिन्दी के। दोनों भारतेन्दु युग के लेखक थे और भारतेन्दुजी के निकट रहे हुए थे। इस विवाद का समाधान भारतेन्दु ने मध्यम मार्ग निकालकर किया। भाषा में संस्कृत के शब्द भी मिलें, उर्दू के प्रचलित शब्द भी मिलें। बोलचाल के शब्द भी मिलें, किन्तु सबका व्याकरण और वाक्य गठन शुद्ध हो और अपना हो। यही मार्ग सर्वोत्तम प्रतीत होता है और सार्वदेशिक और सार्वकालिक रूप से स्वीकार्य है।

स्वतन्त्रता के बाद

उन्नीसवीं सदी के प्रारम्भ से हिन्दी के पक्ष में जो आन्दोलन पूरे देश में हुए, उनका प्रमुख कारण यह था कि स्वतन्त्रता संग्राम लड़नेवालों को इस बात का पूरा अहसास था कि पूरे देश में उनका सन्देश पहुँचाना आवश्यक है। देश जोड़ने के लिए कौन सी भाषा हो ? तभी से राष्ट्रभाषा की अवधारणा प्रारम्भ हुई। सबने यह अनुभव किया कि गुलामी की भाषा अंग्रेजी के माध्यम से चाहे बंगाल, महाराष्ट्र और दक्षिण के बुद्धिजीवियों के बीच स्वतन्त्रता की भावना पनपाने हेतु अखबार निकाल दिए जाएँ पर अपने देश की किसी भाषा को माध्यम बनाना अत्यावश्यक है। वह भाषा हिन्दी ही हो सकती थी। यही कारण था कि बंगाल के नेताजी और केशवचन्द्र सेन जैसे लोगों ने हिन्दी को राष्ट्रभाषा बनाने की वकालत की। जस्टिस शारदाचरण मित्र ने नागरी लिपि और हिन्दी को देश के जोड़ने की कड़ी बताया। उन्होंने 1905 ई. में कलकत्ते में **एक-लिपि-विस्तार-परिषद** की स्थापना की। 1907 में 'देवनागर' पत्र निकाला। बंगाल में ही आन्दोलन शुरू हुआ कि करेंसी नोटों पर हिन्दी में भी मूल्य का अंकन हो। महाराष्ट्र में तिलक जैसे नेताओं ने हिन्दी के राष्ट्रभाषा होने का समर्थन किया। गाँधीजी ने कांग्रेस अधिवेशनों में अंग्रेजी के साथ हिन्दी (हिन्दुस्तानी) में भी कार्रवाई करने और प्रस्ताव बनाने की परम्परा 1925 से डाली। इस प्रकार अपनी भाषा को राष्ट्रभाषा बनाने की चेतना स्वतन्त्रता आन्दोलन के साथ-साथ स्वाभाविक रूप में पनपी। उस समय की राष्ट्रभाषा को संविधान ने राजभाषा का सिंहासन सौंपकर

एक स्वाभाविक प्रक्रिया की परिणति ही की थी। उस समय ऐसे विवाद अवश्य हुए कि हिन्दी को राजभाषा बनाया जाए या हिन्दुस्तानी (पूरे देश के लिए सम्पर्क भाषा का मिला-जुला रूप) को किन्तु बोलनेवालों की संख्या के लिहाज से, देश द्वारा राष्ट्रभाषा की मान्यता दिए जाने के तथ्य को देखते हुए तथा अन्य कई कारणों से हिन्दी को यह भूमिका देने का निर्णय स्वाभाविक था। उसका एक प्रमुख कारण यह भी था कि प्रशासन, शिक्षा, न्याय आदि की माध्यम भाषा होने के फलस्वरूप इस भाषा को ज्ञान-विज्ञान की प्रत्येक शाखा के लिए जो शब्दावली आवश्यक होगी, उसका निर्माण केवल संस्कृत की ऊर्जा और सहज शक्ति के बल पर ही किया जा सकता है। उस भाषा में पाणिनि की कृपा से शब्द-निर्माण की ऐसी नैसर्गिक प्रक्रिया दो हजार वर्ष से विकसित हो चुकी थी। इसी को देखते हुए संविधान की धारा 351 द्वारा यह स्पष्ट किया गया कि हिन्दी अपनी शब्दावली प्रमुखतः संस्कृत से लेगी, साथ ही गौणतः अन्य भारतीय भाषाओं से भी।

संविधान की इस धारा ने एक दृष्टि से यह विवाद सदा के लिए हल कर दिया कि हिन्दी का रूप क्या हो, संस्कृतनिष्ठ या उर्दूनिष्ठ। इसके फलस्वरूप सर्वप्रथम जो विशाल शब्दकोष हिन्दी में बने उन्होंने ऐसी शब्दावली को ही पूर्णतः अपनाया। डॉ. रघुवीर का शब्दकोष, जो सर्वप्रथम 1955 में निकला, पूर्णतः संस्कृतनिष्ठ है, जिसके कारण कठिनता की अनेक अफवाहों और संकटकाल के पर्यायवाची (लोहपथगामिनी जैसे) जबड़ातोड़ काल्पनिक शब्दों पर आधारित मजाकों का सिलसिला भी चालू हुआ था। तब गठित हुआ केन्द्रीय हिन्दी निदेशालय (1960) तथा केन्द्रीय वैज्ञानिक एवं पारिभाषिक शब्दावली आयोग (1961) जिसने शिक्षा मन्त्रालय द्वारा प्रथमतः संकलित शब्दावली को अन्तिम रूप देकर शब्दकोष निकाले। आज ऐसे शब्दों की संख्या 5 लाख से अधिक हो गई है। सन् 1961 में गठित राजभाषा विधायी आयोग ने भी विधि शब्दावली बनाई। विधि शब्दावली ने संस्कृतनिष्ठ रुझान कायम रखा किन्तु अन्य शब्दावलियों में विकासक्रम के आधार पर यह रुझान दृष्टिगोचर हुआ कि तकनीकी शब्दों को अंग्रेजी या किसी भी विदेशी भाषा से ज्यों के त्यों लेकर हिन्दी व्याकरण के मुताबिक उन्हें अपना लिया जाए। अंग्रेजी के सुप्रचलित शब्दों को भी इसी तर्क पर अपनाया गया। आयोग की शब्दावलियों के संस्करणों में उत्तरोत्तर इस प्रकार की उदारता, सहजता और अन्य शब्दों को अपनाने की प्रवृत्ति की ओर रुझान स्पष्ट दिखता है।

इस प्रकार हिन्दी के स्वरूप के उद्विकास में वे सारी प्रवृत्तियाँ स्पष्ट देखी जा सकती हैं जो किसी भी भाषा के सहज और नैसर्गिक उद्विकास में अन्तर्धारा के रूप में काम करती हैं। हिन्दी ने जिस प्रकार फारसी, तुर्की, पुर्तगाली आदि भाषाओं के शब्दों को अन्तःक्रिया तथा मिश्रण के फलस्वरूप अपनाया उसी प्रकार अब अंग्रेजी के शब्द भी उसमें घुलमिल गए और खप रहे हैं। वह अब ऐसे शब्दों को अपने रूप में घुलाकर तथा अपने व्याकरण में समायोजित कर खपा रही है। एक दृष्टि से प्रशासन, न्याय आदि

के माध्यम के रूप में यह भाषा अब भी उद्विकास की प्रक्रिया में है। इसका एक विशाल, मिला-जुला, देशव्यापी सम्पर्कभाषा रूप अखबारों, फाइलों, विश्वविद्यालयों, बाजारों, रेडियो, दूरदर्शन आदि अनेक निर्माणशालाओं में बन रहा है। यह रूप कुछ दशाब्दियों के बाद अपने आप निखरेगा जिसके फलस्वरूप पूर्णतः सामाजिक और एक ऐसी स्वस्थ, सबल विराट् भाषा पनपेगी जो पूरे देश के इतिहास को, जनमानस को और उसके विशाल ज्ञानवारिधि को अपने आपमें समाए हुए एक विराट् रूप का साक्षात्कार कराएगी।

अहिन्दीभाषियों की देन

हिन्दी को अहिन्दीभाषियों की देन इतनी उल्लेखनीय है कि यह कहना अत्युक्ति नहीं होगी कि उसका हिन्दीभाषियों की अपेक्षा अहिन्दीभाषियों ने अधिक हित किया है। खड़ी बोली हिन्दी का उद्‌गम अहिन्दीभाषी क्षेत्र में—दक्षिण भारत के उस हिस्से में हुआ जहाँ दिल्ली सल्तनत की सेनाएँ उत्तर भारतीय हिन्दीभाषी सैनिकों की बोलियाँ ले जाती थीं और उनका मिश्रण वहाँ की बोलियों से होता था। मुहम्मद तुगलक द्वारा 1327 ई. में दौलताबाद को राजधानी बनाने की घटना से भाषिक आदान-प्रदान का जो क्रम शुरू किया उससे दक्खिनी का उद्‌भव हुआ जो हिन्दी की स्रोत भाषा है। इसे हिन्दवी और हिन्दी नाम भी अहिन्दीभाषी (मुसलमानों) लेखकों का दिया हुआ है। यह नाम अपने आपमें अहिन्दी है—अरबी-फारसीमूलक है। मुसलमानों ने इसमें जो साहित्य-रचना की वह भी उल्लेखनीय है। गोलकुंडा के अली कुतुबशाह, बीजापुर के अली आदिलशाह आदि सुल्तानों की आदिलशाही और कुतुबशाही सल्तनतों ने दक्खिनी को जो बढ़ावा दिया वह तो अब शोधार्थियों द्वारा सामने लाया जा रहा है किन्तु जानम, शाह तुराब, रसखान, अली मुहिब खाँ प्रीतम, जायसी, गुलाम नबी रसलीन, रहीम, खुसरो, नजीर जैसे सैकड़ों साहित्यकारों की देन के लिए तो हिन्दी इनकी चिर ऋणी रही ही है।

तीर्थयात्रियों, धर्मप्रचारकों और बनजारों ने इसे सदियों से एक स्वयंभू सम्पर्क भाषा बना दिया था। तभी तो नानक पंजाबी के साथ ब्रज में भी रचना करते थे। दशमेश गुरु गोविन्दसिंह की तो अधिकांश रचनाएँ ब्रज में हैं। गुरु अंगद द्वारा संगृहीत ग्रन्थसाहब में हिन्दी कितनी है, पढ़कर देख लीजिए। उस समय के धर्मगुरुओं ने, जो अधिकांशतः अहिन्दीभाषी थे, हिन्दी का प्रयोग अपने धर्मप्रचार के लिए किया। तेलुगुभाषी वल्लभाचार्य के पुत्र गुसांई विट्ठलनाथ तथा गोकुलनाथ आदि आचार्य तो ब्रजभाषा गद्य के जन्मदाता कहे जाते हैं। मेरा तो यह मानना है कि उन्होंने तेलुगु की बजाय ब्रज को मातृभाषा बना लिया था। महाराष्ट्र के महानुभाव और वारकरी सम्प्रदाय के भक्त कवियों ज्ञानेश्वर, एकनाथ, तुकाराम, नामदेव आदि ने मराठी के साथ हिन्दी में भी भक्ति रचनाएँ कीं। केरल के नरेश स्वाति तिरुनाल के ब्रजभाषा पद मिलते हैं।

यह तो बात हुई हिन्दी के साहित्य की। इसके राष्ट्रभाषा रूप के प्रवर्तक, समर्थक और क्रियान्वयक भी अहिन्दीभाषी ही थे। स्वतन्त्रता आन्दोलन के समय इस बात की आवश्यकता अनुभव हुई कि देश की एक भाषा ऐसी हो जो पूरे देश को जोड़े, सम्पर्क

भाषा का काम करे—जैसा उस समय अंग्रेजी कर रही थी। इसीलिए 'राष्ट्रभाषा' का नारा पैदा हुआ। इसके उद्घोषक तिलक, नेताजी, गाँधीजी, लाला लाजपत राय, राजाजी, के.एम. मुंशी प्रायः सभी अहिन्दी भाषी थे। नेताजी हिन्दी में भाषण देते थे। जयहिन्द का नारा उन्होंने दिया—प्रयाणगीत उन्होंने दिए। सभी हिन्दी या हिन्दुस्तानी में। कांग्रेस के प्रस्ताव जो पहले अंग्रेजी में होते थे हिन्दी में भी होने लगे। 1925 का कानपुर अधिवेशन इस दृष्टि से महत्त्वपूर्ण है जिसमें हिन्दी को भी कांग्रेस की कार्यवाहियों की अधिकृत भाषा स्वीकृत किया गया। तिलक ने **महाराष्ट्र केसरी** में मराठी के साथ-साथ हिन्दी का एक पृष्ठ निकालना शुरू किया। गाँधीजी ने 1938 में **राष्ट्रभाषा प्रचार समिति** की वर्धा में और **दक्षिण भारत हिन्दी प्रचार सभा** की मद्रास में स्थापना कराई। बंगलाभाषी जस्टिस शारदाचरण मित्र ने सभी भाषाओं की सम्पर्क लिपि देवनागरी को बनाने का नारा दिया, **'एकलिपि विस्तार परिषद्'** की स्थापना 1905 में की, **'देवनागर'** पत्र 1907 में निकालना शुरू किया।

हिन्दी के प्रमुख समाचार पत्र अहिन्दीभाषी क्षेत्र से निकले। सर्वप्रथम हिन्दी पत्र **उदन्तमार्तंड** 1826 में कलकत्ता से निकला। बम्बई से **वेंकटेश्वर समाचार,** कलकत्ता से **कलकत्ता समाचार** आदि सर्वाधिक प्रचारित हिन्दी दैनिक थे।

रामानन्द चटर्जी ने कलकत्ता से **विशाल भारत** शुरू किया, बंगलाभाषी केशवचन्द सेन ने गुजरातीभाषी स्वामी दयानन्द को सलाह दी कि वे अपना शास्त्र हिन्दी में लिखें—जिससे **सत्यार्थप्रकाश** संस्कृत में नहीं, हिन्दी में लिखा गया। मद्रास के सुब्रह्मण्य भारती ने प्रयाग से हिन्दी की परीक्षा पास की और तमिलभाषियों को हिन्दी पढ़ाई। हिन्दी का सर्वप्रथम विश्वकोष (1913) एक बंगलाभाषी नगेन्द्रनाथ बसु ने अपना सर्वस्व लगाकर बनाया और छपाया। एक तमिल भाषी ने मद्रास से **चन्दामामा** (बालकों का मासिक) हिन्दी में भी निकाला जो उस समय सर्वाधिक प्रसारित हिन्दी मासिक था। कलकत्ता में फोर्ट विलियम कॉलेज की स्थापना, उसमें हिन्दी की अनिवार्यता, हिन्दी पाठ्यक्रम का निर्माण, हिन्दी में ग्रन्थों के निर्माण की प्रेरणा जिन अंग्रेजों ने की उनकी देन भी चिरस्मरणीय है। रामकथा के मर्मज्ञ बेल्जियन फादर कामिल बुल्के की हिन्दी सेवा को कौन नहीं जानता ? ग्रियर्सन की **लिंग्विस्टिक सर्वे ऑफ इंडिया** एक कालजयी मील का पत्थर है। संविधान में हिन्दी को राजभाषा बनाने का प्रस्ताव गुजराती भाषी कन्हैयालाल माणिकलाल मुंशी और तमिलभाषी गोपालस्वामी अयंगार ने रखा था। सर्वप्रथम विश्व हिन्दी सम्मेलन की कल्पना और आयोजन करनेवाले मनीषी अनन्त गोपाल शेवडे मराठीभाषी थे। इसका प्रथम अधिवेशन 1975 में नागपुर में हुआ। दूसरा मारिशस में। दोनों क्षेत्र अहिन्दीभाषी थे। तीसरा अवश्य ही दिल्ली में हुआ।

हिन्दी का सर्वाधिक प्रचार हिन्दी की फिल्मों ने किया है। इनका बहुत बड़ी संख्या में निर्माण मद्रास में होता है यह सभी जानते हैं किन्तु यह भी उल्लेखनीय है कि हिन्दी फिल्मों की प्रमुख अभिनेत्रियाँ हिन्दीभाषी नहीं हैं। हेमा मालिनी, रेखा, जयप्रदा, वैजयन्ती माला, पद्मिनी, श्रीदेवी, मीनाक्षी शेषाद्रि, भानुप्रिया आदि दक्षिण भारतीय हैं, शर्मिला

टैगोर, सुचित्रा सेन आदि बंगलाभाषी, नूतन, तनूजा आदि मराठीभाषी। पुरानी अभिनेत्रियों में लीला चिटनिस, दुर्गा खोटे, देविका रानी आदि से लकर परवर्ती स्मिता पाटिल तक की मातृभाषा हिन्दी नहीं थी। हिन्दी फिल्मों के हीरो तो अनेक हिन्दीभाषी भी हैं पर हीरोइनें शायद एक-दो ही हिन्दीभाषी रही हों।

मेरे एक मित्र कहा करते हैं कि हिन्दी का सर्वप्रथम व्याकरण, (केलोग) हिन्दी साहित्य का सर्वप्रथम इतिहास, हिन्दी का सर्वप्रथम शोधग्रन्थ सभी अहिन्दीभाषियों द्वारा लिखे गए—वे अहिन्दीभाषी ही नहीं अभारतीय भी थे—कोई यूरोपियन (जैसे गार्सां द तासी) कोई अंग्रेज। यह तो सत्य ही है कि आज भी हिन्दी के बहुत अच्छे व्याकरण के पाठ्यग्रन्थों में पाल गुम्पर्ज की हिन्दी पाठ्यपुस्तक और रूसी-भाषी दीमशित्स के हिन्दी व्याकरण की गणना की जाती है।

अनेक महत्त्वपूर्ण हिन्दी शब्दकोषों के प्रणेता अहिन्दीभाषी विद्वान रहे हैं। तमिलभाषी विद्वान पी. जयरामन् रिजर्व बैंक की अंग्रेजी-हिन्दी शब्दावली के संकलनकर्ता और प्रणेता रहे हैं यह अपने आप में एक कीर्तिमान है, ठीक उसी प्रकार जिस तरह फादर कामिल बुल्के का हिन्दी शब्दकोष। बेल्जियम मूल के पादरी कामिल बुल्के का यह अंग्रेजी हिन्दी शब्दकोष उत्कृष्ट कोषों की अग्रणी पंक्ति में आज भी गिना जाता है।

शुद्ध हिन्दी

शुद्धि-अशुद्धि का विचार

कुछ वर्षों से स्व. पं. महावीरप्रसाद द्विवेदी और किशोरीदास वाजपेयी की आत्मा ने करवट ली लगती है क्योंकि इन दिनों पुनः ऐसे विचार हिन्दी जगत् को झकझोरने लगे हैं कि हिन्दी का कौन सा शब्द, कौन सी अभिव्यक्ति, कौन सी वर्तनी शुद्ध है और कौन सी अशुद्ध। बहुत सी सुप्रसारित पत्र-पत्रिकाओं ने इस प्रकार के विचार-मन्थन के स्तम्भ ही शुरू कर दिए हैं। देश में हिन्दी के व्यापक प्रसार के हित में पिछले वर्षों में शुद्धि-अशुद्धि के विवाद को विद्वानों ने स्थागित सा कर दिया था और सीखनेवालों को वर्तनी और व्याकरण में बहुत सी छूटें दी गई थीं पर ज्यों-ज्यों हिन्दी आगे बढ़ रही है उसके मानक और परिनिष्ठित रूप की तलाश भी हो रही है जो उसके परिष्कार की प्रक्रिया की स्वाभाविक परिणति है। दी गई छूटों के चलते हिन्दी ने क्या रूप ग्रहण किया है इसकी खोज भी परिष्कृत हिन्दी को स्थापित करने में मदद देगी। केवल इसी दृष्टि से कुछ ऐसे शब्दों पर विचार जरूरी लगता है जो केवल सरकारी हिन्दी में ही नहीं देशवासियों की हिन्दी में शुद्धि-अशुद्धिवाले विचार की आधारशिला का काम दे सकते हैं।

उच्चारण

साधु भाषा क्या है, इस पर हर भाषा ने हर युग में विचार किया है। उच्चारण की शुद्धि पर भी भाषाओं ने जोर दिया है पर कोई मानक उच्चारण इसलिए नहीं निर्धारित हो पाता कि हर भाषा में स्थान भेद से उच्चारण में फर्क आता है। अतः हम फिलहाल उच्चारण को न छुएँ। यह बात अलग है कि मसला यह भी बहुत महत्त्वपूर्ण है। 'नमस्कार' शब्द को देश में तेजी से फैला देखकर जितनी प्रसन्नता होती है उतना ही सदमा लगता है यह देखकर कि दूरदर्शन से लेकर बड़े-बड़े विद्वानों के सम्भाषण तक में इसे नमष्कार बोला जाता है मानो यह आविष्कार और बहिष्कार का छोटा भाई हो। इस बंगला उच्चारण के चलते यह डर लगता है किसी भी दिन पुरस्कार पुरष्कार हो जाएगा। खैर, जब तक अर्थ का अनर्थ नहीं होता हम इस पचड़े को छोड़ें।

वर्तनी

किन्तु वर्तनी यानी स्पेलिंगवाला मसला छोड़ा नहीं जा सकता। कुछ नमूने ही लें जो बहु प्रचलित हैं जैसे—दम्पत्ति। संस्कृत में यह दम्पती है पर हिन्दी में दम्पत्ति इसे बहुधा लिखा जाता है, (सम्पत्ति की तरह) और श्रीयुत जो श्रीयुत् हो गया है, (श्रीमान् की तरह) उससे लगता है कि किसी दिन ये ही शुद्ध न मान लिए जाएँ। अब तक तो नहीं माने गए हैं। जहाँ तक हृषीकेश का प्रश्न है, उसे तो बड़े-बड़े विद्वान भी ऋषिकेश लिखकर ऋषियों के बाल नोचने लगे हैं। इससे डर लगता है कि इसका सही रूप हृषीकेश लुप्त हो जाएगा और उसे शुद्ध बतानेवाले को लोग पागल समझेंगे। अनसूया तो बेचारी अनुसूया हो ही गई है। इमरजेंसी के लिए हिन्दी शब्द आपातकाल है पर इसे एक-दो को छोड़कर हिन्दी की सभी पत्र-पत्रिकाएँ आपात्काल छापती हैं। यह आपत् (आफत) काल सा लगता था इसलिए त को हलंत करने की इच्छा हो जाती होगी किन्तु सही शब्द आपात ही है जिसका तात्पर्य है अचानक आ पड़नेवाली स्थिति जिसमें तुरन्त कार्रवाई आवश्यक होती है। वैसे लोक व्यवहार अशुद्ध चलन को भी बाद में खरा सिक्का बना देता है पर इसका सीधा-सादा भाषा शास्त्रीय सिद्धान्त यह है कि यदि कोई शुद्ध रूप प्रचलन से बिल्कुल हट जाए और अशुद्ध रूप ही शुद्ध के भेष में चलता रहे तो वह टकसाली सिक्के के रूप में प्रवेश पा जाता है पर जब तक उसका शुद्ध रूप भी चलन में है सब तक अशुद्ध अशुद्ध ही रहेगा। ऐसा कभी-कभी ही होता है कि दोनों रूपों को शुद्ध मान लिया जाए।

सन्धियाँ

सन्धियों की अशुद्धियाँ इन दिनों हिन्दी में इतनी अधिक हो रही हैं कि कुछ दशाब्दियों पूर्व का वह विवाद फिर याद आ जाता है जिसमें हिन्दीवालों ने यह फतवा दिया था कि हिन्दी संस्कृत व्याकरण के पीछे आँखें मींचकर नहीं चल सकती। वह अपनी प्रकृति के मुताबिक अपना व्याकरण ढालेगी। यह फतवा बड़ा मनमोहक लगा था पर 1950 के बाद शिक्षा मन्त्रालय ने और 1960 के राष्ट्रपति आदेश के बाद केन्द्रीय वैज्ञानिक एवं पारिभाषिक शब्दावली आयोग तथा केन्द्रीय हिन्दी निदेशालय आदि ने वैज्ञानिक एवं पारिभाषिक शब्दावली संकलित करने के अभियान में संस्कृत के खजाने से ही 4 लाख शब्द लेने की फैक्ट्री लगाई तो यह नारा उसके शोर में दबकर रह गया। संस्कृत व्याकरण को न माने तो धातु प्रत्यय और उपसर्ग लगा लगाकर लाखों शब्द कैसे बनें। हुआ यह कि हिन्दी की अपनी प्रकृति के नाम पर जो लोग उपरोक्त जैसे शब्दों को सही मानने लगे थे वे भी स्कूली प्रश्नपत्रों में इसे शुद्ध करवाकर उपर्युक्त को सही बताने पर अंक देने लगे। परिणामतः मनोकामना तक ही हिन्दी की प्रकृतिवाली सन्धि रह गई।

व्याकरण

हिन्दी में क्रिया-पदों में तो अपने व्याकरण के अनुसार ही प्रयोग होते रहे हैं पर तद्धित और समास, कृदन्त आदि में संस्कृत व्याकरण का अनुसरण होता रहा है। शताब्दियों से मृदुता की बजाए मार्दव, पंडिताई की बजाए पांडित्य, जाने-आने की बजाए गमनागमन लिखकर हम संस्कृत व्याकरण के रजत पट पर ही वैदुष्य या विद्वत्ता का परिचय देते रहे हैं पर कभी-कभी इस शस्त्र का गलत प्रयोग भी करने लग जाते हैं। वैसे यह सिद्धान्त स्वीकृत है कि कोई महिला मन्त्री हो तो भी मन्त्री या प्रधानमन्त्री ही कहलाएगी। चुनाव आयुक्त महिला भी हो सकती है। आयुक्ता लिखने की जरूरत नहीं है। यदि किसी भी शब्द में स्त्रीलिंग का प्रत्यय लगाना हो तो वह प्रत्यय सही लिखना तो जरूरी है ही। महानता चल तो पड़ा है पर जब तक महत्ता लिखनेवाले हैं तब तक वह अशुद्ध ही रहेगा। यदि विद्वानता को अशुद्ध और विद्वत्ता को शुद्ध मान रहे हैं तो महानता ही अपवाद क्यों रहे ? अब तक जो अपवाद रहे हैं वे भी चला-चली की स्थिति में हैं। सृजन संस्कृत में नहीं बनता। जैसे दृश (देखना) धातु से दर्शन बनता है (दृशन नहीं) वैसे ही सृज (रचना) से सर्जन बनेगा सृजन नहीं। पर हिन्दी में सृजन चल पड़ा था। चलता रहता तो टकसाली भी बन जाता पर शुद्धिवादियों ने उसका प्रतिद्वन्द्वी खड़ा कर दिया सर्जन, सर्जना और सर्जक लिख-लिखकर। क्या दोनों को ही शुद्ध मान लिया जाए ? यह भी अब तक विचारणीय ही बना हुआ है। लगता है चलन के लिहाज से सृजन को कालान्तर में शुद्ध माना जा सकता है। ऐसे कुछ शब्द पहले भी चलन के बल पर मान्यता प्राप्त कर चुके हैं जैसे, संस्कृत में क्षम (समर्थ) शब्द ही आता है, सक्षम नहीं (उसका अर्थ तो होता है क्षमा सहित) पर हिन्दी ने सक्षम अधिकारी चला दिया तो सक्षम ही क्षम के अर्थ में आने लगा। अब क्षम (अधिकारी) कोई नहीं लिखता, इसलिए सक्षम चल निकला है पर 'क्षमता' में 'क्षम' बरकरार है।

ऐसे कुछ प्रयोग अवश्य हैं जो बड़े-से-बड़े विद्वानों के द्वारा किए जाने पर भी शुद्ध नहीं कहे जा सकते। एक ऐसा शब्द है अभिजात। मैंने बड़े-से-बड़े विद्वान को और अच्छी-से-अच्छी पत्र-पत्रिकाओं को आभिजात्य वर्ग लिखते देखा है। वस्तुतः अभिजात वर्ग होना चाहिए। अभिजात का अर्थ है कुलीन या ऊँचे वर्ग का। आभिजात्य का अर्थ है कुलीनता। जैसे पंडित वर्ग सही होगा, पांडित्य वर्ग नहीं, शायद इस उदाहरण से बात जल्दी समय में आए। इसी प्रकार हिन्दी में डाकू बाहुल्य क्षेत्र जैसे शब्द भी चले गए हैं। होना चाहिए डाकू बहुल क्षेत्र। यहाँ बहुल शब्द क्षेत्र का विशेषण है। बाहुल्य तो बहुलता का पर्यायवाची है। "इस क्षेत्र में डाकू-बाहुल्य है, अतः यह डाकू-बहुल क्षेत्र हुआ"।

संस्कृत के भ्रम

यह बात अलग है कि संस्कृत व्याकरण को न समझनेवाले और केवल सूत्र रटकर विद्वान

कहलानेवाले पंडितों ने भी कभी-कभी व्याकरण के साथ ज्यादती की है। एक बार उन्होंने यह कह दिया कि राजनैतिक शब्द संस्कृत व्याकरण से गलत है, राजनीतिक सही है तो हिन्दीवाले भी राजनीतिक लिखने लगे। यह संस्कृत-पंडितों की अल्पज्ञता से हुआ। उनका कहना था कि जैसे परिश्रम में प्रथम अक्षर में वृद्धि करके अर्थात् दीर्घ बनाकर तद्धित रूप बनता है 'पारिश्रमिक' उसी प्रकार राजनीति में प्रारम्भ में ही दीर्घ होगा और राजनीतिक बनेगा। जैसे नीति से नैतिक बनेगा वैसे राजनीति से राजनीतिक। ऊपर से तो बात ठीक लगती है पर उनसे कौन पूछे कि संस्कृत में ही एक 'उभय-पद-वृद्धि' होती है जिससे तद्धित के दोनों पदों में वृद्धि यानी दो जगह दीर्घ हो जाते हैं। जैसे आधिभौतिक, आधिदैविक। इसमें अधि में भी वृद्धि हुई, भूत में भी। क्या वे अधिभूत में केवल एक जगह दीर्घ करके आधिभूतिक लिखेंगे ? अतः राजनैतिक शब्द स्पष्टतः शुद्ध है। ऐसा ही एक और भ्रम चलाया था संस्कृत पंडितों ने 'राष्ट्रीय' शब्द को अशुद्ध बता कर। वे कहते थे पाणिनि ने 'राष्ट्रीय' शब्द बनाने हेतु एक सूत्र लिखा है अतः वही शुद्ध है। किशोरी दास वाजपेयी जैसे विद्वान् समझा-समझाकर हार गए कि पाणिनि ने राष्ट्रिय शब्द बनाने के लिए एक सूत्र अवश्य लिखा था पर वह राष्ट्रिय राजा के साले के अर्थ में अथवा सरकारी मुलाजिम याने ताल्लुकेदार के अर्थ में आता था। राष्ट्रिय तत्कालीन राजपुरुष का नाटकीय अभिधान था जो बहुधा हास्य का पात्र होता था। (ऐसा ही एक पात्र है 'वसंतसेना' का खल प्रेमी मृच्छकटिक नाटक का शकार) नेशनल के अर्थ में तो राष्ट्रीय शब्द ही बनेगा पर बहुत से पंडित यह बात अब तक नहीं माने हैं। अच्छा हुआ हिन्दी ने इस भ्रम को नहीं पाला वरना कुछ संस्कृत पंडितों की तरह केन्द्रीय को भी केन्द्रिय लिखा जाने लगता।

एक शब्द हिन्दी में इतना चल गया है कि इसे शुद्ध करार देना ही ठीक होगा। वह है धूम्रपान। सही शब्द अवश्य ही धूमपान है पर जैसे शाप की बजाय श्राप चल गया है वैसे ही धूम्रपान इतना चल गया है कि अब इसका उपाय नजर नहीं आता। धूम्रपान को रोकना मुश्किल ही है।

प्रयोग

अशुद्ध प्रयोग हर भाषा में किसी कारण चल निकलते हैं। एक कारण होता है अन्य भाषाओं की छाया। हिन्दी में 'यह इस पर निर्भर करता है' बहुत चल पड़ा है। निर्भर रहने की बजाए निर्भर करने का यह प्रयोग डिपेंड करने की नकल पर चला है। पर अब चलता ही रहेगा जैसे—भाषण देना और धन्यवाद देना, चाहे इनमें देने की कोई बात नहीं हो। बीच में भाषण करना और धन्यवाद करना भी चलने लगे थे पर अंग्रेजी के स्पीच डिलिवर करना और थैंक्स गिव करना के अनुवाद के रूप में ये दोनों ऐसे चल गए जो अब नहीं थमेंगे। उर्दूवाले इस बात से परेशान हैं कि हिन्दीवाले दरअसल की बजाय दरसअल में बोलते हैं। यहाँ 'दर' का अर्थ है 'में'। इसी प्रकार 'बशर्ते तुम कल आ

जाओ' की बजाय 'बशर्ते कि तुम कल आ जाओ' लिखा जाने लगा है। यहाँ कि फिजूल है क्योंकि बशर्ते में ही कि (ब) छिपा हुआ है। किन्तु ऐसी अशुद्धियों की सूची का अन्त नहीं है। कहाँ तक गिनाएँ।

उर्दू की नकल पर व्याकरण के नियमों के साथ मनमानी की प्रवृत्ति भी इन दिनों हिन्दी में देखी जा रही है। अदालती दरख्वास्त आदि में आवेदक के लिए प्रार्थी शब्द बहुत आता है। उसका स्त्रीलिंग बनाते समय बहुधा "प्रार्थिया" लिख दिया जाता है। "प्रार्थिया के साथ जो अन्याय हुआ है उसे देखते हुए वह तुरन्त सुनवाई की प्रार्थना करती है।" यहाँ शायर का स्त्रीलिंग शायरा, मोहतरम का मोहतरमा जैसे होता है वैसे प्रार्थी का प्रार्थिया हो जाएगा यह समझ लिया जाता है जबकि ऐसा होता नहीं है। प्रार्थी का स्त्रीलिंग बनेगा "प्रार्थिनी"। यह कठिन लगता है तो "आवेदिका" लिखें।

व्याकरण और चलन

इस बात पर चाहे अब तक निर्णय नहीं हुआ हो कि पहले मुर्गी हुई या अंडा किन्तु यह सर्वसम्मत है कि भाषा और प्रयोग पहले आए, बाद में व्याकरण आया। इसलिए भाषा में सम्प्रेषण और चलन अधिक महत्त्वपूर्ण है, व्याकरण के नियम नहीं। यही कारण है कि भाषा में कोई नियम कट्टर नहीं हो पाते। उनमें हमेशा अपवाद रहते हैं। चलन ही ऐसे अपवादों को जन्म देते हैं। तब क्या केवल चलन को ही प्रमाण मानकर जो चल जाए उसे स्वीकार कर लें ? यदि हाँ, तो कहाँ का चलन सही मानें, कितने लोगों का चलन सही मानें ? और यदि अगल-अलग क्षेत्रों में चलन अलग-अलग हो तो किसको सही मानें ? इन्हीं प्रश्नों ने कुछ ऐसे सिद्धान्तों को जन्म दिया जो साधु भाषा या परिनिष्ठित भाषा को परिभाषित करते हैं।

यहीं से व्याकरण की भूमिका शुरू होती है। भाषा की प्रकृति और व्यवहार को देखकर व्याकरण यह निर्धारित करता है कि चलनेवाले अनेक रूपों में अमुक रूप शुद्ध है, शेष अशुद्ध। यह इस कारण आवश्यक है कि यदि चलन में अनेक अशुद्ध रूप चलते रहे तो भाषा विकृत तो हो ही जाएगी उसका मूल उद्देश्य, सम्प्रेषण, विफल हो जाएगा। तभी तो लखनऊ की जगह चाहे नखलऊ और मतलब की जगह मतबल कुछ तबकों के बोलने में चल रहा हो, उसे सही नहीं माना जा सकता। वह विकृत भाषा ही कही जाएगी, साधु भाषा नहीं। अनेक पढ़े-लिखे लोग भी 'अगर' के स्थान पर 'अगरचे' बोलते हैं (अगरचे मैं दिल्ली गया तो जरूर वह किताब ले जाऊँगा)। शायद वे समझते हों कि इससे उर्दू की नफासत और खुलकर दिखलाई होगी किन्तु उर्दू में अगरचे का अर्थ है यद्यपि। (अगरचे आज शिद्दत की गर्मी है फिर भी मुझे दफ्तर जाना ही होगा।) ऐसे अशुद्ध चलन से सम्प्रेषण बिल्कुल विपरीत हो जाता है। यहीं व्याकरण का यह दायित्व महत्त्वपूर्ण हो जाता है कि वह यह विवेक करता चले कि चलन के कारण कहाँ व्याकरण के नियमों में अपवाद मानकर उस रूप को स्वीकृति दी जाए और कहाँ नहीं। रवीन्द्र की बजाय रविन्द्र, और परिणत की बजाए (कार्य रूप में) परिणित, सतत की बजाए सतत् बहुत चल गए हैं। इन्हें व्याकरण के नियमों का अपवाद मानकर सही करार दिया जाए या अशुद्ध माना जाए ? हैं ये अशुद्ध पर तर्क दोनों ओर से दिए जा सकते हैं। यह कहा जा सकता है कि जैसे हिन्दी में मनोकामना को यह कहकर सही मान लिया गया था कि संस्कृत की सन्धि 'मनःकामना' हिन्दी

पर नहीं लादी जानी चाहिए, उसकी अपनी प्रकृति है, तब फिर मनोचिकित्सा क्यों न लिखा जाए ? लिखा भी जाने लगा है। दूसरी ओर यह कहा जा सकता है कि यदि हिन्दी में 'मनो' शब्द को ही उपपद मान लिया जाता तो मनोतत्त्व, मनोशास्त्र आदि ही लिखे जाते। मनस्तत्त्व, मनःशास्त्र क्यों लिखते ? यदि संस्कृत का सिद्धान्त एक जगह मान रहे हैं तो दूसरी जगह भी मानिये।

ऐसे विवादों पर हिन्दी में बहुत लिखा जा चुका है और किशोरीदास वाजपेयी जैसे भाषाशास्त्रियों ने कुछ सिद्धान्त भी स्पष्ट किए हैं। उन पर निरन्तर विचार होते रहना आज की बढ़ती हुई हिन्दी की माँग है। इस क्षेत्र में भाषाशास्त्र का यह सिद्धान्त तो सुविदित ही है कि अशुद्ध चलन को तभी मान्यता मिलती है जबकि उसका शुद्ध रूप बिल्कुल लुप्त हो जाए। चूँकि मनःकामना कोई नहीं लिखता था अतः मनोकामना हिन्दी का तद्भव शब्द मान लिया गया। पर जब तक मनश्चिकित्सा शुद्ध लिखनेवाले मौजूद हैं तब तक मनोचिकित्सा अशुद्ध ही रहेगा। पुनश्च, शनैश्चर, पुरश्चरण आदि में ऐसी ही संधि होती है। इसी प्रकार बहुत प्रचलित अशुद्धियों के उदारण हैं मृत्योपरान्त, शरदोत्सव ! सही रूप हैं मृत्यूपरान्त, शरदुत्सव। जब तक ये शुद्ध रूप चलन में हैं वे ही साधु भाषा बने रहेंगे, अशुद्ध रूप ही बच रहे तो बात अलग है।

वर्तनी में चलन

जिस प्रकार व्याकरण की उपर्युक्त भूमिका महत्त्वपूर्ण है उसी प्रकार वर्तनी के क्षेत्र में भी भ्रम निवारण आवश्यक है। अब तक ऐसे प्रश्न पूछे जाते हैं कि दिया जाए, दिया जाये, दिया जाय और दिया जावे, इनमें से कौन शुद्ध है ? 'हिन्दी', 'हिंदी' में कौन सा शुद्ध है ? इसलिए, इसलिये, नई दिल्ली, नयी दिल्ली में कौन सा शुद्ध है ? ये सभी चलन में हैं। भाषिक दृष्टि से तो सभी को शुद्ध मान लेने में आपत्ति नहीं लगती। पुराने व्याकरणकार कामता प्रसाद गुरु ने तो 'दिया जावे' के चलन को देखते हुए एक विशेष सूत्र बनाकर तथा 'व' आगम मानकर इसे भी शुद्ध करार दिया था। पिछले कुछ वर्षों से ही यह होने लगा है कि एकरूपता के नाम पर किसी को एक को ही सही मानने पर जोर दिया जा रहा है। इस बारे में विद्वानों का एक सम्मेलन बुलाकर भारत सरकार ने भी कुछ निर्णय कराए जिन्हें केन्द्रीय हिन्दी निदेशालय द्वारा प्रसारित भी किया गया था। इन निर्णयों के अनुसार यह सिद्धान्त आधारभूत बताया गया था कि हिन्दी की वर्तनी श्रुतिमूलक होनी चाहिए अतः जैसा सुना जाता है वही लिखा जाए। इसके अनुसार दिया जाए, उसके लिए, नई दिल्ली आदि रूपों को ही स्वीकार किया गया। ऐसे निर्णय भी लिये गए कि हंसना, हांडा आदि में भी चन्द्रबिन्दु की बजाए अनुस्वार ही पर्याप्त है यदि कोई भ्रम उत्पन्न न हो। इन निर्णयों में यह भी था कि पंचमाक्षर के बाद यदि कोई उसी वर्ग का वर्ण आता है तो वहाँ अनुस्वार का प्रयोग किया जाए जैसे नंदन संपादक, अंक, मंच। इस हिसाब से तो हिंदी ही सही अर्थात् मानक है, हिन्दी नहीं।

पर इसे कौन मानेगा ? चलन में हिन्दी ही चल रहा है। फिर भी मार्गदर्शन के लिए तथा मूलभूत सिद्धान्तों की दृष्टि से इन निर्देशक सिद्धान्तों ने बहुत अच्छी भूमिका निभाई है। उनके समुचित प्रसार की आवश्यकता है। इन्हें हम परिशिष्ट में उद्धृत भी कर रहे हैं।

इससे यह भी स्पष्ट होता है कि जहाँ तक वर्तनी का प्रश्न है, चलन का पलड़ा ही भारी रहता है, उसके कठोर नियम नहीं बनाए जा सकते। वर्तनी में तो उपर्युक्त यह सिद्धान्त भी कभी-कभी ढीला पड़ने लगता है कि जब तक शुद्ध रूप चलन में है अशुद्ध को मान्यता नहीं मिलेगी। शैया बहुत चल गया है भैया की तरह। पर वह है अशुद्ध। शुद्ध है शय्या। उज्वल भी चल गया है उज्ज्वल की जगह। रूप दोनों ही चल रहे हैं। ठीक उसी तरह जैसे हिंदी और हिन्दी, नई और नयी। लगता यही है कि दोनों को ही चलन स्वीकृति दिलवा देगा।

इसी प्रकार का एक दिलचस्प उदाहरण है विभक्तियों की वर्तनी जिस पर 20वीं सदी के प्रारम्भ से ही गहरा विचार-विमर्श होता रहा है। यह समस्या तभी से सबको झकझोर रही है कि सरकारने सोमवारको आदि विभक्तियों को मिलाकर लिखा जाए या सरकार ने, सोमवार को हटाकर। मैंने, उसको आदि विभक्तियाँ सटाकर लिखी जाएँ या मैं ने, उस को अलग-अलग ? इस सदी के प्रारम्भ में इस पर विद्वानों का उग्र सैद्धान्तिक विवाद वर्षों तक चला था। कुछ विद्वान विभक्तियों को साथ मिलाकर लिखने के पक्षधर थे क्योंकि संस्कृत तथा अन्य भाषाओं की व्याकरण की प्रकृति में यही उचित है। किन्तु अन्य अलग लिखने के पक्षपाती थे क्योंकि हिन्दी में चलन यही है। सरकार ही ने, सोमवार ही को से यह स्पष्ट होता है क्योंकि विभक्ति के बीच में भी अव्यय आ जाते हैं। तर्क दोनों ओर से दिए गए। पुस्तकें लिखी गईं। विद्वानों के दो दल हो गए। पं. गोविन्दनारायण मिश्र जैसे विद्वान सटाकर लिखने के पक्षपाती थे, उन्हें सटाऊ कहा जाने लगा, अलग लिखनेवालों को बटाऊ। रामचन्द्र शुक्ल के हिन्दी साहित्य के इतिहास में भी इस विवाद का जिक्र है। इस आन्दोलन के प्रवर्तक थे प्रसिद्ध साहित्यकार व पत्रकार सखाराम गणेश देऊसकर। मिश्रजी ने 'विभक्ति विचार' नामक पुस्तक इस बात पर अवश्य लिखी थी। रामचन्द्र शुक्ल ने मिश्रजी को ही इसका प्रवर्तक बता दिया है। यह विवाद तर्कों के आधार पर तो आज भी नहीं निपटाया जा सकता क्योंकि दोनों ओर से तर्क प्रबल हैं। तर्क के आधार पर तो उसने, उसको आदि में भी विभक्तियाँ अलग लिखी जानी चाहिए क्योंकि मुझ तक से, उसी ने आदि में विभक्ति के बीच में अव्यय आ जाते हैं किन्तु ये सब उदाहरण सिद्धान्त पर चलन की प्राथमिकता के प्रमाण हैं। सिद्धान्त के ही ऊपर जोर दिया जाए तो ऐसी भी स्थिति आ सकती है कि जाए गा, हो गा आदि में भी गा को अलग लिखना पड़े। आए ही गा जैसे उदाहरणों को देखकर किशोरीदास वाजपेयी जैसे विद्वानों ने इन्हें अलग लिखने का सिद्धान्त प्रतिपादित भी कर दिया था किन्तु चलन में नहीं आ सका।

चलन ने यह मध्यम-मार्गीय परम्परा स्थापित कर दी है कि मैंने, उसने आदि

सर्वनामों में तो विभक्ति मिलाकर लिखी जाती है किन्तु सरकार को आदि में अलग। कल्याण जैसी कुछ पत्र-पत्रिकाओं ने उस पुराने आन्दोलन की याद कायम रखते हुए अब भी न केवल सर्वनामों में अपितु सब जगह विभक्ति मिलाकर लिखने की परम्परा बना रखी है। जाहिर है इनमें किसी को भी शुद्ध या अशुद्ध नहीं कहा जा सकता। दोनों चलन में हैं। होगा, जाएगा आदि चलन में मिलाकर ही लिखे जाते हैं। एकरूपता के लिहाज से ही कभी-कभी यह तकाजा उठता है कि किसी एक रूप को ही मान्य किया जाए। ऐसी स्थितियों में विद्वानों का यह विचार मन्थन बहुत उपयोगी हो सकता है। किन-किन मामलों में एकरूपता पर जोर दिया जाए ? किन मामलों में छूट दी जाए और कहाँ अंकुश लगाया जाए ?

विसर्ग का प्रयोग : सही दिशाएँ

हिन्दी ने संस्कृत के जिन सन्धि-निर्मित या समास-निर्मित शब्दों को स्वीकार किया है उनमें व्याकरण के सही परिज्ञान के अभाव में गलतियाँ होना स्वाभाविक है। संस्कृतनिष्ठ भाषा का प्रयोग कर अपने पांडित्य और गौरव का प्रदर्शन हिन्दीविज्ञों की आम प्रवृत्ति हो गई है, यह तो स्वागत योग्य है किन्तु ऐसे भारी शब्दों के प्रयोग में सन्धि की गलतियाँ बहुत देखी जाती हैं। सबसे अधिक धोखेबाज और जटिल मामला है विसर्ग की सन्धि का। यह विसर्ग भी हिन्दी को संस्कृत ही देन है। हिन्दी में विसर्ग लिखने या बोलने की प्रवृत्ति अपनी नहीं है, संस्कृत से विरासत में मिली है। संस्कृत का दुःख जिस प्रकार हिन्दी को दुखी करता है उसी प्रकार निःसन्देह, स्वान्तःसुखाय, निःस्वार्थ सेवा आदि में भी जो विसर्ग बैठा है वह संस्कृत का ही है। ऐसे मामलों में कुछ अपवादस्वरूप छूटें अवश्य मिली हैं। जैसे दुख-सुख के साथी में दुःख को हिन्दी ने अपनी वर्तनी में दुख लिखते हुए तद्भव बना लिया है अतः उसमें विसर्ग न भी लिखें तो चलेगा किन्तु जिन शब्दों को ज्यों के त्यों संस्कृत से लिया है उनमें यदि संस्कृत में मूलतः विसर्ग है तो हिन्दी को भी लिखना होगा। भ्रान्तियाँ ऐसे मामलों में ही होती हैं।

'शीत अधिक था, अतः घर से नहीं निकला, आजकल कर्मचारियों में स्वभावतः कामचोरी की प्रवृत्ति पनप रही है।' ऐसे सभी फिकरों में तः लगता है वह मूल संस्कृत का है अतः इन सबमें विसर्ग लिखना अनिवार्य होगा। यतः, ततः, अंततः, स्वतः, पूर्णतः, अधिकांशतः, वस्तुतः ये शब्द हिन्दी में बहुत प्रयक्त हो रहे हैं। इसी प्रकार शनैः-शनैः, नमः जैसे शब्द भी संस्कृत से लिए गए हैं अतः उनमें विसर्ग जरूरी है। एक अन्य शब्द है 'प्रायः'। यह भी संस्कृत का अव्यय है। अतः इसमें विसर्ग ज्यों के त्यों रहेंगे। यह गुत्थी कभी-कभी अवश्य आती है कि संस्कृत के जटिल व्याकरण के हिसाब से यह प्रायः शब्द यदि कहीं समास के अन्त में आता है तो इसमें विसर्ग नहीं होंगे। किन्तु बहुत से लिख जाते हैं मृतप्रायः (लगभग मरा हुआ), लुप्तप्रायः (लगभग लुप्त), समाप्तप्रायः (लगभग समाप्त)। इन तीनों में बहुत से लोग विसर्ग लगा जाते हैं जो

गलत है। प्रायः शब्द अकेला आएगा तो अवश्य ही विसर्ग होंगे पर समास में जहाँ अन्त में यह जाता है वहाँ विसर्ग नहीं होंगे। **मृतप्राय, लुप्तप्राय और समाप्तप्राय ही** लिखे जाएँगे। इस कुंजी से वर्तनी और व्याकरण की बहुत सी गलतियाँ टाली जा सकती हैं।

विसर्ग की सन्धि

संस्कृत में विसर्ग के साथ जब सन्धि आती है तो उसके अनेक रूप बन जाते हैं। कहीं विसर्ग ज्यों का त्यों रहता है जैसे स्वान्तःसुखाय, नमः शिवाय आदि में। कहीं वह आधा 'र' बन जाता है। जैसे दुर्गति, अन्तर्गत, धनुर्धर, बहिर्गमन, इन सबमें दुः, अन्तः, धनुः, बहिः आदि में जो विसर्ग है वह सन्धि में आधा 'र' बनकर अगले अक्षर के ऊपर लग गया है। कहीं विसर्ग ओ हो जाता है जैसे तपोधन, मनोवांछित, नमो भगवते। इन सबमें तपः, मनः और नमः में लगा विसर्ग अगले अक्षर से सन्धि होने के कारण ओ में बदल जाता है। कहीं विसर्ग आगे स्वर होने के करण उसमें र बनकर जा मिलता है। जैसे निराधार, दुराचरण, पुनरीक्षण, पुनरावृत्ति। इन सबमें निः, दुः, और पुनः आदि में जो विसर्ग है वह निर्, दुर्, पुनर् के रूप में अगले स्वर के साथ मिलकर पूरा रा या री बन जाता है। (पुनर+ईक्षण=पुनरीक्षण)। कहीं विसर्ग का लोप भी हो जाता है। जैसे अतएव में अतः का विसर्ग इसलिए लुप्त हो गया कि आगे ए था। कहीं विसर्ग आधा श् बन जाता है तपश्चर्या, पुनश्च, इनमें तपः और पुनः का विसर्ग आधा श् बनकर अगले अक्षर में जा मिला। कहीं विसर्ग आधा ष् बन जाता है जैस निष्फल, बहिष्कार, आविष्कार आदि में विसर्ग आधा ष् होकर अगले अक्षर में जा मिला। कहीं वह आधा स् हो जाता है जैसे नमस्कार, पुरस्कार, तिरस्कार में नमः, पुरः, तिरः का विसर्ग आधा स् बनेगा।

विसर्ग जैसे बहुरूपिए द्वारा इस प्रकार अलग-अलग शब्दों से मिलने पर अलग-अलग चोले बदलने की जो लीला होती है उससे बहुत से भ्रान्त हो जाते हैं। आपने तपोधन की तरह अनेक महानुभावों को 'तपोपूत' लिखते देखा होगा। यह गलत है। विसर्ग के आगे ध या भ या न आदि होंगे तो वह ओ बनेगा जैसे मनोभव, तपोमय, तपोधन आदि किन्तु यदि प, फ, क आदि आगे हों तो ओ नहीं होगा, विसर्ग का विसर्ग ही रहेगा जैसे **तपःपूत, अंतःकरण अंतःपुर, पुनःप्रवेश**। पुनःप्रवेश की बजाय पुनर्प्रवेश बोलने और लिखने की बीमारी ऐसी चली है कि मीडिया से लेकर ग्रन्थों तक इसका रोकना मुश्किल हो रहा है। उन्हें कौन समझाए कि पुनर्गमन, पुनर्जन्म आदि में तो विसर्ग र हो जाएगा क्योंकि कुछ वर्गों के तृतीय और चतुर्थ और पंचम वर्ण आगे हों तो विसर्ग र हो जाता है किन्तु प्रथम और द्वितीय वर्ग के साथ र नहीं होता विसर्ग ही रहेगा। कहीं-कहीं (जहाँ उपसर्ग पहले हैं) स या ष भले ही हो जाए जैसे नमस्कार, पुरस्कार या निष्फल में। अन्तःकरण आदि की तरह क और ख तथा प और फ के साथ विसर्ग ज्यों का त्यों रहेगा इसीलिए पुनर्प्रवेश भी अशुद्ध है और पुनर्संस्कार भी क्योंकि स आगे होने पर विसर्ग ही रह जाएगा।

आधा र लगाने की बीमारी यहीं समाप्त नहीं होती। भाई लोग आगे स्वर रहने पर भी उसमें आधा र लगाकर व्याकरण बनाने लगे हैं। पुनः+ आवृत्ति, पुनः+ईक्षण, इन सबमें विसर्ग के आगे स्वर होने के कारण आधा र आगे स्वर में मिल जाएगा। स्वर के ऊपर आधा रेफ (र) तो कभी भी नहीं होता पर पुनर्अवलोकन, अंतर्अनुशासनीय जैसे भयंकर शब्द नई वर्तनी गढ़ते हुए दिखने लगे हैं। यह भारी भूल है। इसे तुरन्त सुधारने में ही खैरियत है।

जहाँ विसर्ग को स हो जाना चाहिए वहाँ ष बनाने की गलती भी बहुत होने लगी है। नमस्कार की बजाय नमष्कार लिखने और बोलने दोनों में चल रहा है बहिष्कार, आविष्कार की नकल पर। यह बंगाली उच्चारण करके लोग समझते हैं कि हम अधिक शुद्ध बोल रहे हैं। किन्तु विसर्ग की उपर्युक्त समास लीलाओं को समझे बिना ऐसे शब्दों का सही लिखना और उच्चारण नहीं हो पाएगा अतः व्याकरण की ये खुरदरी बातें परोसनी पड़ी हैं। एक और गलती बहुत हो रही है। नमोनारायण की तरह कुछ लोग नमो शिवाय बोलकर फूले नहीं समाते। पहले बताया जा चुका है कि श, ष, स आदि के पूर्व यदि विसर्ग आएगा तो वह ओ नहीं बनेगा। मनःशान्ति, स्वान्तःसुखाय आदि की तरह नमः शिवाय में विसर्ग ही रहेगा। नमो शिवाय का तो बिल्कुल विपरीत अर्थ हो जाएगा (नमः+अशिवाय अर्थात् विनाश को नमस्कार)। हिन्दी के एक विद्वान ने सौन्दर्यशास्त्र पर एक पुस्तक लिखी जिसका शीर्षक है 'अथातो सौन्दर्य जिज्ञासा'। यह 'अथातो ब्रह्म-जिज्ञासा' सूत्र की नकल पर बनाया शीर्षक है। यह सूत्र बादरायण व्यास लिखित ब्रह्मसूत्र का पहला सूत्र है। इसमें 'अथ+अतः+ब्रह्म' शब्द आते हैं इसलिए अतः के आगेवाला विसर्ग ओ हो जाता है क्यों उसके आगे ब्र है। मनोबल, तपोबल आदि की तरह ब्र आगे रहने पर तो विसर्ग हो जाता है किन्तु सौन्दर्य में जो स है उसके आगे रहने पर ओ नहीं होगा, विसर्ग ही रहेगा। यदि ओ लिख दिया जाए तो उसका विपरीत अर्थ होगा (भद्देपन या कुरूपता का विवेचन किया जा रहा है, यह अर्थ उससे निकलेगा—'अथातः असौन्दर्य-जिज्ञासा')

इस प्रकार विसर्ग की सन्धि में जो गुत्थियाँ हैं, उन्हें पूरी तरह समझे बिना संस्कृतनिष्ठ शब्दों में भ्रान्तियों का गुंजाइश इतनी अधिक है जैसे अँधेरी और फिसलन भरी गलियों में रपट पड़ने की। जरूरत इस बात की है कि संस्कृतनिष्ठ भाषा लिखें तो इन गुत्थियों को सुलझाते हुए सही वर्तनी और व्याकरण अवश्य लगाएँ।

अनुस्वार का प्रयोग : कुछ भ्रम

हिन्दी में कुछ प्रयोग ऐसे हैं जिनमें सानुस्वार या सानुनासिक लिखने और बोलने का चलन पिछले दिनों चल पड़ा था और आज भी भ्रम बना हुआ है। सम्बोधन करते समय 'मित्रो', 'भाइयो', 'बच्चो' आदि के साथ मित्रों, बच्चों ! आदि में सानुनासिक उच्चारण अनेक वक्ता करते हैं। वे इसे आवश्यक मानते हैं क्योंकि यह बहुवचन है। जब मित्रों

से, बच्चों को पढ़ाया आदि में अनुस्वार है तो सम्बोधन में क्यों नहीं ? इस बारे में मानक प्रयोग तो निरनुनासिक ही है क्योंकि सम्बोधन में प्रथमा विभक्ति का ही रूपाकार होता है, बच्चों को, लोगों के लिए आदि द्वितीय, तृतीया, चतुर्थी, पंचमी आदि अधिकांश विभक्तियों में तो सानुस्वार लेखन और सानुनासिक उच्चारण होगा पर सम्बोधन में नहीं। गुजराती आदि भाषाओं में प्रथमा बहुवचन में 'मित्रो', पुस्तको आदि ओकारान्त ही होते हैं। हिन्दी में भी स्त्रीलिंग संज्ञाओं के प्रथमा बहुवचन तो सानुनासिक होते हैं—(पुस्तकें आ गईं, लड़कियाँ खेल रही हैं आदि) किन्तु पुंलिंग संज्ञाओं में प्रथमा बहुवचन में सानुनासिक लिखा-बोला नहीं जाता (ग्रन्थ आ गए, लड़के खेल रहे हैं)। सम्बोधन में भी अनुस्वार के बिना लिखना-बोलना ही मानक माना जा रहा है।

इसी प्रकार 'एक किताब चाहिए' के स्थान पर यदि 'पाँच किताबें चाहिए' लिखना तो चाहिए पर अनुस्वार या अनुनासिक लिखा जाय या नहीं, यह बहुधा पूछा जाता है। बहुत से इसी प्रकार बोलते है—'पाँच आम चाहिएँ', 'सारी गाड़ियाँ भेज देनी चाहिएँ'। लिखते भी ऐसा ही हैं जिससे एकवचन-बहुवचन का भेद स्पष्ट हो। इस पर भी विभिन्न मत हैं। कुछ विद्वानों का (जिनमें किशोरीदास वाजपेयी भी शामिल हैं) यह अभिमत है कि 'चाहिए' एक अव्यय (या निपात) है जो सभी वचनों में एक सा रहेगा, सभी कालों में भी। 'पाँच आम चाहिए थे', 'किताबें चाहिए थीं' आदि में काल, लिंग, वचन आदि की अभिव्यक्ति थे, थी और उनमें लगे अनुस्वार से होती है, चाहिए अव्यय की तरह यों ही रहता है अतः इसमें अनुस्वार लगाना चलन मात्र है, मानक नहीं। कुछ विद्वानों के अनुसार यदि अन्य क्रियापदों के किसी भी भाग में बहुवचनसूचक अनुस्वार नहीं है तो चाहिए में लगाया जाना चाहिए।

एक भ्रान्ति पत्र पत्रिकाओं में देखने को मिलती है जब 'आकलन' को 'आँकने' के समानान्तर समझकर उसमें अनुस्वार या अनुनासिक चिह्न लगा दिया जाता है 'आँकलन'। जैसा कि हम अन्यत्र भी स्पष्ट कर चुके हैं, आभूषण, आरोहण की तरह कलन में भी 'आ' ही लगता है, यह उपसर्ग है, इसका आँकने से ताल्लुक नहीं है। इसी प्रकार उर्दू के 'इनकार' को 'इंकार' लिखने का चलन भी गलत है। यहाँ 'न' ही है ! वह अनुस्वार से व्यक्त नहीं होगा। इन्सान की बात भी वैसी ही है पर इंतजार, इंसानियत आदि में त और स के आगे रहते हुए अनुस्वार भले ही गले उतर जाय, 'इनकार' में नहीं उतरेगा।

संयुक्ताक्षरों के कुछ रूप

संस्कृतनिष्ठ शब्दों में संयुक्ताक्षरों की भाँति-भाँति की किस्में हैं। इनमें हिन्दीवाले अधिकांशतः वर्तनी की भूल कर देते हैं। इसके प्रमुख शिकार हैं सहस्र, स्रोत, हिंस्र जैसे शब्द। भ्रम का कारण यह है कि शस्त्र, अस्त्र आदि शब्द बहुत चल रहे हैं जिनमें स+त+र इन तीन व्यंजनों की सन्धि है। इसलिए इन शब्दों में तो आधा स तथा

त्रिलोकीवाला त्र लिख देना सही वर्तनी हो जाती है किन्तु संस्कृत में स+र की सन्धि से बने कुछ शब्द भी हैं जिनमें त्र आने का प्रश्न ही नहीं उठता किन्तु भ्रमवश सहस्त्र शब्द न केवल लिखा ही जाने लगा है बल्कि बोलने में भी इस गलत वर्तनी के कारण गलत उच्चारण होने लगा है। ऐसे दस-पाँच शब्द ही हिन्दी में परिगृहीत हैं जिनमें स्र आता है। स्रोत (सोर्स के लिए), रक्तस्राव, हिंस्र पशु, अजस्र (निरन्तर) आदि शब्दों में केवल स्र है, स्त्र नहीं। यह समझ लेने से वर्तनी और उच्चारण दोनों शुद्ध हो सकेंगे। स्तोत्र शब्द में पहले अक्षर में तो स और त मिले हुए हैं किन्तु दूसरा अक्षर केवल त्र है। सम्भवतः इसके भ्रमवश स्रोत को स्त्रोत लिख दिया जाता है। इसमें सावधानी अपेक्षित है।

इसी प्रकार श्रवण (सुनना), श्रम, परिश्रम आदि में जो श्र है वही 'श्री' में लिखा जाता है। इन सबमें श+र की सन्धि है किन्तु शृंग, शृंगार, शृंखला, शृगाल आदि में सन्धि नहीं है, श में कृष्ण की तरह ृ लगा हुआ है। उन्हें लिखते समय श लिखकर उसके नीचे ृ लगाएँ। श्रीवाला श्र लिखकर उसमें ृ लगाना अशुद्ध है। पुराने संस्कृत के टाइपों में शृंगार, श्री जैसे एक श के नीचे शृ लगाकर लिखा जाता है। और रेफ का आँकड़ा नहीं होता था। अब ऐसा टाइप नहीं मिलता अतः निरापद यही है कि 'श' लिखकर उसके नीचे ृ लगा दिया जाए।

संस्कृत के कुछ संयुक्ताक्षरों को तो हिन्दी ने टाइपराइटर और मुद्रण की असुविधाओं को देखते हुए इस तरह बदल दिया है कि अब उनका कोई इलाज नहीं। संस्कृत में मध्यान्ह में तो ह के साथ न आता था किन्तु पूर्वान्ह और अपराण्ह जैसे शब्दों में (जहाँ शब्द में र अर्थात् रेफ भी होता था) वहाँ ह के साथ ण आता था। पर अब हिन्दी में पूर्वान्ह, अपरान्ह आदि खूब चल गए हैं। एक यह चलन भी हिन्दी में पैर जमाने लगा है कि ब्राह्मण, मध्याह्न, अपराह्न, चिह्न आदि शब्दों में जहाँ आधा ह आता था और म या ण पूरा होता था, (जो संस्कृत का चलन था) उसे उलटा करके म या ण आधा लिखा जाने लगा है और ह पूरा (ब्राम्हण, चिन्ह, अपराण्ह या अपरान्ह)। इसका कारण भी मुद्रण और टापराइटर की सुविधा ही है। इसका भी कोई इलाज नहीं है अतः चलन इसे स्वीकृति दिलवा देगा ऐसा लगता है।

किन्तु अबतक इन रूपों को सही नहीं माना गया है। अब कंप्यूटर के कुंजीपटल की विशालता के कारण उसमें अनन्त सम्भावनाएँ बन गई हैं अतः ब्राह्मण, चिह्न, अपराह्न आदि शुद्ध वर्तनी कंप्यूटर से भलीभाँति छप सकती है। अब सुविधा के नाम पर अशुद्ध को छूट दिलवाने की जरूरत नहीं है।

हलन्त कहाँ लगेगा?

हिन्दी ने संस्कृत के शब्दों को ही ग्रहण नहीं किया है, कहीं-कहीं अभिव्यक्तियों को तथा विभक्ति-प्रत्यय लगे पदों और फिकरों को भी ज्यों के त्यों ले लिया है। यही कारण है कि ऐसे शब्दों की नस्ल का थोड़ा ज्ञान हुए बिना हिन्दी लिखनेवाले वर्तनी की गलतियाँ कर जाते हैं। एक उदाहरण का हम जिक्र कर चुके हैं। इमरजेंसी के लिए जो आपातकाल शब्द है उसे अधिकांश अखबार ही नहीं विद्वान भी आपात्काल लिखकर हलन्त बना देते हैं। कारण यह है कि संस्कृत में आपत् शब्द आफत के लिए आता है इसलिए संकटकाल को आपत्काल कहा जाता था। आपात आपत् नहीं है। आपात का आफत से सम्बन्ध भी नहीं है। उसका अर्थ तो होता है तुरन्त कार्रवाई करने की आवश्यकता या तुरत-फुरत या ठीक सामने दिखनेवाली स्थिति। इसमें हलन्त कहीं नहीं है। इम्पोर्ट का अर्थ देनेवाले आयात में भी हलन्त नहीं है। निर्यात, आयात, यातायात जिस प्रकार पूरे त से लिखे जाएँगे उसी प्रकार अनुपात, आपात आदि भी। श्रीयुत को भी अधिकतर कुछ लोग श्रीयुत् लिखकर हलन्त त को ही अधिक शुद्ध समझते हैं। वह श्रीमान् की नकल पर होता है। श्रीमान् में संस्कृत के हिसाब से न् हलन्त होना चाहिए किन्तु श्रीयुत में तो त पूरा ही होगा क्योंकि उसका अर्थ होगा श्री से युक्त। युक्त या सहित के लिए युत आता है जिसमें कोई हलन्त नहीं।

हलन्त कहाँ लगे और कहाँ नहीं यह समस्या इसी कारण बनी हुई है कि जहाँ संस्कृत के शब्दों को तत्सम रूप में उद्धृत करना होता है वहाँ उसके हलन्त को भी उधार लेना पड़ता है। हिन्दी में वह नहीं है। अतः यह विवेक करना होता है कि जहाँ मूल संस्कृत शब्द उद्धृत करना हो वहाँ तो हलन्त जरूरी है, अन्यत्र नहीं। श्रीमान्, बुद्धिमान्, विद्वान्, हुनमान् आदि शब्द संस्कृत के हैं और इनमें मूलतः न् हलन्त है किन्तु हिन्दी ने यह समझौता कर लिया है कि उन्हें जहाँ तत्सम रूप में ज्यों के त्यों प्रयुक्त करना हो वहीं उनका हलन्त बरकरार रहेगा। जहाँ हिन्दी ने उन्हें अपने व्याकरण में ढालकर (तत्सम होते हुए भी) अपना जामा पहना दिया है वहाँ हलन्त जरूरी नहीं है। जैसे श्रीमानों को नमस्कार करना, विद्वानों ने कहा, बुद्धिमानों की बात अलग है—इन सबमें इन हलन्त शब्दों का बहुवचन हिन्दी ने अपने व्याकरण के हिसाब से बनाया है। संस्कृत में तो श्रीमन्तः महान्तः और विद्वांसः बनता है। उसे न लेकर जब हिन्दी का व्याकरण लग रहा है तो यह स्पष्ट हो जाता है कि उन्हें हलन्त शब्द न मानकर अकारान्त शब्द

माना जाता है। यही कारण है कि श्रीमान्, हनुमान् आदि में हलन्त न भी लगे तो उसे छूट प्राप्त है। उस स्थिति में हिन्दी का वह अपना शब्द होता है। यही हाल भाषाविद् जैसे शब्दों का है। संस्कृत में द् या त् हलन्त होगा किन्तु जब हिन्दी भाषाविदों जैसे बहुवचन बनाने लगी तो इसे अकारान्त मानकर भाषाविद लिख देना भी हिकारत का पात्र नहीं रहा। यही हाल संसद् का है। यह संस्कृत में हलन्त था। हिन्दी ने इसे संसद के रूप में लिया। इसमें भी हर बार हलन्त लिखने की इल्लत से बचने के लिए अब द पूरा हो गया है। संसद सदस्य को को सांसद कहते हैं। वह संस्कृत में भी पूरे द से ही बनता है। उसमें हलन्त लगाना हर तरह से गलत होगा। कुछ भाई लोग अपनी विद्वत्ता के अजीर्ण के कारण संसद् को हलन्त लिखते-लिखते सांसद् को भी हलन्त लिख जाते हैं। संसद को हलन्त लिखने में कोई गलती नहीं किन्तु सांसद में हलन्त लिखना हर दृष्टि से गलत है। संस्कृत की भी और हिन्दी की भी। संसद् सदस्य लिखते समय यदि इसे समासवाला शब्द माना जाए तो संसत् सदस्य लिखना सही होगा। पर हिन्दी में संसद सदस्य चल गया है। इसे इसी तर्क से छूट मिलेगी कि यहाँ संसद शब्द हिन्दी का अपना है। उस स्थिति में द में हलन्त नहीं लगाना चाहिए क्योंकि संस्कृत के हिसाब से यदि समास होगा तो सन्धि होगी और सन्धि होगी तो द नहीं रहेगा। इसके स्थान पर त हो जाएगा और संसत्सदस्य बन जाएगा। वास्तव में यह टकसाली शब्द है किन्तु पं. किशोरीदास वाजपेयी ने चलन और हिन्दी की प्रकृति के लिहाज से संसद सदस्य शब्द को स्वीकृति दे दी थी।

टकसाली शब्दों को सही लिखने की ललक में जगत् को भी हलन्त लिखा जाता है। साहित्य जगत् जैसे शब्दों में त् हलन्त होना ठीक ही लगता है किन्तु कुछ विद्वानों ने जगत् को भी हिन्दी का अपना मानकर पूरा त लिखने में आपत्ति नहीं बताई है। किन्तु उधर कुछ का कहना है कि हिन्दी का अपना जगत तो वह है जिसका अर्थ होता है कुएँ की मेड़। इसलिए साहित्य जगत् जैसे शब्दों में त् हलन्त लिखा जाना चाहिए। इसका भी अन्तिम निर्णय चलन ही करेगा। हम तो इतना ही कहेंगे कि इस सब विवेचना से आपने देख लिया होगा कि संस्कृत के हलन्त न लिखने की छूट बहुत से मामलों में हिन्दी में मिल गई है इसलिए उसका उपयोग आप कर सकते हैं किन्तु जिन शब्दों में मूल संस्कृत में भी हलन्त नहीं है उनमें लगाने का प्रयत्न तो हर हालत में खतरे की घंटी ही होगा यानी हलन्त न लिखने पर तो किसी कदर उतना खतरा नहीं है पर अकारान्त को हलन्त लगाना तो पूर्णतः हास्यास्पद ही होगा। परन्तु वैदुष्य के अजीर्ण के कारण हिन्दी में ऐसा बहुत रहा है (जैसे श्रीयुत में गलत हलन्त लोग लगाते हैं)। उसी तरह मैंने शत-शत नमन में दोनों त हलन्त लगे बहुत बार देखा है। सतत प्रयत्नशील व्यक्तियों के लिए भी सतत् हलन्त कर दिया जाता है। ये दोनों पूर्णतः गलत हैं। **शत, सतत, श्रीयुत, आपात और निर्यात** सभी अकारान्त हैं। इन्हें जगत् या एतद् की नकल पर हलन्त लिखना घोर अशुद्धि है।

तब हलन्त कहाँ लिखें ? जैसा ऊपर बताया गया है, जहाँ संस्कृत के विभक्त्यन्त

को भी ज्यों का त्यों लिखा जाए वहाँ त् हलन्त लिखना जरूरी होगा। ऐसे कुछ ही शब्द हिन्दी ने लिये हैं, वे हैं अर्थात्, पश्चात् आदि। ये दोनों अर्थ और पश्च में पंचमी विभक्ति लगाकर बने हैं और संस्कृत के उसी प्रकार मूल फिकरे हैं जिस प्रकार येन केन प्रकारेण आदि अभिव्यक्तियाँ। अतः इनमें त् हलन्त लिखना लाजिमी होगा। यही हाल हठात् निष्कासित कर दिया या बलात् उठाकर फेंका जैसे वाक्यों में हठात् और बलात् का है। ये मूल संस्कृत शब्द हलन्त त से लिखे जाएँगे। ठीक उसी प्रकार जैसे पुत्रवत् मानना या विधिवत् नियुक्त होना में वत् संस्कृत का मूल अव्यय है। अतः त हलन्त होगा ही। यही मामला पृथक् (अलग) का है। वह संस्कृत का मूल अव्यय है। उसे हलन्त ही लिखा जाना चाहिए। अब तक इसको पूरा क लिखने की छूट नहीं मिली है, चलन में बेशक ऐसा आने लगा है, आगे जाकर यह छूट भी मिल जाए तो बात अलग है।

हलन्त लगाने, न लगाने की इस भूल-भुलैया से निकलने का सीधा सूत्र यही होगा जहाँ मूल संस्कृत शब्द हलन्त है और हिन्दी में वह ज्यों की त्यों उद्धृत किया जाता है उसे ही हलन्त से लिखा जाए। यहीं यह बारीकी समझ में आ जाएगी कि श्रीमान् शब्द में मूलतः संस्कृत का न् हलन्त है किन्तु उसे हिन्दी के ढाँचे में और व्याकरण में छूट लेकर बिना हलन्त के भी लिखा जा सकता है और बिना छूट लिये हलन्त भी। इसके बावजूद श्रीमान् का जो सम्बोधन श्रीमन् आता है उसमें हमेशा हलन्त लिखना होगा क्योंकि वह संस्कृत की मूल विभक्ति का ज्यों के त्यों उद्धरण है। इसी प्रकार भगवान में चाहे हलन्त न लगे किन्तु भगवन् सम्बोधन में हलन्त लगाना पड़ेगा क्योंकि वह मूल विभक्त्यन्त शब्द है। इसी दृष्टि से तत्पश्चात्, एतद्द्वारा आदि में त् और द् अनिवार्यतः हलन्त लिखे जाएँगे क्योंकि वे तत् और एतत् संस्कृत के मूल शब्द हैं, समासगत हैं और सर्वनाम हैं। सर्वनामों को कोई अन्य भाषा अपने व्याकरण में नहीं ढाल सकती है। वे उद्धरण ही माने जाएँगे।

यह तो बात हुई संस्कृत के शब्दों में हलन्त लिखने की। दक्षिण भारतीय भाषाओं में भी हलन्त अक्षर आते हैं। जगन्नाथन्, वेंकटरामन् आदि में न और सन्तानम् आदि में म हलन्त होता है। यह उन भाषाओं का चलन है। उसे ज्यों का त्यों हम उद्धृत करते हैं इसलिए वह न और म हलन्त ही होना चाहिए। अब तक तो हिन्दी ने इनमें छूट नहीं दी है। छूट दी है तो केवल मेनन में। और जगह भी बाद में जाकर चलन कुछ छूटें दिलवा दे तो बात अलग है।

हलन्त नहीं लगेगा

हम यह स्पष्ट कर चुके हैं कि संस्कृतनिष्ठ शब्दों के लिखने में जो अशुद्धियाँ हिन्दी में आ जाती हैं उनके कुछ सिद्धान्त समझ लेने से समस्याएँ दूर हो सकती हैं। कठिनाइयों के प्रमुख कारण वहाँ बन जाते हैं वहाँ हिन्दी की अपनी प्रकृति में न होने के बावजूद संस्कृत शब्दों की वर्तनी को यथावत् स्वीकार किया जाता है। इसके प्रमुख उदाहरण

हमने बतलाए थे हलन्त चिन्ह का प्रयोग(जैसे पृथक्, अर्थात्, श्रीमन् आदि में), विसर्ग का प्रयोग (अतः, अन्ततः आदि में) आदि। जहाँ संस्कृत के मूल शब्दों को ज्यों के त्यों लिखा जाता है वहीं हलन्त और विसर्ग लगाए जाएँ, अन्यत्र नहीं। विधिवत्, यथावत् आदि में संस्कृत का मूल अव्यय ज्यों का त्यों लिखा जाता है इसलिए वहाँ हलन्त जरूरी है। कुछ शुद्धिवादी भ्रमवश शेखावत, राणावत आदि नामों में भी 'वत्' हलन्त लगाना अच्छा समझते हैं। यह भ्रम है। क्योंकि ये संस्कृत के मूल शब्द नहीं हैं। अतः इनमें हलन्त नहीं लगेगा।

ये वस्तुतः राजपूतों के अल्ल, बल्कि सही शब्दों में खाँप या बैंक (अवटंक) के नाम हैं जो शेखाजी या राजाजी के पुत्र (पूत) अथवा वंशज होने का संकेत करते हैं। पूत में त पूरा है अतः शेखावत, राजावत, राणावत, भानावत, बीजावत, गेमावत, उदावत आदि में त हलन्त नहीं होगा। कुमावत, चूड़ावत, महावत आदि में भी त पूरा लिखा जाएगा। यथावत् की नकल पर कोई मलिक मोहम्मद जायसी के अवधी महाकाव्य पद्मावत को पद्मावत् या गूजरों के देवनारायण की कथा बगड़ावत को हलन्त करके बगड़ावत् लिखने लग जाए तो वह नितान्त गलत ही होगा। ये हिन्दी के (तद्भव) शब्द हैं, संस्कृत के (तत्सम) नहीं।

इस हलन्त ने एक समस्या और खड़ी की है। तत्, महत् आदि संस्कृत के शब्दों में जो हलन्त त् है वह यदि किसी अन्य शब्द से समास में या और किसी प्रकार से जा मिलता है तो आधा त रह जाता है। जैसे तत्समान। कभी आधा द बन जाता है। जैसे तद्भव। इसी प्रकार बने हैं विद्वत्ता, महत्ता जैसे शब्द। इसी परिपाटी से तत्त्व और महत्त्व शब्द भी बनते हैं। उत् (हलन्त) से...ज्वल मिलकर उज्ज्वल भी यों ही बनता है। इसलिए देवत्व, मनुष्यत्व में जो त्व है उस प्रकार महान् और तत् में त्व लगाएँगे तो डबल त होना चाहिए। यह संस्कृत का सिद्धान्त है। इसी प्रकार उज्ज्वल में डबल ज और एक व आएँगे। इसी आधार पर अधिकतर विद्वान तत्त्व और महत्त्व को दो त और एक व के साथ लिखना ही शुद्ध मानते हैं, आधा त और व अशुद्ध मानते हैं।

किन्तु इस पर हिन्दी के हिसाब से जिन विद्वानों ने सोचा है उन्होंने दूसरा मत भी व्यक्त किया है। उनका कहना है कि तीन अक्षरों का यह संयोग संस्कृत की प्रमुख परम्परा है, हिन्दी की नहीं। वहाँ तो कर्त्ता-धर्त्ता और शर्म्मा को भी दो त और दो म के साथ लिखा जाता था। हिन्दी में तीन अक्षरों से बने ऐसे तिहरे संयुक्ताक्षर बड़ी असुविधा उत्पन्न कर देंगे अतः छूट देनी चाहिए कि तत्त्व, महत्त्व और उज्ज्वल जैसे शब्दों में एक त और ज से भी काम चलाया जा सकता है, भारत सरकार ने भी यह सुझाव मान लिया है। अतः यह स्पष्ट है कि शुद्ध रूप तो डबल त वाला ही हैं किन्तु लिखाई और छपाई के लिहाज से हिन्दी में तिहरे संयुक्ताक्षरों में छूट दे दी है। ऐसी कोई छूट वहाँ नहीं हैं जहाँ हलन्त 'त्' आगे के पूरे त में जाकर मिलता है, जैसे महत्+ता=महत्ता या विद्वत्+ता=विद्वत्ता, जैसा कि पहले संकेत किया जा चुका है, पश्चात्ताप शब्द को पश्चाताप और विद्वत्ता को विद्वता लिखने की गलती भी बहुत होने लगी है।

पश्चात्+ताप=पश्चात्ताप (पछतावा) को डबल त से लिखना आवश्यक है। अर्थात् दोहरे संयुक्ताक्षरों में छूट नहीं है।

हलन्त जैसी परम्परा है विसर्ग की भी, जो संस्कृत की अपनी है। हम बता चुके हैं कि मूल विसर्ग कहाँ-कहाँ लिखा जाएगा। उससे कुछ अधिक जटिल है विसर्ग की सन्धि जिसमें गलतियाँ बहुत होती हैं। उसके बारे में भी बताया जा चुका है। सन्धि में विसर्ग अनेक रूप धारण करता है। इन रूपों में एक है उसका र हो जाना, जैसे पुनरीक्षण, पुनरावृत्ति, पुनः के आगे अ जाएगा तो भी वह र हो जाएगा। जैसे पुनरनुवाद। इसी प्रकार दुः के साथ अवस्था शब्द के आने पर बनेगा दुरवस्था यानी बुरी हालत। पर हिन्दी में दुरावस्था खूब चलने लगा है जो अशुद्ध है। यही हाल पुनरावलोकन का है। पुनः+अवलोकन=पुनरवलोकन बनेगा किन्तु पुनरावलोकन चल रहा है मानो पुनर+अवलोकन (जैसे सिंह+अवलोकन=सिंहावलोकन) ये दो शब्द संधि में जुड़े हों।

अशुद्ध प्रयोग

असंगत शब्द

हम पहले बतला चुके हैं कि अंग्रेजी शब्दों के शब्दानुवाद के कारण हिन्दी में भी ऐसी अभिव्यक्तियाँ चल गई हैं जो अपने आपमें असंगत हैं। कोई घटना दुर्भाग्यपूर्ण हो सकती हैं किन्तु अखबारों में आए दिन पढ़ने को मिलता है कि यह निर्णय बड़ा दुर्भाग्यपूर्ण रहा। यह अंग्रेजी के अनफारच्युनेट शब्द के सीधे अनुवाद के कारण होता है। अंग्रेजी में तो निर्णय, अभिव्यक्ति आदि सभी अनफारच्युनेट कही जा सकती हैं किन्तु हिन्दी में जहाँ दुर्भाग्य वास्तव में दिखलाई देता हो वहीं दुर्भाग्यपूर्ण शब्द आएगा। दंगे या आगजनी की घटनाएँ तो दुर्भाग्यपूर्ण होती हैं किन्तु किसी का निर्णय नहीं। वह अविवेकपूर्ण हो सकता है। उस निर्णय के परिणाम भी दुभाग्यपूर्ण नहीं होंगे, दुर्भाग्यजनक भले ही हों। ऐसी स्थिति में दुखद, पीड़ादायी, यातनात्मक या खेदजनक या कोई और शब्द ही आना चाहिए जो सन्दर्भ में संगत हो। यही हाल बहिष्कार का है। पहले किसी व्यक्ति को गलत कार्य करने पर जाति से या समाज से बहिष्कृत कर दिया जाता था। आजकल व्यक्ति भी समाज का, सभा का या कार्रवाई का बहिष्कार करने लगा है। यदि आपने किसी सभा का बहिष्कार किया अर्थात् उसमें नहीं गए तो आप स्वयं बहिष्कृत हुए हैं। सभा तो चल रही है। लोकसभा या किसी सदन से बहिर्गमन करने पर भी भ्रम से बहिष्कार शब्द प्रयुक्त कर दिया जाता है। कोई सदस्य किसी सदन का बहिष्कार कैसे कर सकता है ? वह खुद बाहर रह सकता है। इस प्रकार तो स्वयं उसी का बहिष्कार हुआ। ऐसे अवसरों पर बहिर्गमन शब्द ही उचित है। इसी प्रकार व्यक्ति किसी समाज का परित्याग या सम्बन्ध विच्छेद कर सकता है या उससे व्यवहार बन्द कर सकता है। बहिष्कार कैसे करेगा ?

भ्रान्त प्रयोग

कुछ ऐसे शब्द हैं जो साम्य के भ्रम के कारण गलत प्रयुक्त हो रहे हैं। स्वल्पाहार, फलाहार आदि शब्द बहुत चलते हैं। उसी की तर्ज पर किसी बड़े नेता को पुष्पाहार पहना दिया जाता है। यह शब्द पुष्पहार की बजाय चलने लगा है। कभी-कभी तो छपने की भूल होती

है किन्तु कभी-कभी भ्रम से भी ऐसा लिख दिया जाता है। पुष्पाहार का मतलब होगा, फूलों का नाश्ता या खाने के लिए फूल प्रस्तुत करना। कोई गाय, भैंस या बकरी तो पुष्पाहार कर सकती हैं, आदमी तो फलाहार ही करेगा और पुष्पहार पहनेगा। कुछ ऐसे शब्द हैं जिनके बारे में दो अलग-अलग रूपों में अलग-अलग वर्तनी होती है। उदाहरणार्थ, संग्रह, अनुग्रह आदि शब्दों में ग्रह आता है। उसी भ्रम से बहुत से लोग लिख जाते हैं, 'मैं अनुग्रहित होऊँगा' या यहाँ 'अच्छे ग्रन्थ संग्रहित हैं।' ये दोनों अशुद्ध हैं। संस्कृत के हिसाब से जहाँ 'क्त' प्रत्यय होगा वहाँ का ग्र, गृ हो जाएगा। अतः **'अनुगृहीत'** व **'संगृहीत'** ही सही हैं। इनमें ही में दीर्घ ई की मात्रा भी लगेगी। यह भेस बदलने की स्थिति ग्रह धातु के साथ ही संस्कृत व्याकरण में होती है। बाकी शब्दों में छोटी इ की मात्रा ही रहती है, जैसे परिवर्तित, कथित आदि में। इसके अतिरिक्त यह ध्यान भी रखना है कि लेनेवाले के अर्थ में ग्रहीता ही जाएगा, जैसे शपथ लेनेवाला शपथग्रहीता कहलाता है यानी वहाँ फिर ग्र ही हो जाएगा गृह नहीं। गृहीता का अर्थ होगा ''ली हुई।'' ''दान में गृहीता भूमि'' आदि। संस्कृत व्याकरण की ये जटिलताएँ हिन्दी में भी उतारनी पड़ेंगी क्योंकि इन शब्दों में संस्कृत व्याकरण का ही ज्यों का त्यों अनुसरण किया गया है। बहुत से शब्दों में संस्कृत व्याकरण के विरुद्ध भी हिन्दी ने चलन अपनाया है जैसे संस्कृत में जागृति नहीं होती, वहाँ के व्याकरण में जागर्ति शब्द बनता है पर हिन्दी में यह खूब चल गया है। किन्तु जागे हुए आदमी को संस्कृत में भी **जागृत** कहेंगे और हिन्दी में भी। यह बात अलग है कि जागे हुए और जागनेवाले इन दोनो अर्थों में जो बारीक भेद है उसके हिसाब के संस्कृत में जागृत (जागा हुआ) और जाग्रत (जागनेवाला या जाग रहा) ये दो शब्द अलग-अलग बनते हैं। हिन्दी में भी इस बारीकी को ज्यों की त्यों समझ लेना चाहिए। मन की अवस्थाओं जाग्रत, स्वप्न और सुषुप्ति को हिन्दी ने संस्कृत से लिया है। जागी हुई, सपने देखनेवाली और गहरी नींद की अवस्थाओं के इस भेद में **जाग्रत** ही आएगा, जागृत नहीं।

किन्तु जहाँ टाइप या मुद्रण की कोई असुविधा नहीं है वहाँ शब्दों को अशुद्ध लिखना कोई बुद्धिमानी नहीं होगी। स्वर्ग की नकल पर नर्क हिन्दी में खूब चल गया है। सही शब्द नरक है। इसी तरह चरम स्थितियाँ, चरम सीमा आदि में र पूरा लिखते हुए भी कुछ महानुभाव चर्मोत्कर्ष जैसे शब्दों में र आधा लिख जाते हैं। वह गलत है। चरम+उत्कर्ष की सही सन्धि चरमोत्कर्ष बनेगी अर्थात् पूर्ण उन्नति। चर्मोत्कर्ष का तो मतलब होगा अच्छी चमड़ी (चर्म का उत्कर्ष)। इसी प्रकार अन्तःकथा की बजाय अन्तर्कथा इतना चल गया है कि उसका इलाज भी नजर नहीं आता। यह भी विसर्ग सन्धि की आम भूलों में से एक है और बहुत आने लगा है। अब तक तो चलन ने इसे स्वीकृति नहीं दिलाई है पर अन्तःकथा लिखनेवाला कोई नहीं रहेगा तो यह गलत शब्द भी चल निकले तो आश्चर्य नहीं। इस बात पर याद आया कि हिन्दीवाले गलती को बहुधा गल्ती लिख जाते हैं। उर्दू के हिसाब से यह गलत है। वहाँ गलअत, गलअती आदि में पूर्ण अ उच्चारण व लेखन होता है अतः ल को आधा लिखाना बिल्कुल गलत है। यह भी शायद बिल्कुल की नकल पर लिखा जाता होगा। बिल्कुल को चाहे आप बिलकुल लिख दें पर गलत को गल्त न लिखें।

भ्रमवश हो रही गलतियाँ

कुछ शब्द अन्य शब्दों के साम्य के भ्रम के कारण अशुद्ध लिखे-बोले जाने लगते हैं और चल पड़ते हैं। इनमें से कुछ ऐसे उदाहरण हैं जिनमें डबल अक्षर गलती से आने लग जाते हैं। गणित के विद्यार्थी पहले अंग्रेजी में एल.सी.एम. और जी.सी.एफ. पढ़ा करते थे। इनका अनुवाद निकाला गया लघुतम समापवर्त्य और महत्तम समापवर्तक अर्थात् सबसे छोटी राशि जिसमें निर्दिष्ट सभी राशियों का भाग दिया जा सके तथा वह बड़ी राशि जो निर्दिष्ट अन्य राशियों को विभाजित कर सके। इस प्रकार दो अभिधानों को एक साथ गणित कक्षा में पढ़ाया जाता है। इनमें लघुतम शब्द में केवल एक त है और महत्तम में डबल त है पर छात्रों से लेकर शिक्षक तक लघुत्तम और महत्तम बोलते हैं याने दोनों में डबल त। यह अशुद्धि एक-दूसरे की समानता के भ्रम से होती है।

इस लघुतम शब्द को हमने वर्षों से लघुत्तम बोले जाते सुना है और यह बीमारी अब भी चल रही है। यह चूँकि बोलने की अशुद्धि है अतः लिखने में यह लिपि की भूल नहीं उतरनी चाहिए तथापि शिक्षार्थियों को ही नहीं शिक्षकों को भी लघुत्तम लिखते देखा गया है। बढोतरी को इसी भ्रम से बढोत्तरी लिखा जाने लगा है। (विंशोत्तरी की तरह)। इस धक्के से हम उभर भी नहीं पाए थे कि एक और अनजाना शब्द देखकर चकरा गए। इन दिनों समाचार पत्रों में माध्यमिक एवं उच्च माध्यमिक परीक्षाओं के प्रश्नों की मार्गदर्शिकाएँ छप रही हैं। उनमें सभी तरह के प्रश्नों पर मार्गदर्शन, उत्तर आदि प्रकाशित होते हैं। इनमें एक वर्ग के प्रश्नों का नाम यों छपता है 'अति लघुत्तरात्मक प्रश्न'। यह कौन सी किस्म है, आसानी से समझ में नहीं आई। काफी छानबीन के बाद यह ज्ञात हुआ कि आजकल दो तरह के प्रश्न चल रहे हैं। एक तो निबन्धात्मक प्रश्न जिनमें परीक्षार्थी विस्तार से अपनी भाषा में उत्तर देता है। दूसरे वस्तुनिष्ठ प्रश्न जिनमें प्रश्न का एक ही सही उत्तर होता है। इन दोनों शब्दों को अंग्रेजी के शब्दों 'एसे' टाइप प्रश्न तथा आब्जेक्टिव टाइप प्रश्न से अनूदित कर बनाया गया है। इन दोनों के अतिरिक्त एक अन्य किस्म चली है लघु-उत्तरात्मक या अतिलघु-उत्तरात्मक। इसमें ऐसे प्रश्न होते हैं जिनका क्रमशः एक वाक्य या एक शब्द में उत्तर दिया या सकता हो। जैसे डेनमार्क की राजधानी क्या है। वैसे वस्तुनिष्ठ प्रश्नों की एक किस्म और निकली है जिसे बहुचयनात्मक कहा जाता है। इसमें, क, ख, ग, घ द्वारा अनेक सम्भावित उत्तर छपे होते हैं और परीक्षार्थी को सही उत्तर का चिन्ह लगाना होता है ताकि कम्प्यूटर द्वारा

तुरन्त मूल्यांकन किया जा सके। यह भी मल्टीपल च्वाइस क्वेश्चन शब्द का अनुवाद है। अनुवाद तो ये सभी सही हैं किन्तु लघु उत्तरात्मक और अति लघुउत्तरात्मक शब्द जिस तरह छप रहे हैं वह गलत है। या तो बिना सन्धि के उन्हें ऐसे ही लिखा जाए जैसे हमने ऊपर लिखा है और यदि सन्धि की जाएगी तो शब्द बनेगा **लघूत्तरात्मक**। संस्कृत में उ के बाद दूसरा उ आएगा तो सन्धि में दीर्घ हो जाएगा जैसे भानु+उदय=भानूदय, ऋतु+उत्सव=ऋतूत्सव। किसी ने सन्धि करके लघु-उत्तरात्मक शब्द को सही बनाया पर उसे लिखा गलत जा रहा है तो कोई क्या कर सकता है। लगता है बोलने की सुविधा के चक्कर में लोग छोटा उ बोल जाते हैं और वैसा ही लिखा जाने लगता है।

व्युत्पन्न शब्द कैसे बनेंगे ?

इसी प्रकार विधान सभा के बजट सत्र में दो प्रकार की राशियों का उल्लेख किया जाता है वोटेड और चार्ज्ड अर्थात् वह राशि जिसके खर्च के लिए अनुमति दी जा चुकी है वोटेड याने दत्तमत हुई। प्रभृत याने वह खर्च जिसके लिए अनुमति लेनी है। इसके लिए सही शब्द है **दत्तमत** और **प्रभृत**। इनमें केवल दत्त में डबल त है मत में और प्रभृत में एक ही त है। पर बोलने की सुविधा का कुछ ऐसा तकाजा होता है कि दोनों को दत्तमत्त और प्रभृत्त बोला जाने लगा है। याने किसी भी त को सिंगल नहीं बोला जाता, सबको डबल बोला जाता है। प्रभार से (चाजी) प्रभृत उसी प्रकार बनता है जैसे सहवृत, अनुकृत आदि बनते हैं। किसी में डबल त नहीं है। दत्त में ही दो त आएँगे। यह बारीकी समझ लेना जरूरी है।

हमें बहुधा पूछा जाता है किसी बात का प्रावधान किया जाता है तो उस बात को प्रावधानित कहा जाएगा या प्रावधित याने प्रोवाइडेड के लिए कृदन्त रूप क्या होगा। यहाँ यह समझ लेना जरूरी है कि संस्कृत व्याकरण के हिसाब से जिस प्रकार शक्तियों का निधान करने पर शक्तियाँ निहित हो जाती हैं, किसी चीज का विधान करने पर विहित कहा जाता है उसी प्रकार प्रावधान के लिए प्रावहित शब्द बनेगा। इसी आधार पर अन्तर्धान के लिए अन्तर्हित बनेगा। जिस प्रकार ध्यान शब्द चल गया है उसे देखकर गायब हो जाने को भी अन्तर्ध्यान कहा जाता है। यह शब्द दूरदर्शन से लेकर मुद्रित सामग्री तक में चल रहा है। सही शब्द है **अन्तर्धान**। निधान, विधान और प्रावधान की तरह। इसी का एक पर्याय है तिरोहित होना। इसकी संज्ञा बनेगी **तिरोधान**। कुछ भाई लोग आरोहण की तरह तिरोहण लिखने लगे हैं। जिस छवि का तिरोधान हो गया वह तिरोहित हो गई। इसी प्रकार कृदंत रूप में विधान, निधान, तिरोधान, अन्तर्धान, प्रावधान, समाधान, व्यवधान आदि सभी के लिए क्रमशः विहित, निहित, तिरोहित, प्रावहित, समाहित, व्यवहित आदि शब्द आएँगे, यह समझ लेना हितकारी होगा।

अंग्रेजी की नकल पर चले शब्द

हिन्दी आजकल विभिन्न भाषाओं की अभिव्यक्तियों को अनूदित करने के क्रम में उनकी अनेक अभिव्यक्तियाँ आत्मसात् कर रही है। इससे जहाँ एक ओर विभिन्न भाषाओं की अभिव्यक्तियों की अभिव्यक्ति छटाएँ, शब्दावलियाँ और शैलियाँ उसमें समाहित होकर उसका भंडार विशाल बना रही हैं वहाँ कुछ असंगतियाँ भी घर कर रही हैं। कुछ अंसगतियाँ तो इतनी घुल-मिल गई हैं कि व्याकरण की दृष्टि से असंगत होने पर भी उन्हें अब नकारना असम्भव है। ऐसे बहुत से उदाहरण हैं अंग्रेजी की छाया के कारण आई अभिव्यक्तियों के। स्पीच डिलिवर करने की तर्ज पर भाषण देना और थैंक्स गिविंग की तर्ज पर धन्यवाद देना, इन दोनों में देना जैसी कोई चीज नहीं है। होना चाहिए था भाषण करना या धन्यवाद करना। पर अब ये इतने गहरे पैठ गए हैं कि क्या इन्हें हटाया जा सकता है ? इसी प्रकार की एक अभिव्यक्ति है 'द्वारा'। हिन्दी में कर्मवाच्य बनाने के लिए द्वारा शब्द इतना चल गया है कि राम रोटी खाता है का कर्मवाच्य राम द्वारा रोटी खाई जाती है बनाया जाने लगा। यह बना तो था बाई की तर्ज पर क्योंकि वहाँ **ईटन बाई राम** में बाई आता है। बाई का पर्याय बनाया गया द्वारा। वस्तुतः 'द्वारा' संस्कृत में 'जरिए' के अर्थ में आता था। जैसे पत्र चपरासी द्वारा भेजा गया या डाक द्वारा। गुरु ने शिष्य के द्वारा राजा को सन्देश भिजवाया। इन्हीं अर्थों में यह शब्द आता था। अब अंग्रेजी की नकल पर ऐसा भी आने लगा 'प्रधानमन्त्री द्वारा उद्घाटन किया गया' या 'मुख्यमन्त्रीजी द्वारा प्रदर्शनी का अवलोकन किया गया।' राजस्थान के एक वयोवृद्ध पत्रकार इससे बड़े खिन्न हैं और द्वारा की बजाय प्रधानमन्त्री ने उद्घाटन किया आदि लिखने के पक्षधर हैं।

ठीक भी है। किताब मेरे द्वारा लिखी गई कोई अच्छी अभिव्यक्ति नहीं है, मैंने लिखी कहना चाहिए किन्तु कर्मवाच्य की पद्धति ने द्वारा की जड़ इतनी गहरी जमा दी है कि अब इसे उखाड़ना असम्भव है। अखबार की हैड लाईन में 'हुसैन की चित्र प्रदर्शनी : मुख्यमन्त्री द्वारा उद्घाटन' लिखना ही पड़ता है। पुराने लोग कहते हैं कि इसका तात्पर्य तो यह हुआ कि उद्घाटन राष्ट्रपति को करना था, उन्होंने प्रधानमन्त्री के जरिए करवाया, ऐसा अर्थ भी इससे निकल सकता है। किन्तु इस सबके बावजूद द्वारा को बाई का पर्याय मानकर खरा सिक्का मान लिया जाएगा, ऐसा लगता है।

अंग्रेजी की छाया के अन्य उदाहरण हैं टेररिस्ट शब्द के लिए आतंकवादी या

एक्सट्रीमिस्ट शब्द के लिए उग्रवादी पर्याय। उग्रवादी का अर्थ होगा बहुत उग्र बोलनेवाला। वह यहाँ संगत नहीं है। हुआ यह है कि अंग्रेजी के इज्म का अनुवाद जब से वाद किया जाने लगा (जैसे कम्यूनिज्म=साम्यवाद, सोशलिज्म=समाजवाद) उसी प्रकार इस्ट का अनुवाद वादी किया जाने लगा। (जैसे साम्यवादी या समाजवादी आदि)। इसी तर्ज पर टेररिस्ट आतंकवादी हो गए और एक्सट्रीमिस्ट उग्रवादी। वस्तुतः यहाँ वाद का सवाल नहीं है। होना चाहिए क्रमशः **आतंककारी** और **कट्टरपन्थी** या **अत्याचारी**। अंग्रेजी में इस्ट केवल मान्यता या वाद के लिए ही नहीं आता, कार्य के लिए भी आता है (जैसे वेंडलिस्ट, डेपुटेशनिस्ट, रेपिस्ट)। इस दृष्टि से टेररिस्ट व एक्सट्रीमिस्ट के ये पर्याय असंगत हैं किन्तु इतने चल गए हैं कि इन्हें बदलना मुश्किल लग रहा है। अच्छा हुआ इनकी बजाय अंग्रेजी में एक उपयुक्त शब्द और आने लगा 'सबवर्सिव' जिसके लिए विघटनकारी पर्याय चल गया। पर्याय ठीक भी है। ध्वसंकारी भी कहा जा सकता है। इसमें इस्ट न लगा होने के कारण अनुवाद सही बन गया। जो भी हो, हम तो आतंकवादी और उग्रवादी को आज भी गलत ही मानते हैं, आतंककारी और कट्टरपन्थी या अत्याचारी को ही सही मानते हैं।

इसी तर्ज पर मिनिस्टरीरियल स्टाफ का पर्याय मन्त्रालयिक कर्मचारी आने लगा है। मिनिस्टरियल अंग्रेजी में दो अर्थों में आता है, एक तो मन्त्रालय सम्बन्धी के अर्थ में, दूसरा लिपिक-वर्गीय के अर्थ में। जहाँ किसी दफ्तर के लिपिक-वर्गीय अमले का तात्पर्य हो वहाँ मन्त्रालयिक शब्द बिल्कुल असंगत है पर भ्रम से लिख दिया जाता है। कुछ शब्द असंगत होने पर भी सही बन गए हैं। एक दिलचस्प उदाहरण है गन्ने या गेहूँ का समर्थन मूल्य। यह सपोर्ट प्राइस का अनुवाद है और मूलतः गलती से किया गया था पर सही अर्थ दे रहा है। सपोर्ट देना अर्थात् समर्थन देना सुपरिचित है किन्तु गेहूँ को क्या समर्थन दिया जा सकता है ? इस दृष्टि से यहाँ सहारा देने या सक्षम बनाने का अर्थ देनेवाला शब्द होना चाहिए था जबकि केवल शब्दानुवाद कर दिया गया। इस आधार पर इसे बहुत लोग गलत मानते हैं पर संस्कृत के व्याकरण से यह बड़ा सही सिद्ध हुआ। इसका अर्थ होता है समर्थ बनानेवाला मूल्य (वह कीमत जो किसान को समर्थ बनाए) इसलिए यह दोनों तरह से चल निकलेगा।

डाइरेक्ट-इनडाइरेक्ट नैरेशन

अंग्रेजी की नकल पर एक और अभिव्यक्ति की शैली हिन्दी में आई है। वह है डाइरेक्ट और इनडाइरेक्ट नैरेशन की। अंग्रेजी में ये दो प्रकार चलते हैं। उसने कहा, 'मैं जा रहा हूँ'। यह हुआ डाइरेक्ट। उसने कहा कि वह जा रहा था यह हुआ इनडाइरेक्ट। हिन्दी में ऐसे विभेद नहीं हैं। केवल डाइरेक्ट नैरेशन है। किन्तु अंग्रेजी की नकल पर ऐसी अभिव्यक्तियाँ इतनी चल गई हैं कि उनका रोकना अब मुश्किल है। 'उसने अपनी पत्नी से कहा कि उसकी माँ बीमार है' खूब चल रहा है। इससे चाहे यह पता न चलता हो

कि किसकी माँ बीमार है, पत्नी की माँ या पति की किन्तु ऐसी अभिव्यक्तियाँ अब रोक पाना मुश्किल है। कितना अच्छा हो केवल डाइरेक्ट नैरेशन ही रहे। उसने अपनी पत्नी से कहा कि मेरी माँ बीमार है अथवा उसने अपनी पत्नी से कहा कि तुम्हारी माँ बीमार है—ये दोनों डाइरेक्ट नैरेशन के प्रकार हैं। इसमें किसी भ्रम की गुंजाइश नहीं है यह आप स्वयं देख लें। यही था हिन्दी का अपना नैरेशन।

अंग्रेजी का भौंडा अनुवाद

चूँकि संक्रमण काल के इस युग में हिन्दी, विशेषकर सरकारी हिन्दी बहुत सी अभिव्यक्तियों का अंग्रेजी से अनुवाद करके ढल रही है इसलिए अंग्रेजी की परछाई के कारण होने वाली असंगतियाँ भी छनकर आ गई हैं। ऐसी कुछ भूलों पर चर्चा की जा चुकी है। इस युग के व्याकरणकार को यह देखना होगा कि कहाँ-कहाँ मूल अंग्रेजी शब्दों को ज्यों का त्यों रखा जाए, कहाँ अनुवाद किया जाए और कहाँ मक्खी की जगह मक्खीवाले अनुवाद से बचा जाए। 'मक्खी की जगह मक्खी' स्वयं संस्कृत के 'मक्षिकास्थाने मक्षिका' का अनुवाद है। पहले जब मुद्रण कला नहीं थी, मूल ग्रन्थों की प्रतियाँ लिपिकारों द्वारा की जाती थीं। हूबहू लिपि करने की ललक में एक लिपिकार ने देखा कि मूल ग्रन्थ के दो पृष्ठों के बीच में एक जगह मरी हुई मक्खी चिपकी हुई थी। हूबहू नकल की दृष्टि से उसने प्रतिलिपि में भी एक मक्खी मारकर चिपका दी। अंग्रेजी की मक्खी मारकर हिन्दी में चिपकाने के ऐसे उदाहरणों की तो दुरुस्ती आवश्यक है ही। कुछ फिकरे ऐसे अवश्य हो गए हैं जिनका इलाज नजर नहीं आता और जिनके लिए हिन्दी में अच्छी अभिव्यक्ति नहीं है।

अंग्रेजी की परछाई से हिन्दी में आनेवाली अभिव्यक्तियों में प्रमुख है इनडायरेक्ट नैरेशन जिसकी चर्चा की जा चुकी है। 'उसने कहा कि मेरा सर दर्द कर रहा है' की बजाय 'उसने कहा कि उसका सर दर्द कर रहा है' अंग्रेजी का इनडाइरेक्ट नैरेशन है। हिन्दी में यह था ही नहीं, पर अंग्रेजी की नकल पर आ गया है। इससे बचा जाए तो अच्छा है। भाषण देना, धन्यवाद देना ये सब अंग्रेजी की नकल पर है (डिलीवर स्पीच, गिव थैंक्स की नकल पर) भाषण और धन्यवाद कोई गुलदस्ता तो है नहीं जो दिया जाए। आकाशवाणी के विद्वान हिन्दी सलाहकारों ने कुछ अर्से तक भाषण किया और धन्यवाद किया शब्द चलाए थे पर अब तो लगता है दिया ही जम गया है। वैसे इसे चलन के आधार पर स्वीकारने की बात प्रस्तावना में कही जा चुकी है। इसी तरह 'गिरफ्तारी दी' भी। अखबारों में बहुत देखा जाने लगा है जैसे गिरफ्तारी कोई चीज हो जिसे सौंप दिया गया हो। इनके लिए दूसरी उम्दा अभिव्यक्ति न मिलने के कारण कहें भी तो क्या ? कुछ विद्वानों ने 'अपने आपको गिरफ्तार करवाया' आदि विकल्प सुझाए हैं। इसी तरह मन्त्रीजी द्वारा उद्घाटन जैसी अभिव्यक्ति में 'द्वारा' पर विद्वानों को आपत्ति है। पर कर्म-वाच्य में बाई (इनाग्यूरेटेड बाई) का अनुवाद हिन्दी में 'द्वारा' हुआ

है। उससे कैसे बचा जा सकता है ?

जिनसे बचा जाना चाहिए उनके उदाहरण हैं 'सीरियसली लेने' के अनुवाद 'गम्भीरता से लिया' और 'लाइटली लेने' का 'हल्केपन से लिया'। इनके स्थान पर महत्त्व दिया या उपेक्षाभाव दिखाया जैसे शब्द आने चाहिए। एक अन्य शब्द जो अंग्रेजी का अन्धा अनुवाद है तथा विपरीत अर्थ देता है वह है रिपेमेंट के लिए पुनर्भुगतान। किसी ने रि का अर्थ पुनः मानकर रिव्यू या रिवाइज में जो अर्थ होता है उसकी नकल पर पुनर्भुगतान लिख दिया। ऋण के या उसकी किश्त के चुकारे के लिए यह अनुवाद खूब चल रहा है। दफ्तरों में, बैंकों में, अखबारों में भी। इसका अर्थ होता है एक बार फिर भुगतान जो बिलकुल विपरीत अर्थ होता है। होना चाहिए **चुकारा**। पुनर्भुगतान से तो ऐसा लगता है कि दूसरी बार भुगतान का या दो बार जमा कराने का मामला है। वास्तव में रि शब्द कई अर्थ देता है। वापसी का (जैसे रिफण्ड) जिसके लिए 'प्रति' आता है (प्रतिदाय)। नए सिरे से शुरू करने का, फिर से करने का जिसके लिए पुनः आता है उलटा करने का (रिवाइंड, रिबाइंड, जिसके लिए प्रत्यावर्तन, परावर्तन आदि आते हैं) आदि। यहाँ वापसी से मतलब था, फिर से या दूसरी बार से मतलब नहीं था। अतः पुनर्भुगतान का तुरंत समापन कर चुकारे का प्रयोग आवश्यक है। यही पर्याय बैंकिंग शब्दावली तथा अन्य अधिकृत शब्दकोषों में छपा है। पुनर्भुगतान हमें किसी शब्दकोश में नहीं मिला किन्तु चलन में न जाने कहाँ से आ गया ?

शब्दानुवाद के कारण मिनिस्ट्रियल स्टाफ जैसे मन्त्रालयिक हो गया था उसी तरह हाईवे का अनुवाद किसी मनचले ने महामार्ग कर दिया। शब्दानुवाद तो सही हो गया किन्तु संस्कृत परम्परा में मार्ग, यात्रा, पंडित, निद्रा आदि के साथ महा लगाने का अशुभ अर्थ होता है। महायात्रा, महानिद्रा आदि का अर्थ होता है मृत्यु और महामार्ग का अर्थ परलोक का मार्ग। इस असंगति को देखकर किसी ने फिर शब्दानुवाद उच्च मार्ग कर दिया। वह भी गलत है। यह मार्ग ऊँचा या नीचा थोड़े ही होता है, समतल होता है। फिर राजमार्ग क्या बुरा है ? राज शब्द संस्कृत में वही अर्थ देता है। भारत सरकार की नवीनतम शब्दावली में यह दुरुस्ती कर भी दी गई है। अतः नेशनल हाईवे के लिए **राष्ट्रीय राजमार्ग** शब्द ही उपयुक्त है। एक अन्य शब्द बहुत प्रचलित हो गया है, 'मध्यावधि चुनाव'। यह भी मिड टर्म का शब्दानुवाद है। इसका अर्थ होता है बीच की अवधि। कोई ऋण चुकाने हेतु बहुत थोड़ा समय दिया जाए तो वह शॉर्ट टर्म होगा, लम्बा समय दिया जाए तो लांग टर्म और बीच का समय दिया जाए तो मध्यम अवधि या मध्यावधि। मध्यावधि चुनाव चुनावी अवधि के मध्य में होनेवाले चुनाव होते हैं। यों 'अवधि-मध्य' चुनाव के लिए अर्थात्—समय से पूर्व चुनाव के लिए मध्यावधि चल गया। तब मीडियम टर्म, (लॉग टर्म) को क्या कहेंगे। पर यह शब्द ऐसा चला है कि रुकना मुश्किल लगता है। इसकी नकल पर वाल्ड सिटी (परकोटे के अन्दर का शहर या पुराना शहर) को दीवारों से घिरा शहर कह दे या लिप सर्विस (जुबानी सहानुभूति) को अधर सेवा कह दे तो उसकी हम कितनी हँसी उड़ाएँगे ? पर ऐसे शब्दों पर ध्यान नहीं जाता।

कारण वही है। अंग्रेजी की अभिव्यक्ति का अन्य सटीक अनुवाद न मिलने के कारण शब्दानुवाद चल जाता है। ऐसा एक उदाहरण है अगेनूस्ट। अंग्रेजी में यह शब्द कई अर्थों में आता है। विरोध के अर्थ में, 'पेटे' के अर्थ में और सामने के अर्थ में आदि। पर हिन्दी में विरुद्ध ऐसा चला कि रुक नहीं रहा। किसी दल के अगेनूस्ट वोट दिया में तो विरुद्ध शब्द बिल्कुल सही है पर 'इसे खाते में ब्याज के अगेनूस्ट (ब्याज के पेटे) दर्ज कर लें' में यह कैसे चलेगा ? किसी की नियुक्ति किसी पद के अगेनूस्ट होती है उसे भी लोग विरुद्ध लिखने लग गए। यह कितना विरुद्ध अर्थ देता है। ''निम्नलिखित नामों के विरुद्ध लिखे स्थानों पर उन्हें भेजा जा रहा है।'' यह भी अगेनूस्ट का शब्दानुवाद है। इसमें तो उनके आगे लिखे या सामने लिखे शब्दों से काम चल जाएगा। ये शब्द ही आने चाहिए। पर किसी पद के विरुद्ध (अगेन्स्ट) नियुक्ति और किसी पद पर नियुक्ति देने में फर्क है। वरिष्ठ लिपिक पद पर किसी व्यक्ति की नियुक्ति हो सकती है पर कभी वरिष्ठ लिपिक की एवज में कनिष्ठ लिपिक पद पर किसी की नियुक्ति हो जाती है ऐसे में अगेन्स्ट शब्द अंग्रेजी में आता है। हिन्दी में भी विरुद्ध चल गया है मानो वह पद का विरोध करता रहेगा। ऐसे प्रसंग में उस ''पद के स्थान पर'' जैसे फिकरे ही ठीक लगते हैं। इसी तरह क्राइम अगेनूस्ट विमेन का अनुवाद महिलाओं के विरुद्ध अत्याचार कर दिया जाता है। यह महिलाओं पर अत्याचार है न कि उनके विरुद्ध। इसी तरह अगेनस्ट ह्यूमेनिटी जैसे फिकरों में मानवता के विरुद्ध लिखने की बजाय मानवता के विपरीत या प्रतिकूल लिखना अधिक उचित होगा।

वैसे तो भाषाशास्त्र के इस सिद्धान्त के मुताबिक कि यदि सम्प्रेषण सही और पूरा हो जाता है तो शब्द चल निकलता है, ऐसे शब्द चल भी सकते हैं क्योंकि अंग्रेजी का जो ढाँचा हमारे दिमाग में बैठा है उनके कारण इनका अर्थ समझ में आ जाता है किन्तु यदि हमारी अपनी भाषा में पहले से उसका कोई दूसरा अर्थ स्थापित हो तो केवल अंग्रेजी के लिहाज से वह अशुद्धि करते रहना उचित नहीं लगता।

विदेशी मुहावरे

पिछले पृष्ठों में इस बात का चर्चा की जा चुकी है कि किसी अन्य भाषा के शब्द या मुहावरे को ज्यों का त्यों शब्दानुवाद या उलटा करके रखने में अनेक खतरे हैं। यद्यपि किसी अन्य भाषा के शब्द भी यदि जनसाधारण में बहुप्रचलित हो जाते हैं तो उनके झरोखे से अभिव्यक्ति का सम्प्रेषण अधिक आसान होता है। परखनली शिशु को हम इसलिए समझ लेते हैं कि हम टेस्ट ट्यूब बेबी को जानते हैं। अंग्रेजी के सैकड़ों शब्द भारत में जिन अर्थों में प्रचलित हो गए हैं उनके लिए तो अनुवाद करके सही सम्प्रेषण नहीं किया जा सकता, वे मूल शब्द ही सीधा अर्थ दे देते हैं। विकेट, व्हिप, आउट होना आदि ऐसे ही शब्द हैं। खिलाड़ी के लिए आउट होना जिस बात को सम्प्रेषित करता है वह बात बाहर होना जैसे शब्द से कभी नहीं आ सकती। इसी प्रकार फासिस्ट या रोमांटिक जैसी अभिव्यक्तियों का भी अनुवाद सम्भव नहीं है। फासिस्ट को फासिस्ट ही लिखना होगा, रोमांटिक को रूमानी भले ही लिख दें। किन्तु इसका अर्थ यह नहीं है कि हर प्रकार की अभिव्यक्ति को सीधा शब्दानुवाद करके हिन्दी में लिया जा सकता है। केवल एक संज्ञा या शब्द को अनूदित करने से फिर भी सही सम्प्रेषण हो सकता है किन्तु यदि मुहावरे या फिकरे का शब्दानुवाद करने लगें तो बहुत भ्रान्तियाँ हो जाएँगी।

मगरमच्छ के आँसू

यह अवश्य है कि कभी-कभी शब्दानुवाद से भी ऐसा सटीक शब्द निकल आता है जो लोक कंठ में बैठ जाता है। इस लोक स्वीकृति के बाद उसका प्रयोग जायज कहा सकता है, पहले नहीं। हमें याद है अंग्रेजी की अनेक ऐसी अभिव्यक्तियों के लिए जो पाश्चात्य संस्कृति की अपनी हैं, शब्दानुवाद करके बहुत सी संज्ञाएँ हिन्दी में गढ़ ली गई थीं। उनमें से एक तो सुप्रचलित हो गई। उदाहरणार्थ क्रोकोडाइल टीयर्स याने मगरमच्छ के आँसू, पाश्चात्य संस्कृति का मुहावरा है। नकली आँसू गिराकर सहानुभूति अर्जित करने के लिए यह मुहावरा उनकी संस्कृति की देन है। वैसे किस मरगमच्छ ने आँसू गिराए थे यह आज उनको भी मालूम नहीं है। अंगेजी ग्रन्थों में केवल कयास किए मिलते हैं कि समुद्री यात्री मगरमच्छ के मुँह से गिरते पानी को आँसू समझ लेते हैं और उसके शिकार बन जाते हैं आदि। हमारे यहाँ ऐसी अभिव्यक्ति नहीं थी किन्तु अब हिन्दी में

भी मगरमच्छ के आँसू मुहावरा चल पड़ा है जो अंग्रेजी की परछाई के माध्यम से अर्थ भी दे देता है।

मगज-धुलाई

उनके यहाँ एक अन्य अवधारणा ब्रेन वाशिंग की है। फासिस्ट राजनीति में या अन्य अनेक स्थितियों में व्यक्ति की मान्यताएँ बचपन से ही बदलकर उसे अपने मत में दीक्षित करने के तरीके को 'ब्रेन-वाश' कहा जाता है। हमारे यहाँ इसकी कोई परम्परा शायद नहीं थी इसीलिए शब्द भी नहीं है। कोषकारों ने शब्दानुवाद न कर अर्थानुवाद किया और मतान्तःप्रवेशन जैसे शब्द बनाए लेकिन इसका सीधा शब्दानुवाद भी निकला मगज-धुलाई। यह कोई बहुत सार्थक अभिव्यक्ति नहीं है पर लगता है अखबारों को यह अधिक भाई। अखबारों के स्तम्भों में इस शब्द की आमदरफ्त के कारण यह धीरे-धीरे हिन्दी शब्दकोष में आ जाए तो आश्चर्य नहीं।

उच्चभ्रू

इसी तर्ज पर हाई-ब्राऊ शब्द के लिए भी लोगबागों ने सीधा अनुवाद चलाया था। हाई ब्राऊ शब्द पश्चिमी संस्कृति में उन अभिजात लोगों के लिए आता है जो आभिजात्य के दम्भ में कोई भी ओछी बात करना पसन्द नहीं करते और असहज हो जाते हैं। हमने कुछ अखबारों में इसके लिए शब्दानुवाद उच्चभ्रू देखा था पर वह चल नहीं पाया। वैसे भी उसे देखकर लगता है यह शब्दानुवाद मक्खी की जगह मक्खी रखने का उदाहरण है।

लखटकिया सवाल

अच्छा यह हो कि ऐसे उल्था करने की बजाय अपने सांस्कृतिक परिवेश का शब्द ढूँढ़ कर रखा जाए। उदाहरणार्थ अंग्रेजी के प्रसिद्ध मुहावरे मिलियन डालर क्वेश्चन (जिसका अर्थ होता है बहुत महत्त्वपूर्ण और सारभूत मुद्दा) का यदि शब्दानुवाद करके 'दस लाख का प्रश्न' या लाख टके का प्रश्न जैसा मुहावरा बनाया जाए तो वह गले नहीं उतरेगा। इसीलिए इसका सटीक पर्याय भारतीय संस्कृति से लेकर इसे ''यक्षप्रश्न'' कहा जाने लगा है। महाभारत में यक्ष ने पांडवों से जो प्रश्न पूछे थे वे बहुत कीमती थे, उनका जीवन-मरण उन्हीं पर टिका था।

इसीलिए हमारी संस्कृति के अनुरूप शब्द **यक्ष प्रश्न** ऐसी अभिव्यक्ति के लिए बहुत चल गया है जो सटीक भी लगता है।

भेड़चाल

संस्कृत से सीधे शब्दानुवाद करके हिन्दी में ऐसे अनेक मुहावरे बने थे। वे लोक कंठ में पैठ गए क्योंकि संस्कृत और हिन्दी की संस्कृति तो एक ही है। भेड़चाल बहुत प्रसिद्ध है। यह संस्कृत के मुहावरे का हिन्दी अनुवाद है। गड्डरिका प्रवाह। अंग्रेजी में ऐसा मुहावरा हो या न हो, भेड़चाल हम सब देखते हैं इसलिए आँख मूँदकर किसी के पीछे चले जाने के लिए यह सटीक अभिव्यक्ति है। किसी माँग के बढ़ते जाने या समस्या की विकटता बढ़ते जाने के लिए सुरसा के मुँह की तरह बढ़ने का मुहावरा हिन्दी का अपना है जो तुलसीदास की देन है। इसका अनुवाद अन्य किसी भाषा में नहीं हो सकता। इसीलिए मशरूम ग्रोथ जो अंग्रेजी में अचानक किसी प्रजाति या वस्तु के संख्यात्मक बढ़ने के अर्थ में आता है हिन्दी में शब्दानुवाद करके कुकुरमुत्ते की तरह बढ़ना तो बना दिया गया है पर चिर-स्थायी रह पाएगा या नहीं इसमें सन्देह है।

चौदहवीं का चाँद

विशिष्ट सांस्कृतिक परिवेश की विशिष्ट अभिव्यक्तियाँ उसी वर्ग में सही सम्प्रेषण कर पाती हैं जो उस संस्कृति से जुड़ा हुआ है। हमारे एक मित्र यह फिल्मी गाना बहुत पसन्द करते हैं—'चौदहवीं का चाँद हो' किन्तु यह पूछते रहते हैं कि सुन्दरी को चौदहवीं का चाँद क्यों कहा गया ? पूर्णिमा चन्द्र क्यों नहीं ? क्या चन्द्रमा की 16 कलाओं में से दो कलाएँ उस चन्द्रमुखी में कम बतानी थीं ? उन्हें कौन समझाए कि यह मामला ज्योतिष का है और पेचीदा है। उर्दू में पूर्ण चन्द्र को चौदहवीं का चाँद इसलिए कहते हैं क्योंकि वहाँ चान्द्रमास होता है जो अमावस्या के बाद नए चाँद के दिखने से शुरू होता है। उसमें पूर्ण चन्द्र को चौदहवीं रात का चाँद होने के कारण चौदहवीं का चाँद कहा जाता है। हमारे यहाँ जो पूर्णिमा का पूर्ण चन्द्र है वह उनके यहाँ चौदहवीं का चाँद है। दूसरे शब्दों में वहाँ पूर्णिमा की शाम से चौदहवीं तारीख शुरू होती है। मामला केवल संस्कृतियों के अन्तर का है।

गोलमेज सम्मेलन

कभी-कभी किसी घटना के लिए ऐसा शब्दानुवाद संस्कृति से असंगत होने पर भी चल पड़ता है, यह बात अलग है। इसका बहुत दिलचस्प उदारहण है वह गोलमेज सम्मेलन जो भारत के स्वतन्त्रता संग्राम के इतिहास में एक महत्त्वपूर्ण घटना है। सन् 1931 में ब्रिटिश सरकार ने भारत के नेताओं को आजादी के बारे में मिल-बैठकर बात करने के लिए लन्दन बुलाया था जिसमें गाँधी आदि अनेक वरिष्ठ नेता थे। यह गोलमेज सम्मेलन राष्ट्रीय इतिहास में बहुत प्रसिद्ध है। विद्यार्थी के रूप में हमने जानने का प्रयत्न किया

कि क्या उस सम्मेलन की मेज गोल थी। उस समय के चित्रों को देखकर हमें आश्चर्य हुआ कि वह मेज गोल न होकर चौकोर थी। फिर इसे गोलमेज सम्मेलन क्यों कहा जाता है ? तलाश करने पर मालूम हुआ कि यह अंग्रेजी के 'राउंड टेबिल कान्फरेंस' शब्द का अनुवाद है। मूलतः इसका मतलब है टेबिल के चारों ओर बैठकर बात करना। टेबिल गोल है या चौकोर इससे कोई बहस नहीं। इंग्लिस्तानी संस्कृति में इसी बात को एक पुराने मिथक के साथ जोड़कर गोलमेज बना लिया गया है। कहते हैं किंवदन्तियों के नायक राजा आर्थर ने अपने योद्धाओं को टेबिल पर बात करने बुलाया और कोई छोटा, बड़ा न दिखे इसलिए गोल मेज (टेबिल) बनाई ताकि बराबरी के स्तर बात की जा सके। तभी से बराबरी के स्तर पर बात करने के लिए गोलमेज शब्द चल गया। 1926 में इंग्लिस्तान में हुई ऐसी बराबरी की बातचीत गोलमेज सम्मेलन नाम से प्रसिद्ध हो गई। तब से मेज गोल या चौकोर हो, ऐसी बातचीत को राउंड टेबिल कान्फरेंस कहा जाने लगा। हिन्दी में वही गोलमेज सम्मेलन हो गया। इंग्लिस्तानी संस्कृति का यह मुहावरा उस सम्मेलन के लिए तो बहुत प्रचलित रहा किन्तु बाद में बराबरी की बातचीत के लिए इसका प्रयोग बन्द हो गया यह गनीमत हुई। अंग्रेजी में आज भी ऐसी बातचीत के लिए राउंड टेबिल कान्फरेंस शब्द चल रहा है।

शिखर-वार्ता

वैसे इन दिनों अमेरिका-रूस जैसी महान शक्तियों के सर्वोच्च शासकों के सम्मेलन को शिखर वार्ता कहते हैं। यह शब्द समिट टॉक का शब्दानुवाद है पर सटीक लगता है और चल भी गया है अतः निश्चित रूप से यह हिन्दी शब्दकोष को समाचारों की देन कहा जा सकता है। जैसा कि संकेत किया जा चुका है, एक अन्य शब्द जो व्याकरण से बिल्कुल अशुद्ध है किन्तु विकल्प न होने के कारण खूब चल गया है है वह है भंग लोकसभा। पुरानी लोकसभा जो अब भंग की जा चुकी है उसके सदस्यों आदि के लिए यह शब्द खूब आता है। भंग संज्ञा है, विशेषण नहीं। पर यहाँ विशेषण के रूप में आ रहा है। विशेषण है भग्न। जिस लोकसभा का भंग हुआ वह भग्न लोकसभा हुई जैसे भग्न हृदय। पर लोगों को यह विशेषण पसन्द नहीं आया लगता है इसलिए भंग लोकसभा ऐसी चल पड़ी है जैसे कुए में भंग पड़ गई हो।

क्यों होती हैं अशुद्धियाँ

इस बात पर भी संक्षेप में, सिद्धान्त-निष्कर्ष निकालने की दृष्टि से विचार कर लें कि ऐसी अशुद्धियाँ कैसे चल जाती हैं ? इनका एक बहुत बड़ा कारण तो यह है कि हम व्याकरण, सिद्धान्त या नियम पर ध्यान दिए बिना, किसी अन्य शब्द की नकल पर अपनी अभिव्यक्ति के लिए शब्द गढ़ने का प्रयत्न करने लगते हैं। सन्धि की अशुद्धियों के कुछ दिलचस्प उदाहरण लें। जैसे हम 'हिन्दीतर' भाषाओं की बात करते हैं (हिन्दी से इतर) वैसे यदि हिन्दू से इतर धर्मों की बात करना चाहें तो क्या लिखेंगे ? मैंने बहुत से विद्वानों को 'हिन्दूतर' लिखते देखा है। यह किस व्याकरण और किस सन्धि से बन गया ? हिन्दू के आगे उत्तर होता तब तो हिन्दूत्तर बन जाता (विष्णु जमा उपासना बराबर विष्णूपासना की तरह) पर 'इतर' से तो यह बनेगा नहीं। बनेगा 'हिंद्वितर' जो आपको जँचेगा नहीं। अतः हिन्दूइतर ही लिखें तो क्या हर्ज है ? हाल ही में एक प्रसिद्ध साप्ताहिक के मुखपृष्ठ पर मैंने पढ़ा 'पृथ्वेतर' जीवन के बारे में। यह भी गलत सन्धि का उदारहण है। किसी ने 'मानवेतर' प्राणियों शब्द में 'वेतर' देखकर पृथ्वीतर की बजाय पृथ्वेतर लिखने में विद्वत्ता समझी। जब 'हिन्दीतर-भाषी' बनता है तो पृथ्वीतर भी उसी प्रकार बनेगा, इस पर ध्यान नहीं दिया।

पुनर्विवाह की नकल पर 'पुनर्संस्कार' जैसी अशुद्धियाँ तो होती ही थीं अब यह करिश्मा भी होने लगा है कि 'अ' जो स्वर है, उस पर भी रेफ लगाने लगे हैं भाई लोग। पुनर्आकलन, अन्तर्अनुशासनीय जैसे फिकरे कभी-कभी आपने देखे होंगे जिनके बारे में हम बता ही चुके हैं। उन्हें कौन समझाए कि हलन्त 'र' के आगे यदि कोई स्वर आएगा तो वह र में मिल जाएगा जैसे अन्तर जमा आत्मा बराबर अन्तरात्मा, पुनर जमा ईक्षण बराबर पुनरीक्षण। इसलिए पुनराकलन और अन्तरनुशासनीय ही बनेंगे। स्वर के ऊपर कभी रेफ नहीं लगेगा (न नीचे लगेगा)।

कभी-कभी निकट के अर्थ के प्रत्यन्तरण के कारण भी अशुद्ध प्रयोग चल पड़ता है। आपने बहुधा ऐसी अभिव्यक्तियाँ सुनी होंगी कि आखिर इस समस्या का क्या निदान खोजा जाए। ऐसी अभिव्यक्तियों में निदान शब्द का प्रयोग उपचार (इलाज) के अर्थ में होने लगा है जबकि मूलतः आयुर्वेद आदि में निदान का अर्थ होता है किसी बीमारी का कारण (डायग्नोसिस), निदान हो जाने के बाद उसका इलाज या उपचार होता है। अतः निदान शब्द कारण, उत्स या स्रोत के लिए आना चाहिए, उपचार के अर्थ में नहीं।

निदान और उपचार आयुर्वेद की एक ही प्रक्रिया के दो अंग हैं—इनमें एक-दूसरे के अर्थ में प्रयुक्त करने का मामला प्रत्यन्तरण ही कहा जा सकता है।

कभी चलन को सही न समझने और केवल व्युत्पत्तिलभ्य अर्थ को लेकर चलने के कारण गलतियाँ हो जाती हैं। कुलपतिजी की अध्यक्षता में समेलन होगा की तरह बहुध ा लिख दिया जाता है कुलपतिजी के मुख्य आतिथ्य में समेलन होगा। यह सही अर्थ नहीं देता। लिखा तो जा रहा है यह बतलाने के लिए कि कुलपति मुख्य मेहमान होंगे किन्तु अर्थ निकलेगा कि कुलपति मुख्य मेजबान होंगे क्योंकि आतिथ्य का अर्थ होता है अतिथि- सत्कार। मेरा बहुत अच्छा आतिथ्य किया गया आदि प्रयोग प्रसिद्ध हैं। अतः या तो "मुख्य अतिथित्व में" लिखें या वाक्य गठन इस प्रकार करें कि वे मुख्य अतिथि होंगे आदि यदि कुलपतिजी स्वयं आयोजक हैं और मेजबान हैं तो बेशक उनके मुख्य आतिथ्य में सम्मेलन होगा।

बहुप्रचलित अशुद्धियाँ

हिन्दी में सामान्यतः सभी क्षेत्रों में जिन शब्दों को अशुद्ध लिखा जा रहा है उनमें से अधिकांश साम्य और भ्रम के सिद्धान्त पर आधारित हैं। उसी प्रकार का जो बहुप्रचलित शब्द जैसी वर्तनी में लिखा जाता है उसकी नकल पर अन्य शब्दों की वर्तनी भी अशुद्ध हो जाती है। एक ऐसा ही शब्द है आकलन जिसका संकेत दिया जा चुका है। इसे मैंने बड़े-बड़ों को आंकलन लिखते देखा है। यह आ+कलन है। यहाँ उपसर्ग आ, कल धातु है। कलन शब्द चलन कलन (डिफरेंशल कैलक्युलस) संकलन, व्यवकलन (घटाना) इन सबमें आता है। यह फलाने अर्थात् केलकुलेट करने के अर्थ में आता है। इसमें आ उपसर्ग लगाने से जो आकलन बनेगा उमसें बिन्दी (अनुस्वार) कहाँ से आ गई। यह या तो आँकना शब्द की या आँकड़े शब्द की बिन्दी है। लोगों ने समझा कि यह आँकना ही तो है इसलिए आँकने या आँकड़े में जो बिन्दी है उसे साम्य के भ्रम के कारण आकलन में भी ले आया गया।

साम्य के भ्रम से नामों में तो ऐसी गलतियाँ बहुत ही होती हैं। जैसे मुनीर खाँ आदि में जो खाँ है वह बीबी जुलेखा के ऊपर भी आ गया। जुलेखा में कोई बिन्दी नहीं है पर उसे भी कभी-कभी जुलेखाँ बना दिया जाता है। रवीन्द्र को रविन्द्र लिखना, औदीच्य को औदिच्य लिखना, क्रमशः मोहिन्दर और आदित्य के भ्रम से ही होता होगा। नामों पर हो रही ऐसी गलतियों के बारे में एक साथ पृथक् चर्चा की जाएगी। यहाँ एक अन्य शब्द देखें, 'अप्रवासी भारतीय'। यह इतना आने लगा है कि मुझे इसका अर्थ समझने में महीनों लगे। सभी जानते हैं कि निवास माने अपने यहाँ रहना। प्रवास माने बाहर जाकर रहना। इसलिए निवासी भारतीय याने भारत में रहनेवाले और प्रवासी भारतीय याने बाहर जाकर बसे भारतीय। यही तो दो वर्ग हुए। अप्रवासी वर्ग कौन सा है ? इसका अर्थ तो यही होता है कि जो केवल घर में या देश में ही रहे, प्रवास न करे। पर वह शब्द आता है भारत से बाहर जाकर बसे भारतीयों के लिए। खोज करने पर मालूम हुआ कि वह अनिवासी या उत्प्रवासी की बजाय लिखा जाता है। अंग्रेजी में प्रवास करने के लिए दो शब्द आते हैं—एमिग्रेशन और इंमिग्रेशन। एमिग्रेशन का अर्थ है यहाँ से जाकर वहाँ बसना और इंमिग्रेशन का अर्थ है वहाँ से आकर यहाँ बसना। प्रवास तो दोनों करते हैं पर जहाँ हम रहे हैं वहाँ बाहर से आकर बसे लोगों को हम आप्रवासी (आकर दूसरे देश में बसे हुए) कहेंगे और जहाँ हम रह रहे हैं वहाँ से और कहीं जाकर बसे हुए लोगों

को उत्प्रवासी (अपने देश से जाकर और कहीं बसे हुए) कहेंगे। इस प्रकार आप जहाँ से बोल रहे हैं उसके दृष्टिकोण से ये दो बारीक भेद किए गए हैं। इन दोनों का घालमेल करके जो अप्रवासी शब्द-चला है वह विपरीत अर्थ देता है पर इतना चल गया है कि उसको रोकना मुश्किल हो रहा है। अखबारों से लेकर रिपोर्टों तक यह बीमारी फैली है। लगता तो यह है कि यह शब्द नॉन-रेजिडेंट के लिए लिखा जाता है। उसके लिए शब्द होना चाहिए **अनिवासी**। डोमिसाइल के लिए शब्द है **अधिवासी**। नॉन-रेजिडेंट को **प्रवासी** भी कहा है। इन सबके घालमेल का परिणाम है अप्रवासी। अब आप सारा रहस्य समझ गए होंगे।

सरकारी शब्दों में इस प्रकार की भ्रमपूर्ण अशुद्धियों की बड़ी लम्बी सूची है। एक शब्द है भवन्निष्ठ जिसे सामान्यतः भवनिष्ठ लिखा जाता है। यह इसलिए है कि सत्यनिष्ठ, आत्मनिष्ठ जैसे शब्दों में दो न नहीं है तो इसी में क्यों लिखें ? जबकि यह भवत्+निष्ठ, दो शब्दों से बना है। इसमें सन्धि होकर भवन्निष्ठ बनेगा। जैसे श्रीमन्नारायण, सन्नारी, जगन्निवास आदि में होता है। यह भवन्निष्ठ दरअसल योअर्स फेथफुली के अनुवाद के रूप में बना था। फेथ अर्थात् निष्ठा। आप में निष्ठा रखनेवाला भवन्निष्ठ। योअर्स फैथफुली के अनुवाद के रूप में और भी कई शब्द बने। आपका विश्वासभाजन (बिहार सरकार में यही शब्द प्रयुक्त होता है) सद्भावी आदि। सद्भाव, विश्वास, निष्ठा सभी फेथ के अनुवाद हैं। यह बात अलग है कि चलन में कुछ ऐसा हुआ कि सामान्य पत्रों में योअर्स फैथफुली के स्थान पर हिन्दी में भवदीय या आपका आने लगा और अर्द्ध शासकीय पत्रों में योअर्स ट्रूली या योअर्स सिंसियरली के स्थान पर **सद्भावी, भवन्निष्ठ, शुभेच्छु** आदि। यों तो भवदीय और आपका दोनों योअर्स के अनुवाद हैं। इसलिए केवल पर्याय की दृष्टि से देखें तो आपका, भवदीय, शुभेच्छु आदि अर्द्ध शासकीय पत्रों में आने चाहिए थे और भवन्निष्ठ, सद्भावी, विश्वासभाजन आदि सामान्य पत्रों में फेथफुली के अनुवाद के रूप में। किन्तु पत्राचार में अनुवाद या मक्खी की जगह मक्खीवाला पर्याय जरूरी नहीं होगा। यह चलन का मामला है। इसलिए जो शब्द चल गया वह स्वीकार्य है। किन्तु उसे व्याकरण से शुद्ध अवश्य लिखा जाना चाहिए।

व्याकरण की शुद्धि के क्रम में यह बात भी ध्यान में आई कि हर सरकारी लिफाफे पर 'ऑन इंडिया गवर्नमेंट सर्विस' जो लिखा रहता है उसका अनुवाद क्या हो इस पर व्याकरण ने बड़ी कठिनाइयाँ पैदा कर दी थीं। अनुवाद किया गया 'भारत सरकार की सेवार्थ'। संस्कृत के पंडितों ने कहा कि सेवार्थ शब्द पुलिंग है इसलिए भारत सरकार के सेवार्थ होना चाहिए। 'की सेवार्थ' अशुद्ध है। इस पर लम्बा विचार मन्थन हुआ। अन्त में यह तय हुआ कि का, की के झगड़े में न पड़कर 'भारत सरकार सेवार्थ' लिखा जाए। चलन में क्या हुआ यह तो पता नहीं पर व्याकरण ने यह दिलचस्प विवाद अवश्य कई वर्षों तक खड़ा रखा था।

सामान्य अशुद्धियों के अन्य उदाहरण हैं लब्ध-प्रतिष्ठ के स्थान पर लब्ध-प्रतिष्ठित। या तो **लब्ध-प्रतिष्ठ** लिखें या **प्रतिष्ठित**। दोनों का एक ही अर्थ होता है। लब्ध और

प्रतिष्ठित दोनों कृदन्तों को एक साथ मिलाने की जरूरत नहीं। संस्कृत में 'लब्ध-ख्याति' शब्द भी लगभग इसी अर्थ में आता है पर हिन्दीवालों ने उसे ख्यातिलब्ध कर दिया है। यह संस्कृत समास की दृष्टि से शुद्ध नहीं है पर हिन्दी में चल गया।

चलन और शब्द भंडार

भाषाओं के उद्विकास के इतिहास में विशेषकर उनके कलेवर-विस्तार की स्थिति में एक और दिलचस्प प्रक्रिया चलती है। जब किसी भाषा का तेजी से प्रसार और विकास हो रहा होता है, लोक कंठ इतनी विराट संख्या में निरन्तर शब्द गढ़ता है कि भाषा की शब्दावली में अभूतपूर्व बढ़ोतरी हो जाती है। महारानी एलिजाबेथ के समय इंग्लिस्तान में भी कुछ ऐसा ही हुआ था। भाषा के प्रति निष्ठा, स्वभाषा प्रेम और राष्ट्रीयता की भावना का ऐसा प्रवाह आया कि शब्दों में कई गुनी बढ़ोतरी हो गई। उनमें व्याकरण, शुद्धि और छँटाई की प्रक्रिया बाद में शुरू हुई। मिल्टन जैसे महाकवि ने कुल 8000 शब्द प्रयुक्त किए। उससे पूर्व शेक्सपीयर ने अपने नाटकों में दुगुने शब्द लिखे थे। शेक्सपीयर की शब्द संख्या 15000 है। संस्कृत में पाणिनि और पतंजलि के बीच के काल में यही हुआ था। ऐसे अवसरों पर जब शब्दों की बाढ़ आती है तो शुद्धि-अशुद्धि, साधु-असाधु का विवेक नहीं रहता और नई-नई अभिव्यक्तियाँ, नए-नए शब्द जन्मते जाते हैं। ऐसे अवसर पर व्याकरणकार तुरन्त सक्रिय हो जाते हैं। नए व्याकरण लिखे जाते हैं और कौन सा शब्द ग्राह्य है, कौन सा अग्राह्य इसका शास्त्र बनता है। यों व्याकरण लोक व्यवहार के पीछे चलता है।

हिन्दी इन दिनों इसी विराट विकास की प्रक्रिया में है। मीडिया, पत्र-पत्रिकाएँ, पूरे विश्व का लोक व्यवहार उसकी अभिव्यक्तियों और शब्दावली में तीव्र गति से विकास कर रहा है। शब्दावली आयोग ने पाँच लाख से भी अधिक शब्द नए सिरे से संकलित कर छाप दिए हैं। ये तो भाषाशास्त्रियों द्वारा तराशे गए शब्द हैं अतः शुद्धता की कसौटी पर खरे उतरते ही हैं किन्तु प्रयोग के प्रवाह ने जो सैकड़ों नए शब्द और फिकरे उछाल दिए हैं उनमें कौन सा शुद्ध है कौन सा अशुद्ध, इसका विचार अब तक नहीं हो पाया है। अब होने लगा है। अनेक ऐसे उदाहरण हैं जिनमें लोक प्रवाह ने व्याकरण से असम्मत शब्द भी ऐसे चला दिए हैं कि उन्हें अगला व्याकारणकार शायद शुद्ध शब्द के रूप में मान्यता दे दे। सच पूछिए तो इस दृष्टि से हिन्दी का व्याकरण अभी लिखा जाना है। जिस प्रकार पतंग उड़ाई जाती है या उड़ाया जाता है, कमीज मैली है या मैला है, बैंक खुल गया या खुल गई, इनमें शुद्ध-अशुद्ध का निर्धारण पूर्णतः नहीं हुआ है उसी प्रकार शाप सही है या श्राप, वीतराग सही है या वीतरागी, सृजन सही है या सर्जन, इन पर अब विचार-विमर्श होने लगा है। संस्कृत में शाप दिया जाता है, श्राप नहीं ! पर हिन्दी में श्राप ऐसा चला है कि इस शब्द को अशुद्ध कहने की हिम्मत नहीं होती। संस्कृत में वीतराग ही बनता है पर हिन्दी ने वीतरागी भी चला दिया है।

कृदन्त

इसका सीधा सिद्धान्त अब तक वह रहा है कि तद्धित और कृदन्त प्रत्ययों के शब्द हिन्दी ने संस्कृत से लिये हैं अतः उन्हें उसी रूप में लिखा जाना चाहिए। जैसे पंडित से पांडित्य, बुद्धि से बौद्धिक, विधान से विहित, प्रदान से प्रदत्त। सारे प्रत्यय संस्कृत से लगाकर तद्धितान्त और कृदन्त हिन्दी शब्द बने हैं। इनमें हिन्दी अपना व्याकरण थोड़े ही लगाएगी। वह पंडिताई, बुद्धिमानी जैसे तद्भव शब्द उनसे बना सकती है पर तत्सम शब्दों को तो ज्यों के त्यों लिखेगी ही। किन्तु संस्कृत का वितीर्ण हिन्दी में वितरित हो गया है। जैसे परीक्षा उत्तीर्ण की जाती है वैसे पुरस्कार वितीर्ण होना चाहिए पर होता है वितरित। कुछ विद्वान चयनित शब्द को भी अशुद्ध मानते हैं। संस्कृत में बनता है चित। जैसे संचय का संचित बनता है वैसे चयन का चित बनना चाहिए पर योग्य प्रत्याशी चयनित हो जाते हैं। प्रयोग ने ऐसे शब्दों को इतना चलन में ला दिया है कि अगले व्याकरणकार को किसी प्रक्रिया से इन्हें शुद्ध करार देना पड़ेगा। सच पूछा जाए तो इस दृष्टि से हिन्दी का व्याकरण अब तक लिखा ही नहीं गया। संस्कृत में भुक्तभोग और वीतराग ही सही है पर हिन्दी में भुक्तभोगी की तरह वीतरागी भी होने लगे हैं। होने नहीं चाहिए। संस्कृत में लोग गलत बातों से क्षुभित हुआ करते थे, क्षुब्ध नहीं। क्षुब्ध मथानी को कहते थे जिससे दही बिलोया जाता है। पर अब सभी क्षुब्ध होने लगे हैं। संस्कृत में वर्चस्व शब्द बनता ही नहीं, वर्चस बनता है। ओज से ओजस्वी, तेज से तेजस्वी और वर्च से वर्चस्वी बनते थे। हिन्दी ने ओज और तेज को अपना लिया पर वर्च को न अपनाकर वेदकालीन शब्द वर्चस्व अपना लिया। अब इसे कैसे रोकें ? लगता है, यही कहना होगा कि जैसे संस्कृत के जागर्ति की बजाय जागृति और उपर्युक्त की बजाय उपरोक्त हिन्दी ने चला लिया है उसी प्रकार इन शब्दों को भी शुद्ध मानना होगा। संस्कृत में सु+आगत=स्वागत की तरह सु+अवसर=स्ववसर होता है पर हिन्दी में तो सुअवसर ही लिखा जाता है।

ये कुछ ऐसे उदाहरण हैं जिनमें हिन्दी ने संस्कृत के व्याकरण का अनुसरण नहीं किया फिर भी चलन ने उन्हें खरा घोषित कर दिया है। यह प्रक्रिया बेशक चल रही है कि भाषाशास्त्री इनके साधुत्व (शुद्धता) पर निरन्तर आँख रख रहे हैं। उनके विमर्शों के फलस्वरूप कुछ शुद्धियाँ भी हुई हैं किन्तु कहीं-कहीं शुद्ध शब्द भी अशुद्ध समझकर छोड़े जा रहे हैं। इसका उदाहरण है 'भूतपूर्व' शब्द जिससे आजकल लोग कतरा रहे हैं। भूतपूर्व अध्यक्ष की बजाय अब पूर्व अध्यक्ष लिखा जाने लगा है क्योंकि भूत और पूर्व दोनों 'पुराने' वाले एक ही अर्थ के वाचक है, ऐसा लोगों को भ्रम है। यह शब्द बिल्कुल ठीक है यह हम आगे बताएँगे। यह अवश्य है कि इस प्रकार के कुछ अशुद्ध प्रयोग जिनका कोई तुक या तर्क नहीं है, केवल 10-15 व्यक्तियों द्वारा प्रयुक्त होने के कारण चलन के नाम पर खरे घोषित नहीं किए जा सकते। चयनित शब्द को तो संस्कृत व्याकरण से भी सही सिद्ध किया जा सकता है (चिह्नित की तरह) पर अनुसरण के लिए

अनुसरित लिखना और परित्यक्त के लिए परित्यजित लिखना नितान्त गलत होगा। (ये क्रमशः **अनुसृत** (अनुकृत की तरह) और **परित्यक्त** ही लिखे जाएँगे।) कहीं-कहीं ऐसी गलतियाँ होने भी लगी हैं। उन्हें सख्ती से दबाया जाना चाहिए। जैसे लब्धप्रतिष्ठ और हतोत्साह की बजाय लब्धप्रतिष्ठित और हतोत्साहित बहुत लिखा जाने लगा है पर क्या ये कभी शुद्ध माने जा सकेंगे ? इसी प्रकार विकासोन्मुख और सर्वतोमुख की बजाय विकासोन्मुखी और सर्वतोमुखी बिल्कुल गलत है। होना यह चाहिए कि कोई देश विकासोन्मुख है और उसकी आर्थिक नीतियाँ भी विकासोन्मुख हैं तो नीतियों को तो विकासोन्मुखी (स्त्रीलिंग) कहा जा सकता है पर देश को नहीं। सर्वतोमुखी प्रगति लिखा जाता था। उसी की देखादेखी सर्वतोमुखी विकास भी लिखा जाने लगा है। महती भूमिका निभाने में महती शब्द को देखकर कुछ महानुभाव अपने ऊपर महती दायित्व या महती कार्य ले लेते हैं। इस भूल को अज्ञान ही कहा जाएगा। मैंने बड़े-बड़े विद्वानों को सौजन्य की बजाय सौजन्यता और सम्माननीय की बजाय सम्मानेय लिखते देखा है। ये दोनों गलत हैं। हुआ यह कि किसी समारोह में विद्वानों को सम्मानित करना था। जिन्हें पुरस्कार देय था उन्हें सम्मानेय लिखा गया याने जिनका सम्मान किया जाना है। सम्माननीय लिखना उन्हें जँचा नहीं क्योंकि उसका मतलब यही होता था 'जिसका सम्मान किया जाना चाहिए'। दोनों में फर्क करने के लिए उन्होंने सम्मानेय कर दिया। ऐसे प्रयत्नों की पहले भी हँसी उड़ चुकी है। कुछ लोग अध्येता की तरह रचयिता (सर्जक) को सृजेता लिखने लगे थे। किशोरीदास वाजपेयी जैसे विद्वानों ने ऐसे 'शब्द-गढ़ेताओं' की बहुत खिल्ली उड़ाई। अब ऐसे शब्द गढ़ने बन्द हो गए हैं, पर व्याकरण के साथ बलात्कार तो अब भी जारी है। हिन्दीवाले हिन्दी के किसी सर्वोच्च सेवक के लिए हिन्दी के अन्यतम सेवक लिखने लगे हैं। अन्यतम का मतलब होता है बहुतों में से एक याने साधारण जबकि वे लिखना चाहते हैं असाधारण सेवक याने **अनन्य**। यों अनन्य की जगह वे अन्यतम लिख जाते हैं।

इसी तरह कुछ अशुद्धियाँ चलन में इतनी अधिक आने लगी हैं कि उनके शुद्ध मान लिये जाने का खतरा बना हुआ है। सुन्दरीकरण की बजाय सौन्दर्यकरण, प्रस्तुतीकरण की बजाय प्रस्तुतिकरण और तुष्टीकरण की बजाय तुष्टिकरण खूब आने लगे हैं। स्पष्टीकरण, समीकरण आदि की तरह संस्कृत में करण के पहले हमशा 'ई' ही आएगी क्योंकि इससे पहले का स्वर दीर्घ हो जाता है। पर लोगों को लगता है कि जब प्रस्तुति और तुष्टि में छोटी 'इ' है तो बड़ी 'ई' लिखना अशुद्ध न हो जाए। पर यह सोचना सही नहीं है। या तो केवल प्रस्तुति और तुष्टि लिखें अन्यथा विद्युतीकरण, औद्योगीकरण, वैश्वीकरण, वाजीकरण की तरह इसमें भी बड़ी 'ई' ही आएगी। आजकल ''महिला सशक्तीकरण'' का नारा सुप्रचारित है। लोग समझते हैं कि ''सशक्तिकरण'' लिखना सही है किन्तु यह शुद्ध नहीं है। अस्पष्ट को स्पष्ट करने के लिए जैसे स्पष्टीकरण लिखा जाता है उसी प्रकार अशक्त को सशक्त बनाने के लिए सशक्तीकरण शब्द ही सही होगा। कुछ विद्वान स्वतः उपजी कविताओं को स्वतः स्फुरित की बजाय 'स्वतः स्फूर्त' लिखकर

फूले नहीं समाते। वे समझते हैं मूर्त और धूर्त की तरह स्फूर्त बन जाएगा। आखिर स्फूर्ति भी तो बनता है, तब स्फूर्त क्यों नहीं बनेगा ? पर बनता नहीं, स्फुरित ही बनता है। एक शब्द और आने लगा है विधान सभा जो भंग कर दी गई, उस भंग विधान सभा के सदस्यों का क्या होगा ? यहाँ पहला भंग तो ठीक है, दूसरा गलत। हम बता ही चुके हैं कि भग्न की जगह भंग को विशेषण के रूप में चला दिया गया है जबकि यह संज्ञा है विशेषण नहीं; भंग संज्ञा है, भग्न विशेषण। इसका भी कोई इलाज नहीं लगता। कुछ लोग सज्जन पुरुष कहलाते हैं। वस्तुतः जन और पुरुष एक ही बात है। या तो सज्जन कहें या सत्पुरुष। यहाँ दोहराव गलत है। ऐसी गलतियाँ अब हटने भी लगी हैं। जो चल गई हैं उनमें से एक-दो का उदाहरण लें। चित्र के नीचे व्यक्तियों का परिचय देने के लिए सर्वश्री लिख दिया जाता है याने हरेक के साथ श्री लगाने की बजाय पहले ही लिख देते हैं कि सबके साथ श्री लगा समझ लें। इस फिकरे का कोई तुक नहीं पर यह चल निकला है। सुधारकता, अध्यक्षता, कर्णधारता, विद्यमानता की तरह पत्रकार के लिए पत्रकारता होना चाहिए पर बना दिया गया पत्रकारिता। संस्कृत व्याकरण से यह अशुद्ध है पर चल इतना गया है कि इसे अशुद्ध कहनेवाले को पत्रकार लोग ऐसा ठीक करेंगे कि याद रखेगा। डर से कोई कुछ नहीं कहता। संस्कृत में भी ऐसे चलन को मान्यता दे दी जाती थी यदि केवल वही चलन रह जाता था। संस्कृत में भोजन स्वादिष्ठ ही हुआ करता था (वरिष्ठ की तरह वहाँ 'ठ' था) पर अब हिन्दी में तो भोजन स्वादिष्ट होता ही है संस्कृतवाले भी स्वादिष्ट भोजन को पचाने लगे हैं। वहाँ भी 'ट' चल निकलेगा ऐसा लगता है। हिन्दी में मिष्टान्न की बजाय गलती से मिष्ठान्न लिख दिया जाता है। स्वादिष्ठ का ष्ठ यहाँ आ गया लगता है। छिपाना को छुपाना, छिपा हुआ को छुपा हुआ भी लिखा जाने लगा है जो ठीक नहीं। होना यह चाहिए कि इन सब पर विमर्श होता रहे और व्याकरणकार भाषा के व्यवहार का अध्ययन कर व्याकरण के नए संस्करण बनाते रहें।

इसी प्रकार स्रष्टा के लिए सृष्टा और द्रष्टा के लिए दृष्टा भी लिख दिया जाता है। ये दोनों वर्तनियाँ व्याकरण से अशुद्ध हैं यह आगे स्पष्ट किया जाएगा। दृष्टा का तो अर्थ होगा "देखी गई" और सृष्टा का "बनाई गई," ये कृदन्त (पास्ट पार्टिसिपल) के स्त्रीलिंग रूप होंगे, सर्जन करनेवाला स्रष्टा और दर्शन करनेवाला द्रष्टा ही कहा जाएगा।

शब्द जो अछूत हो गए

देश में अपने प्रसार की प्रक्रिया ज्यों-ज्यों चरण बढ़ा रही है, वर्तनी, शब्दों, व्याकरण आदि की शुद्धि-अशुद्धि का विचार भी उठने लगा है। दूरदर्शन की भाषायी विकृतियों पर मनीषियों ने अपने तरीके से बावेला मचाया है, यद्यपि उसका कोई कारगर असर होता नहीं दिखता। अंग्रेजी के मिश्रण से भाषा के संकरीकरण करने में जहाँ दूरदर्शन के कुछ सीरियल और कार्यक्रम कीर्तिमान बना रहे हैं वहाँ आकाशवाणी अपनी भाषा के मानक रूप को बनाए हुए हैं। उसका कारण तो आकाशवाणी में वर्षों से भाषा के परिष्कार के प्रयत्नों का इतिहास है, यद्यपि दूरदर्शनी चकाचौंध में आकाशवाणी की वह भाषाई शुद्धता भी धुँधली पड़ गई है।

साफ-सुथरी और शुद्ध भाषा की तलाश का यह क्रम शुभ लक्षण है। यह अवश्य है कि शुद्धि की सतर्कता के कारण तथाकथित विद्वानों ने कुछ ऐसे शब्दों को भी अछूत करार दिया है जो पूरी तरह शुद्ध और निखरे थे। इनमें प्रमुख है भूतपूर्व, यह हम बतला ही चुके हैं। यह शब्द हिन्दी में खूब चलता था किन्तु पिछले दिनों अखबारों में पूर्व अध्यक्ष, पूर्व मन्त्री जैसे शब्द ही देखने को मिलते हैं। भूतपूर्व को अशुद्ध या पुनरुक्ति दोष से दूषित मानकर अशुद्ध समझा जा रहा है। शायद उनकी आशंका यह है कि भूत का मतलब भी विगत होता है और पूर्व का मतलब भी वही। तब यह दोहराव क्यों ? यह घबराहट संस्कृत की परम्परा से अनभिज्ञता के कारण होती है। संस्कृत व्याकरण के अध्येता भली-भाँति जानते हैं कि भूतपूर्व शब्द ठीक इसी अर्थ में (जो पहले रहा हो) पाणिनि के समय से ही चला आ रहा है। स्वयं पाणिनि ने एक सूत्र लिखा है 'भूतपूर्वे चरट्' अर्थात् पहले यदि कोई उस पद पर रहा हो अर्थात् भूतपूर्व हो तो उसके लिए एक प्रत्यय चर लगाया जा सकता है। जैसे भूतपूर्व कुलपति को कुलपतिचर भी कहा जा सकता है। यह सूत्र स्पष्ट करता है कि इस अर्थ में भूतपूर्व शब्द ही आता था। पाणिनि के बाद भी 20वीं सदी तक यह शब्द धड़ल्ले से चलता रहा। न जाने किस घड़ी किसी ने इसे अशुद्ध समझ लिया और तब से लोग इससे कतराने लगे। कुछ अखबारों ने भूत, पूर्व और अभूतपूर्व तीनों से दामन बचाकर अध्यक्ष रहे, मन्त्री रहे लिखना शुरू कर दिया है। उन्हें कौन समझाए कि भूतपूर्व में कोई पुनरुक्ति नहीं है। उसका अर्थ होता है पूर्व (पहले) भूत (रहा)। भूतपूर्व से ही पूरा आशय स्पष्ट होता है, केवल पूर्व से नहीं।

नाम और पदनाम

नामों का शुद्ध लेखन

हमारे भारतीय नाम

इस देश के प्रत्येक प्रान्त में व्यक्तियों के नाम सदियों से संस्कृतनिष्ठ रखे जाते रहे हैं। बच्चा चाहे बंगला भाषी हो, तमिल भाषी हो या गुजराती उसका नाम कमलनयन, चन्द्रकान्त, इन्दुशेखर आदि रखा जाएगा जिसका अर्थ भी होता है और लय-ताल भी। अनेक ऐसे देश भी हैं जहाँ नामों का कोई विशेष अर्थ नहीं होता। जॉर्ज, टॉम, स्मिथ आदि 25-30 नामों से विश्व का बहुत बड़ा हिस्सा कवर हो जाता है। पर हमारे यहाँ नामों की विविधता देखते ही बनती है। करोड़ों नहीं तो लाखों नाम तो अब तक निकल ही चुके हैं और निकलते जा रहे हैं। इनका शोधात्मक अध्ययन शायद ही किसी ने किया हो। यदि वर्गीकरण के लिहाज से देखा जाए तो हमारे यहाँ भिन्न-भिन्न नाम मिलेंगे। संस्कृतनिष्ठ नामों को तत्सम कहा जाए तो उस वर्ग के अतिरिक्त एक तद्भव का वर्ग भी है। इसमें संस्कृत नामों का बदला हुआ रूप गिनाया जा सकता है। किसी युग या प्रदेश में यह भावना उपजी होगी कि संस्कृत के ही नाम क्यों रखे जाएँ, अपनी प्रादेशिक परम्परा के नाम क्यों न हों ? इसके फलस्वरूप दो तरह के नाम उपजे। एक तो वे जो संस्कृत नामों के तद्भव रूप थे जैसे विष्णुसिंह की बजाय बिशन सिंह, वर्षा की बजाय बरखा, रक्षा की बजाय राखी—ये हुए तद्भव नाम। कुछ नाम देशज भी कहे जा सकते हैं। राजस्थान में सूंडाराम, झूथाराम, झाबरमल, कजोड़मल, तोताराम आदि तथा उत्तर प्रदेश में मातादीन, रामदिहिन, अटलबिहारी, मक्खनलाल, मइयाबक्स तथा बंगला में बादल राय, काजल बनर्जी आदि अपनी धरती की उपज है। ऐसे देशज नाम दक्षिण, पूर्व सभी प्रदेशों में मिल जाएँगे। कैयट, भल्लट, अप्पय्या आदि प्राचीन नाम भी इसी देशज नामकरण प्रवृति के प्रतीक लगते हैं। किन्तु इनकी संख्या बहुत कम है। पूरे देश को एक सांस्कृतिक धारा में जोड़नेवाली भाषा संस्कृत ने ही सारे देश को नाम दिए हैं।

वैसे कुछ विदेशज नाम भी फैशन में आ गए हैं। बच्चियों के नाम, रीना, पिंकी, डोली अंग्रेजी के प्रभाव के तथा अशरफी, बादाम आदि मुगल प्रभाव के परिचायक नाम हैं। इस प्रकार चार वर्ग तो नामों में स्पष्ट देखे जा सकते हैं तत्सम, तद्भव, देशज और विदेशज। परिवार और युग की प्रवृत्तियों के मुताबिक नामों का संस्कृतीकरण करके उन्हें शुद्ध बनाने की प्रवृत्ति भी पाई जाती है जैसे रिटू, रीता अंग्रेजी नामों को ऋतु, ऋता

लिखकर संस्कृत रूप दिया जाना तथा लक्ष्मीमल और हरबक्स जैसे नामों को लक्ष्मीमल्ल और हरिवक्ष (विष्णु का वक्षःस्थल) लिखकर संस्कृत व्याकरण से शुद्ध बनाना इसी प्रवृत्ति के उदाहरण हैं। इसके विपरीत संस्कृत नामों को देशी प्रभाव के तहत तद्भव बनाने की प्रवृत्ति पिछली सदियों में बहुत अधिक देखी जा सकती है। वृद्धिचन्द्र, लक्ष्मी चन्द्र, लक्ष्मण स्वरूप, नृपतिसिंह आदि नामों की बयाज बिरधीचन्द, लिखमीचन्द, लछमण स्वरूप नरपतसिंह आदि नाम बहुत सुने जाते रहे। कुछ विद्वानों का कथन है कि ये अशुद्ध लिखने के उदाहरण हैं। उनके अनुसार बैजनाथ अशुद्ध है वैद्यनाथ शुद्ध। कृष्ण लाल शुद्ध है, किशन लाल अशुद्ध। शुद्धि-अशुद्धि के झगड़े को निपटाने के लिए व्याकरणकार कोई नियम बनाएँ यह नामों के मामले में सम्भव नहीं होता इसीलिए एक विश्वमान्य सिद्धान्त यह चल निकला है कि व्यक्ति अपना नाम जो बताए और जिस वर्तनी से लिखे वही उसका नाम है। इस सिद्धान्त को सभी देशों ने मान रखा है। कभी-कभी भ्रम अवश्य पैदा हो जाते हैं जैसे सुप्रसिद्ध भारतीय इतिहासकार डॉ. बेनीप्रसाद के साथ एक बार हुआ था। राजस्थान के वयोवृद्ध पत्रकार युगलकिशोर चतुर्वेदी बताते थे कि डॉ. बेनी प्रसाद जब लन्दन के ब्रिटिश म्यूजियम गए और उनके लिखे ग्रन्थ को तलाशने लगे तो उन्हें कैटेलाग में अपना लिखा कोई ग्रन्थ नहीं मिला, उन्हें बड़ा आश्चर्य हुआ। पूछने पर मालूम हुआ कि उनके लिखे सारे ग्रन्थ म्यूजियम में हैं पर वे वेणी प्रसाद नाम से वी के खाने में वर्गीकृत हैं, बी के खाने में नहीं। उन्हें बड़ा आश्चर्य हुआ, उनके अशुद्ध नाम का शुद्धीकरण अंग्रेजों ने कर दिया है। अब किसे क्या कहा जाए ? व्याकरण के लिहाज से तो वेणी नाम ही सही है किन्तु यदि वह विद्वान् यह कहे कि मेरा नाम 'बेनी प्रसाद' ही है तो उसे बदलने का अधिकार किसे है ? अर्थात् वे स्वयं चाहें तो अपने नाम को शुद्ध कर सकते हैं, दूसरा दखल नहीं दे सकता।

यह बात अलग है कि शुद्ध नामों को उच्चारण से हम अशुद्ध कर दें और वही चल जाए तो वह उस नाम के साथ अन्याय होगा। आजकल यही देखा जा रहा है कि नामों से ही नहीं पूरी भारतीय भाषाओं से भाई लोग कुछ अक्षरों को देश निकाला दे रहे हैं। ण के साथ यही हो रहा है। रावण, विभीषण के ण को बंगला तर्ज पर रावन, विभीषन तो बोला ही जा रहा है कुणाल को कुनाल, उदाहरण को उदाहरन, वीणा को वीना खूब बोला जा रहा है। इस चक्कर में एक राज्य का नाम हरियाणा की बजाय हरियाना हो गया है, एक जाति का नाम मीणा की बजाय मीना हो जाने का खतरा बना हुआ है। इसमें थोड़ा योगदान रोमन लिपि का भी है जहाँ ण और न के लिए अलग अक्षर नहीं है, दोनों को 'एन' की लाठी से हाँका जाता है। इस दृष्टि से यह अध्ययन रुचि का विषय हो सकता है कि कहाँ-कहाँ व्यक्तियों आदि के नामों को हम भूल से अशुद्ध लिख जाते हैं और कहाँ मूलतः नाम अशुद्ध रखा गया होता है। व्रज भाषा, व्रज सुन्दर आदि नामों से संस्कृत के हिसाब से तो व्रत वाला व्र है पर बृज भाषा, बृज सुन्दर आदि में बृहस्पति वाला बृ आज खूब चल रहा है। किसे शुद्ध कहें, किसे अशुद्ध ? यदि व्रज भाषी व्रज को वृज बोल जाता है तो वह यह कह सकता है कि संस्कृत में वह व्रज

होगा, हमारे यहाँ तो बृज ही है। ब्रिज (जिसका अर्थ पुल होता है) लिखना बेशक अशुद्ध है पर बृज तो हम लिखेंगे ही। इसका कोई जवाब नहीं। शुद्धिवादी उसे शुद्ध करते रहें, जैसा प्रयत्न प्रत्येक युग में होता भी रहा है। जयपुर के एक वैदिक विद्वान मोतीलाल शास्त्री अपने तद्भव नाम को शुद्ध करने हेतु मुक्तरक्त (मुक्ता याने मोती, लाल याने रक्त) शर्मा बन गए थे। मध्य प्रदेश के संस्कृत विद्वान बच्चूलाल अवस्थी को अपने नाम बच्चू लाल से संस्कृत की गन्ध नहीं आती थी तथापि उन्होंने उसे संस्कृत व्याकरण से ऐसा निष्पन्न किया कि लोग दाँतों तले अँगुली दबाकर रह गए। उन्होंने बताया कि वद् (वक्ता) चूड़ा (चोटी) और ल (लेनेवाला) से मिलाकर मेरा नाम वच्चूलाल संस्कृत का ही है। शुद्धि-अशुद्धि के व्याकरण विचार को नामों के खाँचो में भी फिट करने का प्रयत्न किया जाएगा तो ऐसे ही मनोरंजक व्यायाम देखने को मिलेंगे।

नाम लिखने में भूलें

भाषा की भूलों के बारे में सजगता रखने का ही एक अन्य आयाम है नाम सही लिखना। हमने पिछले दिनों भारतीय नामों को बहुत गलत लिखे जाते देखा है। कुछ तो इसका श्रेय रोमन लिपि को जाता है जिसमें भारतीय नाम कभी सही नहीं लिखे जा सकते पर दो-तीन सदियों से लिखे जा रहे हैं। उसका परिणाम यह हुआ है कि मिश्र, शुक्ल, मालवीय, गुप्त आदि तो मिश्रा, शुक्ला, मालविया व गुप्ता हो ही गए, आज हमें यह भी नहीं मालूम कि हमारे भूतपूर्व राष्ट्रपति का नाम वेंकटरमण, या वेंकटरामण या वेंकटरमन है क्योंकि अंग्रेजी में ये तीनों एक ही एक तरह से लिखे जाते हैं (सही नाम है **वेंकटरामन्**)। दक्षिण भारत के नामों के साथ यह बहुत हुआ है। हिन्दी फिल्मों के एक दक्षिण भारतीय अभिनेता कमल हासन को मैं रोमन में कमाल हसन पढ़ता रहा था। रोमन की कृपा से ही विजयलक्ष्मी और विजयालक्ष्मी तथा जयप्रदा और जयाप्रधा में भेद मिट जाता है, मोतीबाई को मोटीबाई लिखा जाता है। यह बात हुई रोमन लिपि की किन्तु हम तो अपने नामों को अपनी लिपि में भी गलत लिखते हैं। नामों के साथ क्या सही है और क्या गलत इसका फैसला करने का एक ही फॉर्मूला है, वह यह है कि स्वयं व्यक्ति अपना जो नाम जिस प्रकार बताए वही और उसकी सही वर्तनी है। इंग्लैंड के ह्यूम साहब अपना नाम होम लिखें और उसका उच्चारण ह्यूम बताएँ तो वही सही है। इसी प्रकार भारत में किसी का नाम गिरिराज हो और वह स्वयं अपने आपको गिर्राज लिखवाना पसन्द करे तो उसे वही लिखा जाएगा। भैरव सिंह, भैंरू सिंह और भैंरो सिंह नाम की कई वर्तनियाँ हो सकती हैं किन्तु स्वयं व्यक्ति जो वर्तनी घोषित करेगा वही सही वर्तनी होगी। यह बात आज से नहीं सदियों से चली आ रही है। वैदिक ऋषि विश्वामित्र शायद अपने आपको विश्व का मित्र याने सबका दोस्त बताना चाहते होंगे पर उन्होंने अपना नाम विश्वामित्र रख लिया, इसका अर्थ उलटा होता है, सबका दुश्मन। पर नाम वही चल गया। पाणिनि को इसके लिए एक सूत्र बनाना पड़ा कि उन ऋषि का नाम ही विश्वामित्र होगा बाकी कोई सबका मित्र बनना चाहे तो अपना नाम विश्वमित्र रखेगा, विश्वामित्र नहीं। तभी कलकत्ता से अग्रवाल साहब का प्रसिद्ध हिन्दी अखबार विश्वमित्र नाम से ही निकलता था। राजस्थान के एक डॉक्टर विश्वमित्र भंडारी भी विश्वमित्र थे, विश्वामित्र नहीं। प्रसिद्ध कवि कालिदास शायद काली के भक्त रहे हों। तब उनका नाम कालीदास होना चाहिए था पर उन्होंने कालिदास नाम रखा तो

वही सही है। आजकल बहुत से डेढ़ स्याने उन्हें कालीदास बहुत लिखते हैं पर वह गलत है। कुछ नामों के बारे में दो संस्करण चल रहे हैं—वशिष्ठ सही है या वसिष्ठ, भरद्वाज सही है या भारद्वाज, भगीरथ सही है या भागीरथ, शन्तनु सही या शान्तनु यह बहुत पूछा जाता है। इनमें कुछ के लिए तो व्याकरण ने भी विकल्प दे दिया है जैसे वशिष्ठ और वसिष्ठ दोनों सही हैं। इसीलिए संस्कृत में भी दोनों चलते हैं। उनके वंशजों के लिए वाशिष्ठ ही आएगा वशिष्ठ नहीं। पुत्र और वंशज के अर्थ में जो प्रत्यय लगता है उसके कारण पहले स्वर में वृद्धि (दीर्घ) हो जाती है। इसलिए भरद्वाज ऋषि का नाम भरद्वाज ही था, उनकी सन्तानों और वंशजों के लिए भारद्वाज आता है। भ्रमवश उनको भी भारद्वाज कहा जाने लगा होगा। किन्तु सही नाम भरद्वाज ही है। शन्तनु और शान्तनु दोनों नाम महाभारत में मिलते हैं किन्तु शान्तनु अधिक प्रचलित है। भागीरथ शब्द के साथ यह दिलचस्प बात हुई है कि सही नाम तो भगीरथ है पर अधिकांश लोग उसे भागीरथ लिख जाते हैं जिसका अर्थ होता है भगीरथ की सन्तान या उसके वंशज। अब भागीरथ शब्द ज्यादा चल गया और मूल नाम भगीरथ ओझल हो गया।

इन नामों के लिखने में अशुद्धियाँ हो रही हों ऐसा नहीं कहा जा सकता क्योंकि इनमें किसी प्रकार का अर्थ या तात्पर्य छिपा नहीं है। अतः गलत अर्थ निकलने का खतरा भी नहीं है। किन्तु सही नाम को गलत लिखने की अन्य भारी भूलें बहुत हो रही हैं। भारतीय नामों की यह विशेषता है कि वे प्रायः सभी सार्थक होते हैं और व्याकरण से निष्पन्न। जॉर्ज, टामस जैसे अक्षर मात्र नहीं होते बल्कि उनका अर्थ भी होता है। कमल नयन (सुन्दर आँखवाला) पद्मावती (कमल के समान) आदि नामों के मनोरम अर्थ हैं। बहुत से अर्थ देवताओं के नामों पर रखे जाते हैं जैसे कृष्ण कुमार, मुरली मनोहर, शिवशंकर किन्तु सभी का अर्थ होता है। विल्हण, मम्मट जैसे कुछ अपवादों को छोड़कर हमारे सभी नाम व्याकरण से बने हैं। जहाँ व्याकरण के विरुद्ध वर्तनी लिखी जाएगी तो अर्थ का अनर्थ भी हो सकता है। प्रसिद्ध गायक मुकेश का अर्थ बंगला में होता है हृदयेश पर कोई उन्हें मुकेश लिख दे तो उसका अर्थ होगा गूँगों का सम्राट।

कुछ नामों के साथ हम ऐसी ही ज्यादती करते रहे हैं। महर्षि अत्रि की पत्नी अनसूया को प्रायः सभी अनुसूइया, अनुसुइया आदि लिखते हैं। इस नाम में भी अनुराधा की तरह अनु लगाने की तलब हो जाती होगी। इसलिए अनुसूया को वे सही समझते होंगे पर उसका अर्थ विपरीत निकलता है। अनसूया का अर्थ है अन्-असूया अर्थात् असूया (ईर्ष्या) से रहित। अतः इसको **अनसूया** ही लिखें, अन्य छेड़छाड़ न करें। संस्कृत के व्याकरणकार महर्षि पाणिनि थे और रामायणकार वाल्मीकि। दोनों के अन्तिम स्वर में छोटी 'इ' है पर ज्यादातर लोग बड़ी ई लिखते हैं जो गलत है। एक अन्य गलती तो ऐसी है जिसे प्रायः शतप्रतिशत विद्वान भी कर रहे हैं। हमारे यहाँ के दो मूर्धन्य खगोल शास्त्री थे—आर्यभट और वराहमिहिर। आर्यभट के नाम पर तो एक प्रक्षेपास्त्र भी बनाया गया पर उसे सारे आर्यभट्ट लिखते हैं। बाणभट्ट की तरह। वे समझते हैं कि यही सही है किन्तु यहाँ मामला उलटा है। उनका नाम एक ट से लिखा जाता है।

उन्होंने अपने ग्रन्थों में (आर्यभटीय आदि) अपना यही नाम लिखा है। संस्कृत में दोनों शब्द हैं—भट और भट्ट। भट का अर्थ होता है शूरवीर। नामों के अन्त में भी यह शब्द आता है जैसे वाग्, अर्थात् वाणी का शूर वाग्भट (जो आयुर्वेद का मूर्धन्य विद्वान था)। आर्यशूर नाम भी पुराना है। ठीक उसी तरह का नाम है आर्यभट। किन्तु इसे प्रायः शतप्रतिशत गलत लिख रहे हैं। कुछ लोग तो वाग्भट को भी वाग्भट्ट लिखकर अधिक शुद्धता का भ्रम पाले हुए हैं। प्रह्लाद की कथा के साथ जुड़ा हिरण्यकशिपु तो सदा के लिए हिरण्यकश्यप ही हो गया है। कश्यप शब्द अधिक परिचित है अतः लोग कशिपु को 'कश्यप' ही लिखने बोलने लगे हैं। वेंकटाचल एक पर्वत का नाम है। उस पर रखा गया नाम वेंकटाचलैया रोमन लिपि के कारण वेंकटचलैया हो गया है।

अशुद्ध पदच्छेद

भाषा के सही प्रयोग के अभाव में अर्थ का अनर्थ किस प्रकार हो सकता है इसके उदाहरण पिछले पृष्ठों में दिए जा चुके हैं, उसी क्रम में नामों को सही लिखने की आवश्यकता भी प्रतिपादित की जा चुकी है क्योंकि इस देश में नामों की शुद्धि-अशुद्धि के बारे में जनसामान्य को शिक्षित करना जरूरी बना हुआ है। हमारे यहाँ सरनामों से सम्बोधन की प्रथा सदियों से चल रही है। अंग्रेजों के आने के बाद यह और दृढ़ हो गई। उसी क्रम में पिछले कुछ वर्षों से मध्य प्रदेश के एक रियासती नरेश और पिछली लोकसभा के सांसद के नाम को जिस ढंग से अखबारों में उद्धृत किया जा रहा था उससे हमारे रोंगटे खड़े हो गए। उन्हें जूदेव लिखा जा रहा है। यह जूदेव क्या है यह जानने की कोशिश करते ही हास्यरस का परिपाक होने लगा। यह नाम है श्री दिलीप सिंह जू देव जो मध्य प्रदेश के आदिवासी-बहुल इलाके की एक रियासत के नरेश हैं। बुन्देलखंड आदि इलाकों में जी के स्थान पर जू सम्बोधन करना एक आम रिवाज है। बड़े सामन्तों को राव साहब, राजाजी, गुरुजी की तर्ज पर दाऊजू जैसे सम्बोधनों से पुकारा जाता है। राजाओं को देव भी कहा जाता है। वीरसिंह देव या वीरसिंह जू देव लिखते हुए देव को सरनेम की तरह ओरछा आदि रियासतों में सदियों से इस्तेमाल किया जा रहा है। उसी प्रकार दिलीप सिंह जू को भी देव कहा गया। हुआ यह कि जी के स्थान पर आए हुए जू को देव के साथ मिलकर जूदेव को सरनेम समझ लिया गया और इस सांसद को इसी नाम से अखबारों में पुकारा जाता रहा। नाम की शल्यक्रिया करके पूँछ को टाँग की बजाय हाथ में जोड़ देने का यह नया करिश्मा बड़ा मनोरंजक रहा।

इससे हमें याद आया कि बंगाल में सरनेम या जातिनाम एक की बजाय दो-दो भी होते थे, दास-गुप्ता, दास-मुंशी, राय-चौधुरी आदि इसके कुछ उदाहरण हैं। शायद इसका कारण यह था कि किसी परिवार से कोई बच्चा अन्य परिवार में गोद चला जाता था या सम्पत्ति का दोहरा उत्तराधिकार प्राप्त करता था या अन्य किसी कारण से दोनों परिवारों के साथ जुड़ा हुआ होता था तो दोनों परिवारों के सरनेम उसके साथ लगा दिए जाते थे। एक वरिष्ठ नेता प्रियरंजनजी का सरनेम था दासमुंशी। भाई लोगों ने इसकी शल्यक्रिया करके दास को तो नाम के साथ लगाकर प्रियरंजनदास बना दिया और मुंशी सरनेम समझ लिया। इस प्रकार छपा उनका नाम आज भी अखबारों में देखने को मिल जाएगा। यह तो वैसे ही हुआ जैसे श्रीमन्नारायण को छापते समय कुछ अखबारवाले

यह समझकर कि इसमें श्री लगा हुआ है और अखबारों में संक्षेप के लिहाज से सब नामों के साथ लगा श्री हटाकर छापा जाता है तो इसका भी श्री हटा दिया जाए इस दृष्टि से उस नाम को 'मनूनारायण' लिखने लगे। जहाँ 'श्री' नाम अंश है जैसे श्रीनाथ, श्रीनिवास, श्रीकान्त उसे वहाँ कोरा नाथ, निवास या कान्त थोड़ा ही लिखेंगे ! श्री लगाना हो तो श्री श्रीनाथ या श्री श्रीनिवास लिखना पड़ेगा।

इतिहास के नामों में भ्रम

कुछ नामों के साथ यह होता है कि उनका पुनः संस्कार लोगों द्वारा कर दिया जाता है। जयपुर इतिहास के कुछ नामों के साथ इतिहासकारों ने भी यही किया। जयपुर के अकबरकालीन राजा मानसिंह (प्रथम) के पिता थे भगवन्त दास। यहाँ भगवन्त को लोगों ने बदलकर भगवान दास कर दिया। उन्होंने समझा कि यह व्याकरण से ज्यादा सही हैं। पर उनका नाम सचमुच **भगवन्तदास** था। जयपुर में पाँचबत्ती से विधानसभा तक जानेवाले प्रसिद्ध मार्ग को उन्हीं के नाम पर रखा गया था। इसे भी गलती से भगवानदास रोड लिखा-बोला जा रहा है। होना चाहिए भगवन्त दास रोड। पर किसको कौन समझाए ? चल गया सो चल गया। इतिहासकारों तक ने राजा मानसिंह के पिता को भगवान दास लिख दिया तो छोटे-मोटे की क्या चलाई ! दरसअसल भगवान दास एक अन्य सामन्त थे और भगवन्त दास जयपुर नरेश थे। उनके नाम के साथ जैसी फेरबदल हुई कुछ वैसे ही उनके पिता के साथ भी हुई थी। उनके पिता का नाम था भारमल पर बहुत से इतिहासकारों ने उसका संस्कार करके उन्हें 'बिहारीमल' बना दिया।

राजस्थान के एक राज्यपाल का नाम तो आज तक भी सही ज्ञात नहीं हो पाया। वे आए और चले गए किन्तु उनका नाम सभी के द्वारा सुखदेव प्रसाद लिखा-बोला जाता रहा था। वे वस्तुतः **शुकदेव प्रसाद** (शुक-देव जो महर्षि व्यास के पुत्र और भागवत के प्रवक्ता बताए जाते हैं, उनके प्रसाद के से उत्पन्न) थे किन्तु न जाने क्यों उन्हें सब सुखदेव प्रसाद ही लिखते थे। वे भी शायद इस पर आपत्ति नहीं करते थे। वे स्वयं तो शुकदेव प्रसाद ही हस्ताक्षर करते थे पर सर्वत्र उनका नाम सुखदेव प्रसाद छपता था, कारण क्या था भगवान जाने।

नाम लेखन और व्याकरण

एक और नाम बहुत गलत लिखा जा रहा है। प्रसिद्ध सितार वादक बंगाली सज्जन हैं बुधादित्य मुखर्जी। उन्हें बुद्धादित्य लिखा जाता है। लोग समझते हैं कि बुद्ध भगवान के आगे आदित्य लगेगा इसीलिए यही शुद्ध है। वास्तव में यहाँ बुध ग्रह के साथ आदित्य याने सूर्य का योग संकेतित है। जन्म पत्र में बुध और सूर्य का योग शुभ माना जाता है। इसलिए बुधादित्य नाम खूब हुआ करते थे। इसलिए **बुधादित्य** में आदित्य के साथ

तो एक 'ध' ही आएगा। भगवान बुद्ध में जरूर संयुक्ताक्षर है। उनके भ्रम से लोगबाग बुधवार को भी बुद्धवार लिखने लग जाएँ तो बेचारे क्या करें ? हम पहले बता ही चुके हैं कि समानता के भ्रम में बहुत गलतियाँ होती हैं। आदित्य और औचित्य शब्दों में छोटी इ आती है इसलिए औदीच्य को भी छोटी इ से औदिच्य लिखा जाने लगा। इन दिनों यह गलती बहुत हो रही है। रवीन्द्र मंच को भी अधिकांश रविन्द्र मंच लिखते हैं। हिन्दी के प्रसिद्ध विद्वान राहुल सांकृत्यायन थे जिन्होंने अनेक ग्रन्थ लिखे हैं। उनका नाम यही था। पर लोग उन्हें सुसंस्कृत करने के लिहाज से सांस्कृत्यायन लिखकर बड़े गौरवान्वित होते हैं जबकि यह गलत है। यहाँ कृ के पहले आधा स नहीं होना चाहिए।

कुछ नाम व्याकरण से सही न होने पर भी चल जाते हैं यदि व्यक्ति स्वयं उसी प्रकार अपना नाम लिखे। ऐसे नामों के उदाहरण हैं ज्योतीन्द्र, जगमोहन, मनमोहन आदि। संस्कृत व्याकरण से ज्योतिः+इन्दु=ज्योतिरिन्दु बनता है, जगत्+मोहन् से जगन् मोहन और मनः+मोहन से मनोमोहन बनता है पर हिन्दी में संस्कृत व्याकरण बिना लगाए मनमोहन, जगमोहन और ज्योतीन्द्र नाम खूब चल गए हैं। इन्हें स्वीकार्य सिद्ध करनेवाले जो तर्क देते हैं (और जो उचित भी है) वह यह है कि ये सब नाम हिन्दी व्याकरण से बने हैं। मनचाहा, जगहँसाई आदि में मन और जग हिन्दी के तद्भव बन बन गए हैं और उन्हीं से ये नाम बने हैं। इनमें संस्कृत व्याकरण लगाने की जरूरत नहीं है। जो लोग संस्कृत व्याकरण लगाते हैं वे बेशक जगन्मोहन आदि लिखते हैं। जयपुर के एक वैद्य अपने आपको जगन्मोहन लिखते थे। यहीं एक बंगाली अंग्रेजी विद्वान डॉ. जे.एल. बनर्जी, जो अंग्रेजी के प्राध्यापक और प्राचार्य रहे, अपना नाम ज्योतीन्द्र लाल न लिखकर 'ज्योतिरिन्द्र लाल' लिखते हैं क्योंकि संस्कृत में ज्योतिः+इन्द्र=ज्योतिरिन्द्र ही बनता है। संस्कृत की इस शुद्धि के जो कायल हैं वे तो बाद में भी अपना नाम शुद्ध कर लेते हैं पर कुछ लोग अशुद्ध नाम को ही स्थापित कर देते हैं वहाँ वह नाम उसी तरह लिखा जाएगा जैसा वे चाहते हैं। उदाहरणार्थ गिरिराज की बजाय गिर्राज। प्रसिद्ध अभिनेत्री हेमामालिनी का नाम माता-पिता ने हेममालिनी रखा होगा क्योंकि वह वेदों में लक्ष्मी का नाम है जिसका अर्थ सोने की माला पहने होता है पर रोमन की कृपा से वह हेमामालिनी हो गया है। ये देवीजी खुद को देवनागरी में भी यदि हेमामालिनी लिखती हैं तो वही नाम होना चाहिए, हमें कोई ऐतराज नहीं पर व्याकरण से यह अशुद्ध है। प्रसिद्ध नेता स्वर्गीय हेमवतीनन्दन बहुगुणा अपने प्रथम अक्षर 'हे' में एक मात्रा लगाते थे या दो, ज्ञात नहीं। व्याकरण के अनुसार दो मात्राएँ होनी चाहिए क्योंकि हैमवती पार्वती का नाम है। उनके पुत्र गणेश **हैमवतीनन्दन** हुए। संस्कृत में गणेश का यह नाम भी है किन्तु 'हेमवती' में एक मात्रा लगाकर नाम लिखा जाने लगे तो व्याकरण से गलत है। उसका दूसरा अर्थ निकालने का इरादा हो तो बात अलग है।

रोमन की वर्तनी में कुछ लोग अपना हिन्दी नाम भी विशिष्ट प्रकार से लिखते हैं। जैसे अंग्रेजी के प्रसिद्ध लेखक जफर फतेह अली अपने नाम को इस तरह लिखते हैं जो फटेहाली पढ़ा जाता है। किन्तु वर्तनी वही सही मानी जाएगी जो व्यक्ति स्वयं अपने

नाम में लिखता है। एक अन्य प्रसिद्ध अंग्रेजी पत्रकार हैं ताक्ष्यर्न्। नाम जरा कठिन है। ताक्ष्र्य का अर्थ होता है गरुड़। दक्षिण भारतीय होने के कारण वे अन्त में आधा 'न्' भी लगाते हैं। किन्तु अंग्रेजी में आठ अक्षरों से यह नाम लिखा जाए उसकी बजाय वे पाँच-छह अक्षरों से ही लिख देते हैं। इस कारण सामान्य व्यक्ति कभी उसे तारियन बोल जाते हैं कभी ताडियन। यह तो रोमन लिपि का करिश्मा है। उर्दू का नाम इसहाक जो पाकिस्तान के भूतपूर्व राष्ट्रपति का नाम भी है, रोमन में लिखा ही नहीं जा सकता। वह इशाक ही पढ़ा और लिखा जाएगा। इसलिए बहुत से लोग अंग्रेजी अखबार पढ़कर उन्हें इशाक खाँ बोलते रहते हैं तो कोई आश्चर्य नहीं। हिन्दीवाले खाँ की नकल पर 'नवलखा' जैसे वैश्यों के सरनेम को, जो 'नौ लाख' का सूचक है, 'नवल खाँ' लिखकर उसका इस्लामीकरण कर देते हैं तो वह भी बहुत बड़ी गलती ही है। यह वर्तनी की भूल हुई। जैसे भुल्लन खाँ की तरह बीबी जुलेखा को जुलेखाँ बना दिया जाता है वैसे नौलखा को नवलखाँ बनाना भी गलत वर्तनी ही है। अंग्रेजी की लिपि के कारण वरदराज, वर्धराज हो गए थे और जयप्रदा, जयप्रधा। दक्षिण भारत में द को Dh (डीएच) से लिखा जाता है और ड को डी से। डमरू में केवल डी लिखा जाएगा और दंडी के लिए प्रारम्भ में डीएच लिखा जाएगा। कुछ लोग टीएच भी लिख देते हैं इसके फलस्वरूप दंडपाणि नाम को ठंडा पानी की तरह रोमन में लिखा जाता है। रोमन की ये चुहलें हिन्दी को भी गुदगुदाने लगी हैं। उनकी वजह से जो गलतियाँ हो रही हैं उन्हें सावधानी से दुरुस्त करना होगा। जैसे हमने कानपुर, मथुरा आदि की अंग्रेजीवाली रोमन वर्तनी को सही कर लिया है उस तरह कुछ को तो सही कर लेंगे किन्तु जिन अक्षरों के लिए रोमन में वर्ण ही नहीं है उनका कोई इलाज नहीं है। उनके लिए अपनी-अपनी भाषा की सही वर्तनी देखना ही एकमात्र इलाज है।

भारत के भू.पू. प्रधानमन्त्री श्री राजीव गाँधी की जिस विस्फोट में मृत्यु हुई वह एक लोकसभा उम्मीदवार श्रीमती एम. चन्द्रशेखर की चुनाव सभा के समय हुआ था। इन श्रीमतीजी का नाम, जो स्वयं भी विस्फोट में घायल हुई थीं, रोमन लिपि के कारण हिन्दी सामचारपत्रों में जिस-जिस रूप में छपा उससे उसके वास्तविक रूप या अर्थ का अतापता भी नहीं लग पाया। मार्गथम् चन्द्रशेखर, मरगथम् चन्द्रशेखर आदि पढ़कर शायद यह पता भी नहीं लगा होगा कि मरगथ किस भाषा का शब्द है। वस्तुतः यह नाम है **'मरकतम्'**। मरकत का अर्थ संस्कृत में भी पन्ना (एमेरल्ड मणि) होता है, दक्षिण की भाषाओं में भी। 'क' और 'ग' को तमिल में एक तरह से ही बोला-लिखा जाता है इसलिए वह नाम बन गया 'मरगतम' और त को रोमन में टीएच (th) से लिखते हैं (त्यागराज को थ्यागराज) इसलिए रोमन से हिन्दी करनेवालों के लिए मारगथम् या मार्गथम् लिखने के अलावा और कोई चारा ही नहीं था। इस शुद्ध संस्कृतनिष्ठ नाम को किसी ने मारग्रेट की तरह क्रिश्चियन नाम समझ लिया हो तो इसका श्रेय समझनेवालों को दिया जाए, अखबारों को दिया जाए, अखबारों को दिया जाए या रोमन लिपि को, आप ही बताएँ।

दक्षिण भारत के नामों में अन्त में जो 'न्' लगता है (जगन्नाथन्, रमणन् आदि) उसे शुद्धि के भ्रम में कभी-कभी हम 'ण' लिखने की गलती कर बैठते हैं। केरल के मुख्यमन्त्री 'करुणाकरन्' (जो करुणाकर के आगे आधा न लगकर बनता है) के नाम को हिन्दी के अधिकतर समाचारपत्र 'करुणाकरण' छापते थे—(आसकरण, लूणकरण, कुम्भकरण की तरह) जो गलत है। जहाँ 'ण' बोला जाना चाहिए वहाँ तो भाई लोग 'न' बोलते हैं—रावन, निर्नय, चिन्तामनि (चिन्तामणि की बजाय) आदि और जहाँ न् है वहाँ 'ण' बोलकर दूसरी गलती करते हैं। यह उच्चारण की गलती है किन्तु लेखन में भी प्रतिफलित हो जाती है, जैसे हरियाणा तो हरियाना हो गया है, आडवाणी, मोटवाणी, इसराणी, कृपालानी, मोटवानी, इसरानी, कृपलानी आदि बन गए हैं।

परम्पराएँ नाम व पत्र लिखने की

भारत के नामों और सरनामों में जितनी विविधता है उतनी ही नाम लिखने और पुकारने की परम्पराओं में भी है। विभिन्न युगों में ये परम्पराएँ बनी और बिगड़ी हैं। विभिन्न प्रदेशों में नाम लिखने की परम्पराएँ भी समय-समय पर विविध प्रकार से स्थापित होती गईं। आन्ध्र में नाम के पहले ग्राम का नाम लिखा जाता है जैसे कि सर्वपल्ली राधाकृष्णन् या वराहगिरि वेंकटगिरि/सर्वपल्ली और वराहगिरि उस स्थान के नाम हैं जो व्यक्ति के नाम से पहले आए हैं। तमिल या कन्नड़ भाषी अनेक लोग पिता का नाम पहले और अपना नाम बाद में लिखेंगे जैसे—चन्द्रशेखर वेंकटरामन्। महाराष्ट्र प्रान्त में पहले व्यक्ति नाम फिर पिता का नाम और उसके बाद गाँव या स्थान का नाम भी लिखा जाता है। अतः अमेरिकन नामों की तरह इन नामों के भी तीन भाग होते हैं जैसे—रामचन्द्र लक्ष्मण बोलकर। गुजरात में भी यही स्थिति है। जैसे—मोहनदास करमचन्द गाँधी या नानालाल मीठालाल मेहता। वैसे सामान्यतः पहले व्यक्ति के नाम फिर सरनेम सभी प्रान्तों में लिखा जाता है, जैसे समीर भट्टाचार्य, ज्योति बसु।

किसी इबारत पर या कागज में किसका नाम कहाँ लिखा जाएगा इसकी भी विचित्र परम्पराएँ चल पड़ी थीं। प्राचीन परम्पराओं को छोड़ भी दें तो बादशाही तथा सामन्ती युग में लेखन प्रणाली की दो-तीन मान्यताएँ बहुत समादृत मिलती हैं। एक तो यह कि पूजनीय देवताओं का नाम पत्र के या कागज के सर्वप्रथम शीर्ष स्थान में ही लिखा जा सकता है। किसी भी इबारत में किसी भी लाइन के नीचे उनका नाम आना उनकी शान में बट्टा लगा सकता है। किसी इबारत में कागज के बीच में देवता का नाम लिखना जरूरी हो जाता था तो वह जगह खाली छोड़ दी जाती थी व चिन्ह बनाकर कागज के सबसे ऊपर उनका नाम लिख दिया जाता था। जैसे 'गोविन्ददेवजी' का नाम लिखना किसी पट्टे में या सनद में जरूरी होता तो सबसे ऊपर यह नाम 'श्री गोविन्द देवजी' लिख दिया जाता और नीचे जहाँ उनका उल्लेख होता वहाँ श्री...जी (याने जिनका नाम ऊपर है) मात्र लिखकर काम लिया जाता था। ठीक इसी आधार पर राजाओं के नाम भी कागज में सबसे ऊपर लिखे जाते थे। बीच में नाम की जगह खाली छोड़ दी जाती थी 'श्री—जी' लिखकर। इस परम्परा के अनुसार रियासतों में राजाओं के नाम भी प्रजा द्वारा नहीं लिए जाते थे। जीवित राजा को 'छोटे श्री जी' कहा जाता था और उसके पिता को 'बड़े श्री जी'। इसी प्रकार बादशाहों के नामों में कई आदाब-अल्काब लगाकर

ही उन्हें सम्बोधित किया जाता था। शाहंशाहे आलम वगैरह : सम्मानसूचक अनेक शब्द पहले बोलकर फिर जलालुद्दीन या अकबर जैसे नाम लिए जाते थे।

इस परम्परा के तहत देशी रियासतों में बहुधा यह हास्यास्पद प्रणाली भी अपनाई जाती थी कि राजा किसी भी इबारत के नीचे हस्ताक्षर नहीं कर सकता। उसके हस्ताक्षर तो सबसे ऊपर होने चाहिए। नीचे अपना नाम लिखना नीची बात समझी जाती थी। इसी कारण पुराने पट्टों में राजा के हस्ताक्षर कागज के सबसे ऊपर होते थे और नीचे सारी इबारत लिखी रहती थी। नीचे दफ्तर की मोहरें या लिपिक का नाम आदि ही होते थे। पाश्चात्य देशों में यह स्थिति बड़ी हास्यास्पद लगती होगी। किन्तु सामन्ती परम्परा यही थी। कहते हैं जो राजा निरक्षर होते थे वे हस्ताक्षर की बजाय या तो कागज में सबसे ऊपर 'सही' शब्द लिखना सीख लेते थे या पट्टे के ऊपर 'कटार' या तलवार का निशान बनाना सीख लेते थे।

सामन्ती परम्परा के अनुक्रम में ही बड़े-बड़े सन्तों, महन्तों व धर्मगुरुओं के नाम भी बहुत विस्तृत होने लगे थे जैसे अनन्तश्रीविभूषित, सर्वतंत्रस्वतन्त्र, अखंड मंडलेश्वर आदि उपाधियाँ पहले लिखकर बड़े महन्तों और धर्मगुरुओं के नाम ससम्मान बाद में लिखे जाते थे। नाम के साथ आदरसूचक विशेषण लिखने की तो भारत में विशिष्ट परम्परा रही है। मध्यकाल में विशेषण या उपाधि लिखने के रिवाज के साथ 'श्री' लिखने की भी रीतियाँ निर्धारित की गईं। सम्मान के लिए सभी नामों के साथ श्री शब्द लिखना प्रावहित किया गया था। उसमें भी ऐसे नियम बनाए गए कि गुरु के नाम से पहले छः बार श्री लिखा जाय, स्वमी के नाम के पहले पाँच बार, मित्र के साथ तीन बार। यहाँ तक कि नौकर के नाम के साथ दो बार और शत्रु के नाम के साथ भी चार बार श्री लिखने का कानून बना। इस सन्दर्भ में ऐसे दोहे प्रसिद्ध हो गए थे–

''श्री लिखिए षट गुरुन को पंच स्वामि रिपु चारि।
तीन मित्र द्वै भृत्य को एक–बन्धु सुत नारि।''

ऐसे नियम पत्र लेखन की प्रणाली सिखाने के लिए बनाए गए थे। जैसे पत्र के प्रारम्भ में 'सिद्धि श्री सर्वोपमान विराजमान' आदि शब्द सम्बोधन के रूप में लिखे जाते थे वैसे ही निर्धारित संख्या में 'श्री' की आवृत्ति की जाती थी। पत्र में शुभकामनार्थ सबसे ऊपर भी 'श्री' लिख दिया जाता था। आर्य समाज आदि वैदिक मान्यतावाले वर्गों ने यह प्रथा भी चलाई कि सर्वोपरि 'ओं' लिखा जाए। 'श्री हरि' आदि शब्द भी लिखे जाने लगे वैष्णव संस्कृति के प्रभाव से। फिर नमस्कार, आशीर्वाद आदि लिखकर 'अत्र कुशलं तत्रास्तु' लिखा जाता था।

बंगला-भाषी प्रान्तों में यह रिवाज भी था कि प्रत्येक जीवित व्यक्ति के नाम के साथ श्री, और स्वर्गीय के साथ 'ओउम' जैसा चिन्ह लगाया जाता था। सन्त-महन्तों के नाम के साथ सम्मान के अतिशय के कारण दो-चार-दस 'श्री' शब्द प्रयोग करने से भी उनके भक्तों को पूरी तसल्ली नहीं होती थी अतः भरपूर सम्मान की अभिव्यक्ति हेतु 'श्री 108' और 'श्री 1008 श्री' लिखे जाते थे। यह 108 माला जपने की गिनती है।

यह क्यों चली इसका सुदीर्घ इतिहास है जो नक्षत्रगणना की प्राचीनतम कालमानव्यवस्था से जुड़ा है। 27 नक्षत्रों का चार बार आवर्तन करें तो 108 की संख्या आती है। माला में 108 मणिए पोए जाते थे, यह दूसरा विषय है। अस्तु। सामन्ती परम्परा समाप्त होने के साथ-साथ महन्ती परम्परा भी समाप्त हो चली है अतः अब तो मध्यकालीन परम्पराओं के अध्ययन की दृष्टि से पुराने तवारीख लिखनेवाले और शोधकर्ता ही कागजात के इस प्रकार के पर्यवेक्षण में रुचि लेते रहेंगे। बाकी तो सब इतिहास की वस्तु ही रह गई है।

अब तो 'श्री' लगाने की नई प्रथाएँ चल पड़ी हैं। पुरुषों के नाम के साथ श्रीमान् या श्रीयुत लगने लगा तो सब महिलाओं के लिए श्रीमती आने लगा। न जाने कब श्रीमती का प्रयोग विवाहित महिलाओं के लिए रूढ़ हो गया। तब अविवाहित महिलाओं के लिए नया शब्द गढ़ा गया **'सुश्री'**। कभी-कभी महिलाओं को यह आपत्ति हो सकती है कि विवाहित-अविवाहित का भेद करने हेतु अलग-अलग पूर्वसर्ग उन्हीं के लिए क्यों है ? विवाहित-अविवाहित पुरुषों में अन्तर करने के लिए अलग-अलग पहचान चिन्ह क्यों नहीं ? पश्चिमी देशों में 'मिसेज' और 'मिस' का जो भेद चल पड़ा उसी का तो अनुवाद था श्रीमती और सुश्री। महिला मुक्तिवादी पश्चिमी देशों में इस भेद को मिटाने के लिए एक समान सम्बोधन चलाया गया 'एम एस' (मदाम) जो विवाहित, अविवाहित सभी तरह की महिलाओं के लिए आता है। अब इसके लिए हिन्दी शब्द की तलाश चल रही है। कुछ विद्वानों ने **''शुभश्री''** शब्द सुझाया है, कुछ समानता के लिहाज से केवल 'श्री' लगाने के पक्षधर हैं।

सम्मान सम्बोधन की परम्परा

सरकारी और राजनयिक शिष्टाचार में, जिसे प्रोटोकॉल या नयाचार कहते हैं, भाँति-भाँति के आदरसूचक विशेषणों और सम्बोधनों की लम्बी शृंखला सभी भाषाओं में चलती है। उदाहरणार्थ राष्ट्रपति या राज्यपाल को महामहिम कहना, मन्त्री या न्यायाधीश को माननीय कहना। महामहिम तो हिज एक्सेलेंसी का अनुवाद है और माननीय ऑनरेबल का। न्यायाधीश को ही नहीं न्यायालय को भी माननीय कहने की यह परम्परा पश्चिमी नयाचार की देन है जहाँ ऑनरेबल हाईकोर्ट, ऑनरेबल जस्टिस आदि विशेषण लगाए जाते हैं। दरअसल इस समय चल रहे ऐसे दो-चार विशेषण और सम्बोधन उन इंग्लिस्तानी सम्बोधनों और विशेषणों के अवशेष हैं जिनकी संख्या सैकड़ों तक नहीं तो बीसियों तक तक अवश्य ही पहुँच गई है। इंग्लिस्तान में जनतन्त्र तो था ही (और है ही) पर राजतन्त्र भी इतना बद्धमूल है कि सम्राट से लेकर नीचे तक सामन्तों की इतनी कोटियाँ होती थीं कि प्रत्येक के लिए अलग-अलग विशेषण और सम्बोधन बने हुए थे। उनकी संख्या विशाल है। उदाहरणार्थ सम्राट को हिज मेजेस्टी कहा जाता था और योअर मोस्ट इम्पीरियल मेजेस्टी का सम्बोधन बोला जाता था। प्रिंस ऑफ वेल्स (युवराज) को हिज रॉयल हाईनेस जैसे विशेषण दिए जाते थे। उनके नीचे सैकड़ों ड्यूकों, अरलों, काउंटों, वाईकाउंटों, बेरनों और मारक्विंसों की शृखंला थी। ये सारे नाम सामन्तों की रेंक के हैं, इन सबके सम्बोधन भी बँधे हुए थे। ड्यूक को हिज ग्रेस कहा जाता था, अरल, काउंट को राइट ऑनरेबल या ऑनरेबल कहा जाता था। बोलते वक्त योअर लॉर्डशिप का सम्बोधन किया जाता था।

यही सामन्ती शिष्टाचार गिरिजाघरों और न्यायालयों में भी प्रतिबिम्बित होता था। पादरी को माई लॉर्ड सम्बोधन किया जाता था तो जज को भी। जज को योअर ऑनर भी कहा जाता था। एक जस्टिस ऑफ पीस भी हुआ करता था जिसे योअर वर्शिप सम्बोधित किया जाता था। बड़े पादरियों को हिज होलीनेस भी कहा जाता था। सामन्ती शिष्टाचार की यह ब्रितानी परम्परा पराधीन भारत में भी चलती रही। स्वतन्त्रता मिलने के बाद यह जरूरत आ पड़ी कि इन सबका हिन्दी अनुवाद किया जाए। बहुत से शब्दों के अनुवाद का प्रयत्न भी किया गया। महामहिम और माननीय उसी प्रयत्न के अवशेष बचे हैं।

हमें याद है राजभवन में योरप से आए कुछ सामन्तों को सरकारी भोज दिया जाना

था जो राज्यपाल के अतिथि थे। उसका निमन्त्रण पत्र हिन्दी में छपना था। अब उन सबके साथ हिज रॉयल हाइनेस, हिज एक्जालटेड हाइनेस, हिज लॉर्डशिप आदि अलग-अलग विशेषण नयाचार के हिसाब से लगने थे। हमसे हरेक का हिन्दी रूप पूछा गया तो हमें नानी याद आ गई। सबको महामहिम की लाठी से तो हॉक नहीं सकते। तब अनेक सन्दर्भों की तलाश के बाद किसी को महामान्य, किसी को गरिमामय और किसी को महामहिम बनाकर काम चलाया गया। इसका यह अर्थ नहीं कि हमारी भाषाओं में ऐसे शब्द नहीं हैं। इन सबके लिए संस्कृत में असंख्य ही नहीं अनन्त शब्द हैं। भारत में ऐसे विशेषणों की परम्परा नहीं हो सो बात भी नहीं। प्राचीन समय में भी राजाओं और विशेषकर विद्वानों को आदर दिया जाता था। फिर मुगलकाल में भी आदाब, अलकाब भाँति-भाँति के लगते थे जिनके बारे में हम पहले बता चुके हैं किन्तु हमने जो परम्पराएँ विरासत में पाईं वे इंग्लिस्तानी थीं तब भारतीय परम्परा कहाँ से लगाएँ ?

इंग्लिस्तान में राजदूत और गवर्नर को हिज एक्सेलेंसी कहा जाता है, उसका अनुवाद **महामहिम** कर दिया गया। अब राष्ट्रपति और राज्यपाल को आदर देने की हाजत की तृप्ति के लिए वही सम्बोधन उनके साथ भी लगने लगे। वैसे हमारे जनतन्त्र या संविधान में कहीं ऐसा कोई नयाचार या निदेश उल्लिखित नहीं है कि इन बड़े महापुरुषों के साथ ये विशेषण लगने चाहिए। पर लग रहे हैं। इन्हें कौन रोके ? जो रोकेगा वह किसी न किसी के आक्रोश का पात्र अवश्य बनेगा। संसदीय परम्पराएँ इंग्लिस्तान की देन हैं, उसी प्रकार सेना की भी। उन सबका भारतीयकरण कहाँ तक करेंगे ? हमें याद है कि स्वतन्त्रता के बाद भारतीय सेना के अध्यक्ष जनरल करियप्पा ने सेना के शब्दों, सम्बोधन और संकेतों का बड़े पैमाने पर भारतीयकरण किया था। सबके लिए हिन्दी शब्द रखे थे जो आज भी चल रहे हैं किन्तु लेफ्टिनेंट, कैप्टन, मेजर, ब्रिगेडियर, जनरल और फील्ड मार्शल जैसे रैंकों का कहाँ तक हिन्दीकरण करें, उन्हें ज्यों के त्यों रहने दिया गया। इसी प्रकार नौसेना और वायुसेना की परम्पराएँ स्क्वाड्रन लीडर, एयर मार्शल जैसी रैंकें सभी ब्रितानी विरासत हैं।

ऐसी स्थिति में समझदारी इसी में है कि जहाँ तक हो सके पदनामों के भारतीयकरण किए जाएँ किन्तु यदि उसमें कठिनाई हो तो उन्हीं नामों को चलते रहने दिया जाए किन्तु सम्बोधन में और विशेषणों को योअर ऑनर या माई लॉर्ड ज्यों का त्यों तो नहीं बोला जा सकता। आपको याद होगा, पाकिस्तान में अपनी राष्ट्रीय परम्पराओं की स्थापना के उद्देश्य से अदालतों में राज्यादेश से माई लॉर्ड के स्थान पर **जनाब** बोलना लागू किया गया था। हमारे यहाँ श्रीमन् या माननीय बोलना अनिवार्य नहीं है किन्तु अंग्रेजी सम्बोधन की बजाय इन्हें ही बोला जाना चाहिए। न्यायालयों में ही नहीं सभी शिष्टाचारों में हम अपनी जनतान्त्रिक परम्पराएँ अपनी भाषा में शुरू कर सकते हैं। इसमें न तो कोई प्रतिबन्ध है न कोई वैधानिक बाध्यता है फिर भी हम पश्चिमी नयाचार को ढोए जा रहे हैं।

विशिष्ट उपाधियाँ और पदनाम

स्वतन्त्रता से पूर्व के इंगिलस्तानी नयाचार की विरासत के कारण जो सम्बोधन और विशेषण अंग्रेजी में चले आ रहे थे उनका हिन्दीकरण करने के प्रयत्न भी हुए। इसी के फलस्वरूप हिज मेजेस्टी के लिए **महामहिमामय** शब्द बनाया गया। हिज रॉयल हाइनेस के लिए **महामान्य** रखा गया, हिज ग्रेस के लिए **कृपामूर्ति** और हिज होलीनेस के लिए **परमपावन** शब्द बनाया गया। ये सारे शब्द सुन्दर हैं और चल सकते हैं। चल भी रहे हैं। हिज एक्सेलेंसी के लिए **महामहिम** तथा ऑनरेबल के लिए **माननीय** तो इतने अधिक चल गए हैं कि भारतीय परम्परा के अंग से बन गए हैं। अदालतों में भी माननीय न्यायाधिपति या श्रीमन् जैसे सम्बोधन हिन्दी में बहस करते समय सुनने को मिल जाएँगे। माई लॉर्ड तथा योअर ऑनर धीरे-धीरे खत्म होते जा रहे हैं। इसी प्रकार संस्कृति और सभ्यता में आदान-प्रदान होता है और उसके फलस्वरूप नई परम्पराएँ जन्म लेती हैं। ऐसा नहीं है कि हमारे यहाँ न तो पहले सेना हुआ करती थी, न राजनयिक सम्बन्ध। यदि कौटिल्य के अर्थशास्त्र को देखें तो राजदूतों के वर्गीकरण भी मिल जाएँगे, सेना के रैंक भी। वेदकाल से लेकर आज तक हर युग में सेनापति और राजा होते थे जिनके सामन्तों की भाँति-भाँति की श्रेणियाँ भी होती थीं। आपने सेनापति को बलाधिकृत और सर्वोच्च सेनापति को महाबलाधिकृत पदनाम दिए जाते पढ़ा होगा। इसी प्रकार राजाओं में राजा, महाराज, राजाधिराज, महाराजाधिराज, सम्राट, मंडलाधीश, महामंडलाधीश, चक्रवर्ती, छत्रपति आदि सैकड़ों रैंक, कोटियाँ एवं विशेषण हुआ करते थे। यही हाल धर्मगुरुओं का था। उनमें भी मंडलेश्वर और महामंडलेश्वर होते थे। इन सारी भारतीय परम्पराओं को आज के सन्दर्भ में लागू करना कोई बुद्धिमानी नहीं होगी किन्तु हमारे यहाँ ऐसी परम्पराएँ नहीं थीं यह समझना भी दिवालियापन होगा।

हमारे यहाँ आदरसूचक जितने सम्बोधन और विशेषण हैं वे शायद ही किसी अन्य भाषा में हों। आज भी उनके कुछ अवशेष देखे जा सकते हैं। विद्वानों, धर्मगुरुओं और मठाधीशों के लिए सर्वतन्त्रस्वतन्त्र, प्रातःस्मरणीय, स्वनामधन्य, महामना, पुण्यश्लोक आदि सम्बोधन आज भी कभी-कभी देखने को मिल जाते हैं। ये सारे हमारी हजारों वर्षों की संस्कृति से बनकर बचे हुए शब्द हैं। वैसे इस बात में सच्चाई अवश्य है कि हमारे यहाँ सामन्ती परम्पराएँ उतनी बद्धमूल नहीं थीं जितनी धार्मिक परम्पराएँ। धार्मिक से हमारा तात्पर्य है ज्ञान सम्बन्धी तथा तपोवन सम्बन्धी। प्राचीन भारत में राजा से ज्यादा

ऋषि और तपस्वी का आदर होता था। राजा तपोवन में जाकर ऋषि या गुरु से सलाह लेता था, उन्हें दरबार में तलब करके नहीं। इसलिए ऋषियों के रैंक, कोटियाँ और श्रेणियाँ बहुत सी थीं। गुरु, आचार्य, उपाध्याय, कुलपति आदि की परम्पराएँ जिस प्रकार थीं उसी प्रकार महिलाओं के लिए भी शब्द थे। आचार्य की पत्नी को आचार्यानी और उपाध्याय की पत्नी को उपाध्यायानी कहा जाता था किन्तु जो महिला स्वयं गुरुकुल चलाती या पढ़ाती हो उसे आचार्या या उपाध्याया कहा जाता था। यह इस बात का प्रमाण भी है कि प्रचीन भारत में महिलाएँ न केवल शिक्षित होती थीं बल्कि शिक्षा देती भी थीं। मुगलकाल में सेना और राजमहल की परम्पराएँ काफी बदलीं। सूबेदार, मनसबदार, खानेखाना, खानेदोराँ न जाने कितनी श्रेणियाँ सामन्तों की बनीं, कितनी सेनापतियों की। किन्तु गुरुकुलों की परम्पराओं में परिवर्तन नहीं आया। मकतब अलग चलते थे, गुरुकुल अलग। विश्वविद्यालय बनने लगे तो उनके साथ ब्रितानी परम्पराएँ आ गईं। चांसलर, वाइसचांसलर, रेक्टर, प्रोक्टर आदि पद भी आए। प्रोफेसर, रीडर आदि पद भी। उनके लिए भी हिन्दी शब्द जरूरी हुए। वे बनाए भी गए। कठिनाई यह हुई कि अब तक सर्वमान्य पदनाम नहीं बन पाए हैं। पहले वाइसचांसलर को उपकुलपति कहा जाता था पर वह सर्वोच्च अधिकारी होता था इसलिए उसके साथ उप लगाना अच्छा नहीं रहा अतः अब वाइसचांसलर को **कुलपति** कहा जाता है। तब चांसलर को क्या कहा जाए ? उसके लिए **कुलाधिपति** शब्द बहुत उपयुक्त है और वह चल भी गया है। अब प्रोवाइसचांसलर के लिए उपकुलपति ठीक रहेगा यद्यपि सरकार ने इसके लिए **समकुलपति** शब्द रखा है। इसी प्रकार प्रोफेसर के लिए कभी प्राध्यापक कहा जाता था कभी आचार्य। भारत सरकार ने अब उनके लिए एकरूपता हेतु जो पर्याय बनाए हैं वे इस प्रकार हैं, प्रोफेसर के लिए **आचार्य**, प्रिंसिपल के लिए **प्राचार्य, प्रधानाचार्य,** रीडर के लिए **उपाचार्य** और लेक्चरार के लिए **प्राध्यापक**। पहले रीडर के लिए प्रवाचक जैसे शब्द भी चलते थे और लेक्चरार के लिए प्रवक्ता, व्याख्याता जैसे शब्द। जहाँ एसोसिएट प्रोफेसर और असिस्टेंट प्रोफेसर पदनाम हैं वहाँ सहआचार्य और सहायक आचार्य चलने लगे हैं। इनमें भी एकरूपता होनी चाहिए। सबको प्राध्यापक, उपाचार्य और आचार्य की परम्परा में क्यों न रखा जाए ?

इन पदनामों में तो भारतीयकरण या हिन्दीकरण हो गया है। ये सारे भारत में लागू होने चाहिए चाहे पढ़ाई गुजराती, बंगला, तेलगू या तमिल के माध्यम से हो रही हो। समस्या केवल बी.ए., एम.ए., पी-एच.डी. आदि उपाधियों की रह गई है। यह भी ब्रितानी परम्परा की देन है। बेचलर ऑफ ऑर्ट को कला का कुँवारा तथा मास्टर ऑफ आर्ट को कला का स्वामी तो कहा नहीं जा सकता। अपने आप में ये शब्द उसी प्रकार असंगत हैं जिस प्रकार बेचलर और मास्टर शब्द। पर बी.ए., एम.ए., एलएल.बी. आदि ऐसे चल गए हैं कि अब इनके स्थान पर भारतीय शब्द था उपाधिनाम रखना सम्भव नहीं लगता। वैसे शिक्षा मन्त्रालय ने यह प्रयत्न किया था कि स्नातक, निष्णात (अधिस्नातक) आदि उपाधिनाम हिन्दी अनुवाद के रूप में सुझा दिए जाएँ। उदाहरणार्थ

बी.ए. के लिए कला स्नातक (क.स्ना.), एम.ए. के लिए कला निष्णात (क.नि.), इसी प्रकार सुझाव था कि बी.एस.सी. के लिए विज्ञान स्नातक (वि.स्ना.), एम.एस.सी. के लिए विज्ञान-निष्णात (वि.नि.) आदि प्रत्येक संकाय के लिए हिन्दी के उपाधिनाम भी लोकप्रिय हो जाएँ। पी-एच.डी. के लिए **विद्यावाचस्पति** और डीलिट् के लिए **साहित्य वारिधि शब्द** सुझाए गए थे। जिस दिन देश के सारे विश्वविद्यालय इन सारी उपाधियों के नाम बदलकर एकरूपता से कोई भारतीय उपाधितन्त्र स्वीकार करेंगे उसी दिन यह परिवर्तन हो सकेगा। तब तक यही स्थिति चलती रहेगी कि बहुधा एलएल.बी. पास स्नातक को यह नहीं मालूम होता कि उसकी उपाधि का अर्थ क्या है, उसमें दो एल क्यों लगे हैं। उसे कौन समझाए कि बेचलर ऑफ लॉज में लॉ शब्द बहुवचन में है इसलिए एल को डबल करना पड़ा है, यह अंग्रेजी संक्षेपण परम्परा है। वहाँ पेज (पृष्ठ) को पी से और पेजेज (पृष्ठों) को डबल पी से लिखा जाता है कि संकेताक्षर के साथ बहुवचन और एकवचन समझ में आ जाएँ। बहुवचन का संकेत देने के लिए संकेताक्षर को दोहरा देने की प्रथा इंगलिस्तान में थी। ऐसी परम्परा को अपनाने का यही परिणाम होता है कि उसके स्रोत को न जानने से हम उसकी व्याख्या नहीं कर पाते पर उसे अपनाए रहना पड़ता है।

पदनामों की शुद्धि-अशुद्धि

हिन्दी की शुद्धता के हामी कभी-कभी एक यह प्रयत्न भी करते देखे जाते हैं कि किसी पद पर कोई महिला आसीन हो तो उसके पदनाम को वे स्त्रीलिंग में बोलते हैं। कभी-कभी लिख भी देते हैं। जैसे निदेशक या सम्पादक पद पर कोई महिला हो तो उसे निदेशिका या सम्पादिका कहना उन्हें अधिक शुद्ध लगता है। बात कुछ सही भी है। पर इस शुद्धि को अधिक खींचें तो यह भी होने लगेगा कि उनकी कविता बहुत सुन्दर है की बजाय उनकी कविता बहुत सुन्दरी है कहना अधिक शुद्ध समझ जाए।

इस मामले में क्या सही है क्या गलत है इस पर तो विस्तार से विचार की आवश्यकता है किन्तु यह सूचना प्रसारित करना उचित होगा कि ऐसा सिद्धान्त व्यापक तौर पर स्वीकृत कर लिया गया है कि पदनामों को एकरूपता की दृष्टि से पुलिंग में ही लिखा जाए, चाहे उस पद पर कोई महिला आसीन हो। अतः महिला प्रधानमन्त्री 'प्रधानमंत्राणी' (जो कि गलत है) या प्रधानमन्त्रिणी नहीं कही जाएँगी। वे निरीक्षक, विकास अधिकारी, परामर्शक ही कही जाएँगी, निरीक्षिका, अधिकारिणी या परामर्शिका नहीं। वैसे भी हर पदनाम का स्त्रीलिंग रूप बनाना इतना आसान नहीं है। प्राचीन विद्वान महिला सभापति को सभानेत्री कह दिया करते थे, पर महिला राष्ट्रपति हो तो क्या कहेंगे ? निश्चित ही वे भी राष्ट्रपति ही होंगी। अभियन्ता पदनाम की बजाय इंजीनियर ही स्वीकृत हो गया है पर अभियन्ता चलता रहता और इसे स्त्रीलिंग में लिखने का प्रयत्न किया जाता तो अज्ञानवश अभियन्ती, अभियन्त्री, अभियन्तानी आदि न जाने कितने दिलचस्प संस्करण निकलते।

पदनामों के इस सिद्धान्त का केवल एक अपवाद है। वह यह कि कोई पद केवल महिला द्वारा धारित किए जाने का हो तो उसका पदनाम स्त्रीलिंग में होगा जैसे विमान परिचारिका या अस्पताल की मातृका (मैट्रन) या कन्या पाठशाला की प्रधानाध्यापिका। अतः पदनामों को ज्यों का त्यों ही लिखना चाहिए, उसमें अपनी ओर से व्याकरण का बघार लगाना जरूरी नहीं।

नई अपेक्षाएँ

शब्दों का उद्विकास

अभिव्यक्ति की नई-नई अपेक्षाओं के फलस्वरूप जन्मे शब्द अधिक सटीक, सार्थक और लोकप्रिय सिद्ध होते हैं। इसके कुछ उदाहरण दिए जा चुके हैं। ऐसी अभिव्यक्तियाँ बहुधा अन्य भाषाओं से आती हैं, कभी-कभी समाचार पत्रों के माध्यम से, कभी किसी घटना विशेष के कारण प्रयुक्त शब्द के लोकप्रिय हो जाने से। इनमें कब कौन सा शब्द लोककंठ में बैठ जाएगा, कहा नहीं जा सकता। पाठकों को स्मरण होगा कि कुछ वर्ष पूर्व ही राजस्थान के दिवराला गाँव में सती हुई रूपकंवर ने अनेक शब्द प्रसारित करवा दिए थे। इस घटना ने एक सती निवारण अधिनियम भी बनवाया। तब से एक शब्द इतना प्रचलित हुआ कि शब्दकोष में उसका स्थान सुरक्षित हो गया। शब्द है **महिमामंडन**। संस्कृत व्याकरण से तो यह अशुद्ध है पर इतना सटीक और महिमामय शब्द है कि ग्लोरिफिकेशन शब्द से अधिक सशक्त और गूँज भरा लगता है। इससे पहले हमने इसे चलता नहीं देखा था। अब इतना चल गया है कि सती के लिए ही नहीं किसी भी व्यक्ति या सिद्धान्त के लिए महिमामंडन करने की बात लच्छेदार लगती है। शहीद हो जाने की लम्बी परम्परा स्वतन्त्रता संग्राम के दिनों में चली थी पर शहीद शब्द के लिए कोई हिन्दी पर्याय जम नहीं पाया था। वैसे हमारे मत में शहीद शब्द भी हिन्दी का ही है। इसे उर्दू का मानकर पराया समझना परले सिरे की अज्ञता है। फिर भी संस्कृतनिष्ठ शब्द की तलाश करनी हो तो आसानी से ऐसा शब्द नहीं मिल पाता। मराठी और गुजराती भाषाओं के अहाते से इसके लिए इतना अच्छा शब्द आया है कि उससे सारा अर्थ ध्वनित हो जाता है। शब्द है **हुतात्मा**। बम्बई जैसे शहरों में शहीद चौक की बजाय हुतात्मा चौक शब्द बहुत प्रसिद्ध हो गया है। ऐसे अनेक शब्द अभिव्यक्ति की आवश्यकता से जन्म लेकर शब्दकोष में जा मिलते हैं और समृद्धि के वाहक बनते हैं।

गढ़न्त शब्दों में अशुद्धि

यह अवश्य है कि ऐसे शब्दों को बनाने या मिलाने से पूर्व आगा-पीछा अवश्य सोच लेना चाहिए। बहुधा अपने सयानेपन का प्रदर्शन करने के लिए ऐसे शब्द गढ़ दिए जाते हैं जो कभी उल्टे पड़ जाते हैं। हमें याद है कि महाविद्वान राहुल सांकृत्यायन को महिमामंडित करने के लिए हिन्दीवालों ने एक अघोषित उपाधि चलाई थी **महापंडित** की।

राहुलजी के लिए उन दिनों यह शब्द बहुत चलता था (जैसे महादेवी के लिए महीयसी चल रहा है) किन्तु संस्कृतवाले इसे सुनते ही घबरा जाते थे। इसका कारण यह था कि संस्कृत में यह परम्परा है कि पंडित, ब्राह्मण, यात्रा, मार्ग, निद्रा आदि शब्दों से पहले महा शब्द लगने से उल्टा अर्थ निकलता है। महापंडित का अर्थ मूर्ख होता है। महाब्राह्मण का अर्थ श्मशान या मृत्यु के अवसर पर भोजन करनेवाले ब्राह्मण का सन्दर्भ देता है। महायात्रा अन्तिम यात्रा को कहते हैं, महामार्ग अन्तिम यात्रा के मार्ग को और महानिद्रा मृत्यु को। इसलिए इन शब्दों के साथ 'महत् शब्द न लगाने' का निदेश संस्कृत में है। इसके बावजूद हाइवे का शब्दानुवाद करने के चक्कर में उसे एक कोषकार ने महामार्ग बना दिया था। महामार्ग इंजीनियरी (हाइवे इंजीनियरी) शब्दकोषों में आ भी गया था। शायद अब तक भी हो। हमने उसकी ओर ध्यान आकर्षित किया। तब उसे पूरा शब्दानुवाद करके उच्च मार्ग बना दिया गया। बहुधा नेशनल हाई वे को राष्ट्रीय उच्च मार्ग कह दिया जाता है। होना चाहिए **राजमार्ग**। शायद किसी को ध्यान आ जाए और यह सही शब्द चल जाए। सम्भवतः नवीनतम सरकारी शब्दकोषों ने इसे अपना भी लिया है।

एक ऐसा ही शब्द गढ़कर बनाया गया है स्वयम्भू नेता, स्वयम्भू सेनानी आदि। अपने आपको सेनापति या नेता कहनेवालों के लिए यह शब्द बहुत चल रहा है जबकि है असंगत। स्वयम्भू का अर्थ होता है जो स्वयं पैदा हुआ हो, किसी के द्वारा (माता-पिता) पैदा न किया गया हो। इसलिए सृष्टिकर्ता को स्वयम्भू कहते हैं जबकि हम कहना चाहते हैं 'सेल्फस्टाइल्ड'। यहाँ कहनेवाला यह कहना चाहता है कि अपने मुँह अपने आप वह व्यक्ति सेनापति बन गया। ऐसी अभिव्यक्ति के लिए सही शब्द है **स्वघोषित**। उससे शायद सन्तोष न हुआ तो इसलिए स्वयम्भू शब्द लिखना पड़ा किन्तु वह सही अर्थ नहीं देता।

कभी-कभी शीर्षस्थ विद्वान भी नए और चुटीले शब्द गढ़ने की ललक में ऐसे शब्द लिख जाते हैं जो व्याकरण से सही नहीं होते। संस्कृत व्याकरण के विपरीत होने के कारण वे अन्य भाषाओं के विद्वानों को भी स्वीकार्य नहीं होते और सार्वदेशिक रूप से भी नहीं चल पाते। इसी प्रवृत्ति के कुछ उदाहरण तो संस्कृतनिष्ठ शैली बनाने की तलब से पैदा होते हैं। मूर्धन्य कथाकार शिवानीजी संस्कृत की विदुषी हैं और मँजी हुई शैली की स्वामिनी। वे अपनी कहानियों में जो विशेषण लिखती हैं उनमें भी स्त्रीलिंग-पुल्लिंग लगाती चलती हैं जैसे नाभिदर्शना साड़ी, महीयसी महिला आदि। हिन्दी में विशेषण का लिंग भी विशेष्य के साथ बदले यह जरूरी नहीं है। "आपकी कविता सुन्दर रही" कहना ही पर्याप्त है, आपकी कविता सुन्दरी रही कहना जरूरी नहीं है। यह भद्दा लगता है। पर संस्कृतनिष्ठ शैली लच्छेदार लगती है इसलिए ऐसी अभिव्यक्तियाँ हिन्दी में खूब चल गई हैं। किन्तु यह सतर्कता नहीं बरती जाती कि यह देख लिया जाए कि उस विशेषण के साथ विशेष्य के रूप में जो शब्द लगा है वह स्वयं भी स्त्रीलिंग है या नहीं। शिवानी जैसी मँजी हुई लेखिका भी यदि इस चक्कर में पटीयसी कौशल (अर्थात् चतुरता भरी होशियारी) लिख जाए तो भी उसे व्याकरण से सही नहीं माना जा सकता। कौशल पुल्लिंग है अतः या तो पटीयान् कौशल लिखना चाहिए जैसा कि संस्कृत में बनता है

या कुशल पटुता जैसा कोई शब्द (उपन्यास : 'कस्तूरी-मृग')। बहुत से विद्वान इसी शैली की नकल करते हुए गंगा को पुण्यतोया या पुण्यसलिला कहते हैं। वहाँ तक तो ठीक है पर बहुत को हमने गंगासागर तीर्थ को भी पुण्यतोया लिखते देखा है, जो गलत है। ठीक उसी प्रकार जिस प्रकार वीरभोग्या भूमि लिखते-लिखते महती दायित्व लिख दिया जाए। ऐसे शब्द हमने विद्वानों तक को लिखते देखा है इसीलिए कह रहे हैं।

कभी-कभी सरकारी विभाग भी जल्दी में ऐसे शब्द गढ़ लेते हैं जिनकी भाषिक संगति बैठ नहीं पाती। जागीरदारी प्रथा के उन्मूलन के लिए जागीर रिजम्प्शन का अधिनियम बना। रिजम्प्शन का अर्थ होता है वापस लेना। यह सुविदित है कि ''रि'' प्रेफिक्स में दो अर्थ निहित हैं, ''पुनः'' (जैसे रिकंसिडर, रिवाइज़) और 'वापस' (जैसे रिबाइंड)। यहाँ वापस वाला अर्थ था किन्तु अनुवाद करते समय पुनः वाला अर्थ लेकर रिजम्प्शन का पर्याय किया गया ''पुनर्ग्रहण'' जिससे लगता है कोई चीज दूसरी बार ली जा रही है। यह शब्द वर्षों तक चलता रहा था, अब उसका चलन कम हुआ है। इसी प्रकार जब सरकारी उपक्रमों में लगाए धन को वापस लेने का अभियान चला तो इसे ''डिसइनवेस्ट'' करने की प्रक्रिया बताया गया। एक डिसइन्वेस्टमेंट मन्त्रालय स्थापित हुआ। डिसइन्वेस्टमेंट के लिए शब्दकोष में शब्द नहीं था अतः जल्दी में एक शब्द गढ़ा गया ''विनिवेश।'' इसका निर्वचन यों किया गया कि इन्वेस्टमेंट को निवेश कहते हैं (वैसे इसके लिए सही शब्द है 'विनिधान' क्योंकि निवेश इनपुट के पर्याय के रूप में आता है) अतः उसकी समाप्ति को विनिवेश कह दो जैसे ''इनफेक्ट=संक्रमण'', ''डिसइनफेक्ट=विसंक्रमण।'' उस समय यह नहीं देखा गया कि 'वि' उपसर्ग का अर्थ कहाँ विपरीत होता है (जैसे विधवा,) और कहाँ ''विशिष्ट'', जो उस अर्थ को और दृढ़ करती है। 'नि' निर् आदि उपसर्ग के साथ 'वि' आए तो सदा पोजिटिव अर्थ देता है जैसे नियोजन, विनियोजन (विवेकपूर्वक नियोजन) निश्चय, विनिश्चय, निधान, विनिधान आदि। सम् उपसर्ग के साथ अवश्य ही उसका विपरीत अर्थ होगा (जैसे विसंवाद) विसंगति। विनिवेश का अर्थ सदियों से ''जान-बूझकर निवेश करना'' होता रहा है। फिर यहाँ डिसइन्वेस्ट अर्थ वह कैसे देगा यह नहीं देखा गया। तब से यही शब्द चल रहा है। इसकी आगे क्या परिणति होगी यह तो भविष्य ही बताएगा।

नई अभिव्यक्तियाँ

पिछले पृष्ठों में यह संकेत किया जा चुका है कि किस प्रकार विभिन्न ज्ञान शाखाओं की हिन्दी शब्दावली उद्‍विकास की प्रक्रिया में है और किस प्रकार विभिन्न विषयों के लगभग 5 लाख नए शब्द संकलित और प्रकाशित हो चुके हैं। यह युग, इस दृष्टि से, हिन्दी की अभूतपूर्व भंडार-वृद्धि का युग सिद्ध होगा। आवश्यकता इस बात की है कि इन सब शब्दों को शामिल करते हुए एक विशाल हिन्दी शब्दकोश तैयार किया जाए। आज जो शब्दकोष मिलते हैं वे या तो उन पुराने साहित्यिक शब्दों के हैं जिनमें नए शब्द शामिल नहीं हैं या वे 'अंग्रेजी-हिन्दी शब्दावलियाँ' हैं जिनमें नए शब्द तो हैं किन्तु पुराने सामान्य शब्द शामिल नहीं हैं। अगली पीढ़ी के लिए समस्त हिन्दी शब्दों का विराट् शब्दकोष तैयार करना इस युग की महती आवश्यकता है। सुना है शिक्षा मन्त्रालय के तहत ऐसी कोई योजना बन भी रही है।

केवल सरकारी शब्दावली आयोग ही नए शब्द बना रहा हो ऐसी बात नहीं है। नई अभिव्यक्तियों के तकाजे के कारण पत्र-पत्रिकाओं में, समाचार जगत में, व्यापार जगत में, खेल जगत में, सैकड़ों नए शब्द उद्‍भूत या विकसित हो रहे हैं। दरअसल ऐसी शब्दावली जो अभिव्यक्ति की अपेक्षाओं के आलोक में बनती है अधिक सटीक और समर्पक होती है उस शब्दावली की अपेक्षा जिसे कोषकार कमरे में बैठकर बनाते हों। शब्दों के उद्‍विकास व शब्द निर्माण की ये प्रक्रियाएँ उस समय से ही चल रही हैं जब से अभिव्यक्तियों का विस्तार हुआ है।

पुराने समय की बात छोड़ भी दें तो 20वीं सदी में ही कोषकारों ने विज्ञान, तकनीकी आदि के जो शब्दकोष बनाए उनमें अनेक नए शब्द गढ़कर रखे गए हैं। डॉ. रघुवीर ऐसी शब्दों की बृहत्तम फैक्टरी के रूप में प्रसिद्ध हैं। उनके शब्दकोष में कुछ नए शब्द तो बड़े सटीक हैं और कुछ पूरी तरह 'गढ़न्त' लगते हैं। अभिव्यक्ति के दर्द से जन्मा हुआ शब्द कभी-कभी इतना सटीक होता है कि सदियों तक चलता है। डॉ. रघुवीर से पूर्व साहित्य में ऐसे अनेक शब्द पैदा हुए जो अंग्रेजी की परछाई के तले पाश्चात्य अभिव्यक्ति की अपेक्षा से बने थे पर इतने सटीक रहे कि हिन्दी में रच-बस गए हैं। अंग्रेजी में रोमांटिक कविता के लिए रूमानी शब्द न जाने कब पैदा हो गया किन्तु आज भी उससे अच्छा शब्द रूमानी सौन्दर्य-बोध या रूमानी काव्य के लिए नहीं दिखलाई देता। स्वच्छन्तावादी या सौन्दर्यवादी शब्द क्या रोमांटिक शब्द के समग्र अर्थ

की छाया भी पकड़ पाए हैं ? इसी तरह ग्रीक नाट्यशास्त्र के शब्द यूनिटी के लिए (जिनमें नाटक के लिए समय, स्थान एवं क्रिया की यूनिटियाँ प्रसिद्ध हैं) हिन्दी में सही शब्द नहीं सूझ रहा था, एकता या एकरूपता से बात बन नहीं रही थी। कुछ आलोचनाशास्त्री विद्वानों ने उसके लिए 'अन्विति' शब्द चलाया जो शब्द-साम्य के हिसाब से भी उपयुक्त लगता है और अर्थ की दृष्टि से भी सटीक है। यह चल निकला।

इसी तरह के दो शब्द और निकले थे जिनमें एक आज भी चल रहा है, दूसरा समय की आँधी में खो गया। ग्रीक या अंग्रेजी दुखान्त नाटक को ट्रेजेडी और सुखान्त को कॉमेडी कहा जाता है। हिन्दी में इनके लिए दुखान्त और सुखान्त शब्द अच्छे-भले हैं पर उनसे ट्रेजेडी व कॉमेडी शब्दों की पूरी भावना नहीं झलकती। त्रासदी शब्द खूब चल गया है। जिन विद्वानों ने ट्रेजेडी के शब्द साम्य पर त्रासदी चलाया, उन्होंने कॉमेडी के लिए कामदी भी चलाया था। दोनों ध्वनिसाम्य के हिसाब से तो ठीक हैं पर त्रासदी में त्रास उतना नहीं है जितना शोक। कामदी में काम उतना नहीं है जितना हास्य। वैसे दोनों शब्द लगते उम्दा हैं। हमारा बस चलता तो हम ट्रेजेडी व कॉमेडी के लिए क्रमशः **त्रासदी** और **हासदी** शब्द गढ़ते। आजकल फिल्मों में जिसे कॉमेडी कहते हैं वह हासदी होती है अर्थात् हास्य पैदा करती है। जो भी हो इनमें से त्रासदी इतना लोकप्रिय हुआ कि अखबारों तक में बस, रेल या हवाई दुर्घटना के लिए 'रेल त्रासदी में 500 मरे' जैसे समाचारों में इसी शब्द को स्थान मिलने लगा। कामदी शब्द का अता-पता भी नहीं चला।

इसी प्रकार अखबारी भाषा में अभिव्यक्ति की तलब के कारण जो शब्द जन्म लेते हैं उनमें से कुछ इतने सटीक होते हैं कि शब्द गढ़नेवाले कोषकार लोककंठ से निकले उन शब्दों की कल्पना तक नहीं कर सकते। युद्ध के दिनों में इनफिल्टरेटर के लिए घुसपैठिया शब्द अखबारों ने ही चलाया या पहले भी था, पता नहीं पर इतना लोकप्रिय हुआ कि उससे अच्छा दूसरा शब्द नहीं मिलता। कोषकार इसके लिए शब्द गढ़ते तो अन्तःप्रवेशी जैसा कोई आधा किलो का शब्द बनाते। इंटरप्रेटर के लिए दुभाषिया शब्द भी लोककंठ से निकला है, कोषकार शायद **अनुवादक** या **भाषान्तरकार** या **निर्वचक** जैसा शब्द बनाते। आजकल एक्सट्रीमिस्ट शब्द के लिए कि हिन्दी में अंग्रेजी के बड़े पर्याय निकल गए हैं। कभी इन्हें उग्रवादी कहा जाता है, कभी आतंककारी। कभी सबवर्सिव कभी मिलिटेंट। उग्रवादी शब्द तो नितान्त असंगत है, उसका अर्थ होता है ऊँचा या बुरा बोलनेवाला जबकि ये लोग बोलते नहीं, कर गुजरते हैं। **आतंकी** शब्द फिर भी उचित है। किन्तु इन दिनों इनके लिए दो अन्य शब्द समाचार पत्रों के माध्यम से लोककंठ में पैठते जा रहे हैं। वे हैं **खाड़कू** और **जंगजू**। सुना है खाड़कू शब्द तो स्वयं पंजाब के आतंककारियों ने अखबारों को बताया था। यह पंजाबी मूल का शब्द है और खड्ग से बना है। धर्मयुद्ध आदि के लिए खड्गधारी को खाड़कू शब्द से अभिहित करने की परम्परा से निकला यह शब्द हिन्दी कोष को नई देन है। इसी प्रकार मिलिटेंट के लिए जंगजू शब्द, जो कश्मीरी मूल का प्रतीत होता है, अधिक सटीक लगता है। समाचार पत्रों की यह देन हिन्दी शब्दकोष के भंडारण में वृद्धि ही कर रही है।

मीडिया और भाषिक विकृतियाँ

दूरदर्शन के कार्यक्रमों में जिस खिचड़ी भाषा का प्रयोग संवादों, साक्षात्कारों आदि में सुनने को मिलता है तथा श्रेयः-सूची आदि में वर्तनी की अशुद्धियाँ देखने को मिलती हैं उनकी आलोचना पिछले दिनों पत्र-पत्रिकाओं में बहुत देखी गई। संस्कृतनिष्ठ भाषा में निबद्ध संवाद जिन सीरियलों में थे उनमें उनके भ्रष्ट उच्चारणों पर भी बहुत आलोचनाएँ हुईं। उन दिनों रामायण, महाभारत, विश्वामित्र, चाणक्य आदि जो सीरियल चल रहे थे उनमें उच्चारण की अनेक विकृतियाँ थीं। वैसे इन धारावाहिकों ने, विशेषकर रामायण व महाभारत ने, न केवल देश में, बल्कि विदेशों में भी सांस्कृतिक चेतना जिस बड़े पैमाने पर जागृत की उसके हम परम प्रशंसक हैं, प्रस्तुति की भी सराहना करते हैं और कथोपकथन की भी। संस्कृतनिष्ठ शब्दों के उच्चारण में जो विकृतियाँ रही हैं वे न होतीं तो सोने में सुगन्ध हो जाती।

इसमें दूरदर्शन का कोई दोष नहीं है। उन पात्रों का भी कोई दोष नहीं है जो भ्रष्ट उच्चारण के कीर्तिमान बना रहे थे और जिन पर हिन्दी अखबारों ने बार-बार लानत भेजी थी। कारण स्पष्ट था। आजकल की व्यावहारिक हिन्दी में अंग्रेजी, उर्दू आदि के अनेक शब्द आते हैं किन्तु संस्कृत के उतने भारी-भरकम शब्द कभी नहीं आते जो रामायण, महाभारत आदि में उन्हें बोलने पड़े। इन शब्दों से पहली बार ही इन अभिनेताओं का साबका पड़ा था। तब उनका उच्चारण विकृत होना ही था। जो भगवान् राम (का पात्र) पावन जैसे हिन्दी शब्द और 'ए वन' जैसे अंग्रेजी शब्द बोलता रहा हो वह रावण को 'ए-वन' की तरह रावन ही बोलेगा, विभीषण को पीटीशन की तरह विभीशन ही बोलेगा। यह काम तो निर्माता-निर्देशक आदि का था जो भाषा शुद्धि के लिहाज से किसी पंडित को एक बार पात्रों का उच्चारण सुनाकर उसे सही करवा लेते। वैसा नहीं किया गया इसीलिए ऐसे अद्‌भुत संस्करण शब्दों के निकले जिन पर पूरी पुस्तक लिखी जा सकती है।

हिन्दीवाले इस बात पर वर्षों दूरदर्शन को कोसते रहे हैं कि अंग्रेजी शब्दों की खिचड़ी पकाकर वह भाषा को विकृत कर रहा है किन्तु उसका असर हुआ नहीं लगता। प्रातःकालीन प्रसारण में तो उन्होंने भी केन्द्र की द्विभाषी नीति का ऐसा उम्दा आइना खड़ा कर दिया है कि एक वाक्य हिन्दी का बोलकर दूसरे वाक्य से उसका अंग्रेजी तर्जुमा किए बिना उन्हें तसल्ली नहीं होती है। इस बात के तो हम भी पक्षधर हैं कि हिन्दी

का मतलब केवल संस्कृतनिष्ठ हिन्दी नहीं होता। उसे अखिल भारतीय रूप लेना है तो उसमें सभी भाषाओं के शब्दों की छूट लेनी होगी, फिलहाल मिलावट से उतना परहेज नहीं करना होगा। इन्हीं आधारों पर हिन्दी के वाक्यों में फ्रीज, कूलर, स्कूटर जैसे अंग्रेजी शब्दों की मिलावट का हमने समर्थन ही किया था और उस आधार पर अन्य शब्द भी आ घुसें तो उनकी छुआछूत न मानने की सलाह दी थी जब तक कि व्याकरण और ढाँचा हिन्दी का ही हो। इसका अर्थ यह नहीं था कि एक वाक्य हिन्दी का और एक वाक्य अंग्रेजी का बोलकर दोनों घोड़ों का सन्तुलन बनाते रहना ही देश को जोड़ने की संजीवनी बूटी मानी जाए। विकृति का यह ऐसा नुस्खा है जिसकी काट समझने में नहीं आ रही।

ऐसे माहौल के चलते यदि किसी सीरियल के पात्र संस्कृत के शब्दों को अशुद्ध बोल जाए तो क्या आश्चर्य है ? किन्तु ऐसे हालात में लेखक को यह ध्यान रखना चाहिए कि पात्रों के मुँह को देखते हुए उसमें भारी-भरकम संस्कृत शब्द न ठूसे। पर उन्होंने किया इसका उल्टा। इन सीरियलों में न केवल संस्कृतनिष्ठ भाषा रखी गई बल्कि मूल संस्कृत के फिकरे और वाक्य भी रखे गए जिनमें भ्रष्ट उच्चारण और अशुद्धियों के नए रिकार्ड बने। हम बता चुके हैं कि संस्कृत के विभक्त्यंत शब्दों को यदि लिखा जाए तो शुद्ध रूप में लिखा जाए पर भीष्म पितामह गंगा माता को 'माते' कहे बिना नहीं मानते थे जिससे संस्कृत जाननेवाले के कान में हथौड़ा सा पड़ता था। सम्बोधन बोलना था तो माता ही क्या बुरा था ! यदि संस्कृत का विभक्त्यन्त शब्द ही लेना था तो शुद्ध रूप में लेना था। संस्कृत में इसका सम्बोधन बनता है **मातः**। इसकी बजाय सीते की तरह माते कह देना नया व्याकरण बना गया। संस्कृत में आकारान्त स्त्रीलिंग का सम्बोधन तो सीते की तरह ए से ही बनेगा पर पितृ, मातृ जैसे शब्दों के सम्बोधन पितः, मातः ही बनेंगे। पर माता या मातः दोनों को लतियाकर नया माते जो गढ़ा गया उसका कारण समझ में नहीं आया।

मीडिया का प्रभाव

दूरदर्शन के कुछ सीरियलों की उन भाषाई भूलों की ओर ध्यान आकर्षित करने का प्रमुख कारण यह है कि मीडिया का प्रभाव इन दिनों भारतीय समाज में उतना ही सघन है जितना कभी फिल्मों का होता था। उनमें विकृत भाषा के प्रयोग से समाज में भी भाषा की विकृतियाँ फैल सकती हैं। मीडिया का प्रभाव इस दृष्टि से समाज की भाषा पर ही पड़ता है। चूँकि इनकी दिखाई (व्यूइंग) बहुत होती है इसलिए उनकी भाषा नई पीढ़ी पर बहुत असर डालती है। जिस प्रकार आज से एक-दो दशक पहले तक फिल्म 'शोले' की नकल पर बच्चे गब्बरसिंह बनकर 'तेरा क्या होगा कालिया' कहा करते थे उसी प्रकार दूरदर्शन की बेहद लोकप्रियता के फलस्वरूप घरों में उसके सीरियलों की नकल की जाती है। हमें ज्ञात है कि महाभारत के प्रसारण के दिनों में अनेक घरों में डैडी,

ममी की बजाय **पिताश्री, माताश्री** ही नहीं **जीजाश्री** और **मामाश्री** के सम्बोधन भी चलने लगे थे। यह अच्छा असर था। इसीलिए तो हम कहते हैं कि दूरदर्शन की भाषा का प्रभाव इस दृष्टि से समाज पर होता है कि वह दूरदर्शन की, विशेषकर समाचारों की, भाषा को मानक मानकर चलता है।

इस दृष्टि से दूरदर्शन ने सजगता भी दिखाई है। समाचार वाचकों और कम्पीयरों की भाषा प्रायः शुद्ध और मानक होती है। प्रातःकालीन प्रसारण के कम्पीयर महाशय दोनों भाषाओं के घोड़ों पर सवारी करके इसी पद्धति को मानक न बना दें इस डर से पिछली बार हमने आशंका अवश्य व्यक्त की थी। बाकी जो भाषाई भूलें होती हैं वे सीरियलों की होती हैं जिनका दायित्व निर्माताओं पर अधिक है। इसी दृष्टि से हमने महाभारत, रामायण आदि की भाषाई भूलों का संकेत किया था। उनमें संस्कृतनिष्ठ पीढ़ी इसे अपना नहीं ले उसी डर से यह सब कहा गया था।

उनमें वे सब गलत उच्चारण तो थे ही जो पढ़े-लिखे भी करते हैं जैसे नमस्कार को नमष्कार, शाप को श्राप, प्रसाद को प्रशाद सभी बोलते थे। ये गलतियाँ बड़े-बड़े पहले से करते आ रहे थे। इसी तरह की एक गलती पढ़े-लिखे आजकल कर रहे हैं। वह है विधिवत् किसी काम के करने के लिए 'विधिवत् रूप से' शब्द का प्रयोग। ''राज्यपाल ने प्रदर्शनी का विधिवत् उद्‌घाटन किया'', यही पर्याप्त है पर भाई लोग लिखते हैं विधिवत् रूप से। यहाँ वत् में ही 'रूप से' का अर्थ शामिल है। अतः या तो 'विधिक रूप से 'कहें या' विधि-सम्मत रूप से' अथवा 'विधिवत्' कहें, सभी बराबर हैं। रूप से का दुबारा प्रयोग जरूरी नहीं है। पर इन सीरियलो में विधिवत् रूप से राज्यभिषेक किया जाता था। राज्याभिषेक की बजाय राज्यभिषेक बहुत बोला गया। उच्चारण में सारथि की बजाय सार्थी, धर्म की बजाय धरम, नरक की बजाय नर्क तथा श्मशान की बजाय शमशान खूब बोला जाता था जैसी गलतियाँ वर्षों से समाज में भी चल रही हैं।

इसी प्रकार पूरे संस्कृत के वाक्यों को भी उद्धृत किया गया पर भयंकर अशुद्धियों के साथ। सब जानते हैं कि लड़का आयुष्मान होगा और लड़की आयुष्मती। पर अर्जुन राजकुमारी उत्तरा को आशीर्वाद देता है आयुष्मान भव। आयुष्मती भव कह लेते तो क्या बिगड़ जाता। इसी प्रकार द्रोणाचार्य अर्जुन से कहते हैं धनुर्धर भव। 'श्रेष्ठ धनुर्धर बनो' यह हिन्दी में आशीर्वाद दे देते तो क्या बुरा था ? पर संस्कृत वाक्य ही बनाना था तो संस्कृत व्याकरण को लगाना था। उसके हिसाब से बनेगा **धनुर्धरो भव**। ऐसे उदाहरणों का अन्त नहीं। 'पितामह ब्रह्माय नमः' जैसे वाक्य आए दिन सुनने को मिलते थे। संस्कृत में **'ब्रह्मणे नमः'** होता है। हमारा कहना केवल यही है कि यदि मूल संस्कृत उद्धृत किया जाए तो शुद्ध रूप में, वरना उसका हिन्दी रूप कुछ भी लिख दें, संस्कृतवालों को ऐतराज नहीं होगा।

संस्कृत शब्दों के उच्चारणों में जो भ्रष्टता के कीर्तिमान बने उनकी सूची का तो अन्त ही नहीं है। उस पर बाद में कभी निवेदन किया जाएगा। नामों की भी क्या गत बनी है वह भी दिलचस्प है। रावण का पुत्र मेघनाद था पर रामनाथ की तर्ज कर मेघनाथ

पुकारा जाता था। राम ने अश्वमेध यज्ञ किया था। इसमें मेध आता है। उसकी बजाय बादलवाची मेघ बोलकर यज्ञ का ही नया नामकरण कर दिया गया। यह तो पत्र-पत्रिकाओं में भी बहुधा होता है कि अश्वमेध 'अश्वमेघ' छपता है।

यह तो बात हुई संस्कृत व्याकरण की। हिन्दी व्याकरण में भी अन्य भाषाओं के व्याकरण लगाने से भी कुछ नई दिशाएँ भ्रान्तियों की खुली हैं। एक उदाहरण लें। हिन्दी में 'वह' एकवचन है जिसका बहुवचन 'वे' बनता है। वह आदमी कहाँ गया, वे लोग कहाँ गए ? इस प्रकार एकवचन, बहुवचन के रूप सभी जानते हैं। दूरदर्शन ने इसका नया व्याकरण निकाला है। **कहाँ गए वो लोग**। यह सीरियल बहुत चर्चित रहा था। इसमें वह (एकवचन) और वे (बहुवचन) के बीच का एक नया सर्वनाम निकाला गया 'वो'। **पति, पत्नी और वो** हिन्दी फिल्म के कारण सुविदित फिकरा हो ही गया है। वास्तव में यह उर्दू व्याकरण की परछाई है। वहाँ वोह या वो लिखा जाता है। उसे एकवचन मान लें या बहुवचन। उसी को लेकर यहाँ बहुवचन का शीर्षक बना दिया गया। यही हाल यह और ये का है। हिन्दी में **यह** एकवचन है, **ये** बहुवचन। यह बात समझ में नहीं आई, ये बातें अच्छी नहीं लगतीं आदि। पर हिन्दी में यह बातें समझ में नहीं आईं जैसे वाक्य हम बहुत लिखते हैं। यह का बहुवचन में भी इस प्रकार प्रयोग शायद उर्दू व्याकरण की परछाई है। अच्छा यही होगा कि हिन्दी लिखते समय हिन्दी व्याकरण के हिसाब से वचन बनाए जाएँ और उर्दू लिखते समय उर्दू के हिसाब से। सिद्धान्त यही है। शब्द किसी भी भाषा के लिये जा सकते हैं किन्तु वे हिन्दी के अपने व्याकरण में ढलकर वाक्यों में बिठाए जाएँगे तो वह हिन्दी ही कलाएगी। वहाँ तक तो विकृति नहीं होगी। व्याकरण भी किसी और भाषा का लगाने लगे तो विकृति शुरू हो जाएगी। इसी प्रकार पूरे-के-पूरे वाक्य या फिकरे अंग्रेजी से हिन्दी वाक्यों के बीच में घुसाएँ तो वह वर्णसंकरता ही होगी। हिन्दी का अपना चलन है—आप जाइए या आप जाएँगे, तुम जाओ या तुम जाओगे, तू जा या तू जाएगा। इस प्रकार आप, तुम और तू के लिए अलग-अलग क्रियापद लगते हैं किन्तु आजकल "आप जाओ, आप जाओगे" आप क्या कर रहे हो (कर रहे हैं की बजाय) बोलचाल में चलने लगा है जो लिखने में भी बहुधा आ जाता है। इसे भी शुद्ध करना उसी तरह आवश्यक है जैसे हम बच्चों को "मेरे से पूछ लेना" मेरे को देना आदि बोलने की बजाय मुझसे पूछ लेना, मुझे देना आदि बोलना सिखाकर उनकी अशुद्धियाँ सही करते हैं।

कैसे सुधारें भाषा

पिछले पृष्ठों में हमने दूरदर्शन के सीरियलों में होनेवाली भाषाई भूलों का संकेत इस दृष्टि से किया था कि मीडिया का प्रसार बहुत है और उसकी भाषा को मानक मानने की स्वाभाविक प्रवृत्ति का असर नई पीढ़ी पर पड़ता है। अंग्रेजी के विद्यार्थी को टी.वी व रेडियो के अंग्रेजी समाचार सुनकर अंग्रेजी सुधारने की सलाह अध्यापक दिया करते हैं। इस दृष्टि से आक़ाशवाणी की भाषा मानक का काम करती रही हैं और अब भी है। न वहाँ द्विभाषी संकरता है न भयंकर भूलें। इसका कारण क्या है ? हमारी यह धारणा है कि इसका कारण है अनेक वर्षों की भाषा परिष्कार की परम्पराएँ।

आकाशवाणी का लगभग आधी सदी का इतिहास भाषा परिष्कार के प्रयत्नों का भी लम्बा इतिहास रहा है। उससे पूर्व तो देश भर में यह अभियान चले थे कि रेडियो समाचारों अदि की भाषा में उर्दू का मिश्रण समाप्त किया जाए। उसके बाद उच्चारण, व्याकरण और शब्दावली के सुधार की लम्बी प्रक्रिया चली। यह सर्वविदित है कि स्वतन्त्रता के बाद केसकरजी के प्रयत्नों से मूर्धन्य साहित्यकार विभिन्न आकाशवाणी केन्द्रों में सलाहकार के रूप में आ जुड़े। इसमें अज्ञेयजी, उदयशंकर भट्ट, इलाचन्द्र जोशी आदि अनेक साहित्यकारों के प्रसिद्ध नाम शामिल हैं। इन सबके सम्पर्क से भाषा का मानक बन जाना स्वाभाविक ही था। यही नहीं, भाषा के सुधार के इतने योजनाबद्ध प्रयत्न किए गए कि आकाशवाणी के प्रयोग के लिए अनेक शब्दकोष सयम-समय पर संकलित और प्रकाशित हुए। हिन्दी संसदीय समिति की एक उप समिति तो आकाशवाणी की भाषा पर ही केन्द्रित रही। इसके अध्यक्ष श्री श्रीप्रकाशजी की प्रेरणा से समाचारों की भाषा के परिष्कार के लिए अनेक योजनाएँ बनीं। शब्दकोष का संकलन शुरू हुआ।

स्वतन्त्रता से पूर्व **हिन्दुस्तानी शब्दकोष** नाम से रेडियो के समाचारों के लिए एक शब्दकोष बना था जिसमें साढ़े आठ हजार शब्द थे। स्वतन्त्रता के बाद लम्बे सर्वेक्षण और शोध के बाद श्री रामचन्द्र टंडन आदि अनेक सम्पादकों (जो आकाशवाणी से जुड़े थे) के प्रयत्नों से लगभग 20-25 हजार शब्दोंवाला **आकाशवाणी शब्दकोष** 1970 में प्रकाशित हुआ जिसमें विशेषतः समाचारों में काम आनेवाले सरल किन्तु शुद्ध और मानक शब्द थे। इसमें इस सन्तुलन का ध्यान रखा गया कि न तो भारी-भरकम संस्कृतनिष्ठ शब्द हों न शुद्ध उर्दू के कठिन शब्द। यह शब्दकोष शायद भुला दिया गया

हो किन्तु इस बात का प्रतीक अवश्य है कि भाषा के मानकीकरण की ओर कितना ध्यान दिया गया था। भाषा जैसी बहती गंगा का परिष्कार लम्बे प्रयत्नों से ही सम्भव है।

अंग्रेजी भाषा को सही लिखने, बोलने के लिए हम कितने प्रयासरत रहते हैं, सभी जानते हैं। अंग्रेजों जैसा उच्चारण हो, वर्तनी सही लिखी जाए। इसके लिए वर्षों तक ड्रिल कराई जाती है। प्रत्येक टंकक और शीघ्रलिपिक स्पैलिंग देखने के लिए अंग्रेजी शब्दकोष अवश्य रखता है। हिन्दी के कितने ऐसे टंकक या शीघ्रलिपिक होंगे जो हिन्दी शब्दकोष अपने पास रखते हैं ? शायद अध्यापकों और वरिष्ठ छात्रों के पास भी अच्छे हिन्दी कोष न मिलें। कुछ को तो यही नहीं मालूम कि अच्छा हिन्दी शब्दकोष कौन सा है। श्री रामचन्द्र भार्गव के नाम से जो डिक्शनिरयाँ हिन्दी-अंग्रेजी की निकलती रहीं, वे अवश्य बाजारों में छा गई थीं। फिर नालन्दा नाम के शब्दकोषों की बहार रही। किन्तु यह भी व्यक्तिगत खरीद और संग्रह की वस्तु नहीं बन पाई।

हिन्दी में शब्दकोषों के निर्माण और प्रकाशन की सुदीर्घ परम्परा रही है। एक सदी से शब्दकोष निकल रहे हैं। नागरी प्रचारिणी सभा, हिन्दी साहित्य सम्मेलन, दक्षिण भारत हिन्दी प्रचार सभा आदि हिन्दी संस्थाओं की प्रमुख योजना शब्दकोष निकालने की रही है। नागरी प्रचारिणी सभा का विशालकाय **हिन्दी शब्द सागर** तेरह खंडों में निकला तो हिन्दी साहित्य सम्मेलन का **मानक हिन्दी कोष** पाँच खंडों में। सम्मेलन का **अंग्रेजी-हिन्दी मानक कोष** भी पारिभाषिक शब्दों का बहुत अच्छा कोष है। अनेक विद्वान तो कोष कला से ही जुड़े रहे। कोष कला के मूर्धन्य नाम रामचन्द्र वर्मा, डॉ. हरदेव बाहरी, डॉ. भोलानाथ तिवारी आदि सुविदित हैं। ये शब्दकोष तो बहुत बड़े हैं किन्तु अनेक संस्थाओं से सर्वांगपूर्ण किन्तु सुसह्य मूल्य के हिन्दी कोष भी निकले। ज्ञानमंडल का **वृहत् हिन्दी शब्दकोष** लगभग डेढ़ लाख शब्दों का था (सम्पादक कालिका प्रसाद आदि) किन्तु मूल्य तीस रुपए ही था। रामचन्द्र वर्मा का **प्रामाणिक हिन्दी कोष** और दक्षिण भारत हिन्दी प्रचार सभा का **भारतीय हिन्दी कोष** भी बहुत प्रशंसित था जिनको शायद हम भूल गए हैं। अब प्रकाशकों की कमाई की ललक, कागज की महँगाई आदि के नाम पर ऐसे शब्दकोष निकलें जिनके लिए किश्तों पर उधार लेना पड़े तो आश्चर्य नहीं। इस देश में दोनों आवश्यकताएँ बनी हुई हैं, एक तो यह कि योजनाबद्ध तरीके से स्वल्प मूल्य के प्रामाणिक शब्दकोष निकलवाए जाएँ और दूसरी यह कि हिन्दी का शब्दकोष देखने की अर्थात् उसके वर्णक्रम समझकर शब्दों को तुरन्त पाने की जानकारी नई पीढ़ी में भी फैलाई जाए। आज तो कोष में शब्द ढूँढ़ने में भी छात्रों को असुविधा होने लगी है जिसके बारे में कुछ सरल मार्गदर्शक सिद्धान्त पृथक् से दिए जा रहे हैं।

मानक हिन्दी और देवनागरी

हिन्दी वर्णमाला : एकरूपता के मानक

देवनागरी की वर्णमाला बहुत प्राचीन है और बहुत वैज्ञानिक भी। इसे श्रुतिमूलक (फोनेटिक) अथवा आक्षरिक (सिलेबिक) कहा जाता है क्योंकि इसमें जो अक्षर बोला जाता है वही लिखा जाता है। ऐसा नहीं है कि अ के लिए अलीफ, ब के लिए बीटा, फ के लिए एफ इस प्रकार वर्णों के नाम अलग हों व उच्चारण अलग। इस वैज्ञानिकता के कारण अनेक असंगतियाँ बच जाती हैं। ऐसा नहीं होता कि सी का उच्चारण कैट में क हो, सेल में स हो, कहीं च हो कहीं श हो। दूसरे प्रत्येक उच्चारण के लिए इसमें अलग-अलग अक्षर निर्धारित है। इससे वर्णमाला तो बड़ी हो जाती है पर यह नौबत नहीं आती कि ख, घ, छ, झ, भ आदि के लिए 'एच' लगाकर दो वर्गों से एक अक्षर बनाना पड़े। यह नागरी लिपि ब्राह्मी लिपि से विकसित हुई थी। नागरिकों के शिष्ट प्रयोग के लिए बनी होने के कारण इसे नागरी कहा गया। कुछ कहते हैं कि नगर नामक स्थान पर या देवनगर (काशी) में उत्पन्न होने के कारण यह नागरी या देवनागरी कही जाती है।

जो भी हो यह लिपि बहुत पुरानी और बहुत व्यापक है। एक हजार से भी अधिक वर्षों पुरानी पुरालिपियों में इसे पाया गया है। अतः यह स्वाभाविक ही था कि इसके कुछ अक्षरों का रूप देश और काल की दीर्घता के कारण बदल जाए। इसीलिए ऐसी विविधता पनपी कि अ दो तरह से लिखा जाने लगा। प में तीन डंडे लगाकर भी अ बन जाता है। झ भी भ में सूँड लगाकर भी बनता है और इ के आगे खड़ी पाई लगाकर भी झ, जैसा मराठी में चलन है। ण भी दो तरह लिखा जाता है। र के आगे दो खड़ी पाई लगाने से भी बन जाता है। इसी प्रकार श और क्ष तथा त्र कई तरह लिखे जाते थे। इनमें एकरूपता के लिए वर्षों से प्रयत्न चल रहे थे। चाटुर्ज्या, वर्धा आदि नामों से लिपि सुधार के कई सरकारी व निजी अभियान चले। भारत सरकार ने वर्णों का मानकीकरण करने के लिए समय-समय पर विशेषज्ञ समितियाँ बनाईं। उनके फलस्वरूप यह तय किया गया कि प्रेस और टाइपराइटर की सुविधा के लिए एकरूपता आवश्यक है इसलिए दो तरह लिखे जानेवाले वर्णों का एक रूप तय कर दिया जाए। इसके फलस्वरूप अब झ इ के आगे खड़ी पाई और योजक रेखा लगाकर ही बनेगा, भ से नहीं। इसका फायदा यह होगा कि झंडा को भंडा पढ़ने की नौबत नहीं आएगी। ण भी र से नहीं बनेगा। ध और भ के ऊपर घुंडियाँ लगेंगी जिससे वे घ और म से साफ अलग

दिखें। इसी तरह ख को रव पढ़े जाने का खतरा रहता है। परवाना को पखाना पढ़े जाने की आशंका की चर्चा होती थी। इसके निराकरणार्थ ख का स्वरूप इस प्रकार बनाया कि र वाले हिस्से की सूँड व की खड़ी पाई से टकरा जाए। दीर्घ ॠ को हिन्दी में प्रयुक्त न होने के कारण वर्णमाला में शामिल नहीं किया गया।

इस मानकीकरण के अनुसार ही टाइपराइटरों और प्रेसों के फेस और की बोर्ड बनते हैं। सबसे अधिक अनेकरूपता संयुक्ताक्षर बनने में रहती थी। संयुक्त में क भाँति-भाँति से लिखे जाते थे। अब यह तय किया गया कि युक्त में आधा क साफ दिखेगा। इसी प्रकार लट्टू में एक ट् हलन्त लिखा जाएगा और टू पूरा। मोटे रूप में उन्होंने यह सिद्धान्त निकाला कि संयुक्ताक्षर बनने के लिए उन वर्गों में तो हलन्त लगाया जाए जिनमें खड़ी पाई नहीं हैं जैसे छ, ट, क, ड, ढ और द में खड़ी पाई नहीं है। अतः बुड्ढा, उद्देश्य आदि में ड् और द् में हलन्त लगाकर संयुक्ताक्षर बनेंगे। जिनमें खड़ी पाई है उनमें खड़ी पाई हटाकर उसे अगले अक्षर से जोड़ दिया जाएगा। जैसे ख्याति, लग्न, कच्चा, विघ्न इनमें ख, ग, च और घर की खड़ी पाई हटाकर संयुक्ताक्षर बने हैं। श्र को ज्यों का त्यों रखा गया क्योंकि उससे श्री बनता है जो बहुत लोकप्रिय है। रेफ के लिए यह छूट रही कि वह ऊपर, नीचे, बगल में कहीं भी लग सकेगा जैसे सर्व में ऊपर, राष्ट्र में नीचे, व्रत में बगल में। त्र को भी त में नीचे टेढ़ी रेखा लगाकर लिखा जाएगा (दो चोंचों द्वारा त्र नहीं)। यह भी विचार चला था कि वाक्यान्त के लिए खड़ी पाई रखी जाए या फुलस्टाप। बहुमत खड़ी पाई के पक्ष में था इसलिए उसकी विजय हुई। अनुस्वार और अनुनासिक के लिए बिन्दी और चन्द्रबिन्दु दोनों ही प्रचलित रहेंगे यह तय हुआ किन्तु छपाई की सुविधा के लिए चन्द्रबिन्दु की जगह बिन्दी भी लगा दी जाए तो उसे छूट होगी। जहाँ दोनों शब्द साथ होंगे जैसे हंसी और हँसी या अँगना और अंगना (सभी के अर्थ अलग-अलग हैं) वहाँ अवश्य ही दोनों लगाए जाएँगे किन्तु सब जगह चन्द्रबिन्दु जरूरी नहीं। इस छूट का लाभ अखबारों ने बहुत उठाया है। हँसते हुए या फाँसी दी गई, ऐसे सभी शब्दों में बिन्दी से काम चलाया जा रहा है। वैसे यह चलन भी था कि जहाँ शिरोरेखा के ऊपर मात्राएँ हों वहाँ चन्द्रबिन्दु की बजाय अनुस्वार लिखने की छूट थी। अब इस छूट को थोड़ा और विस्तार दे दिया गया है।

यह तो आवश्यक है कि एकरूपता की दृष्टि से वर्णमाला और लिपि का मानकीकरण किया जाए किन्तु यह भी स्पष्ट है कि ऐसे में कोई कठोर नियम नहीं बनाया जा सकता। हम लिख चुके हैं कि चलन ही इसमें सर्वोपरि होता है। उदाहरणार्थ मानकीकृत वर्णमाला के सिद्धान्तों में यह भी था कि संयुक्ताक्षरों में परसवर्ण की बजाय अनुस्वार को ही मानक माना जाए। जैसे नन्दन, घण्टा, सम्पादक आदि की बजाय नंदन, घंटा, संपादक ही लिखे जाएँ अर्थात् जहाँ पंचमाक्षर के बाद उसी वर्ण के शेष चार वर्णों से कोई वर्ण हो तो अनुस्वार ही लिखा जाए। किसी अन्य वर्ग का वर्ण हो तो अनुस्वार नहीं लिखा जाएगा जैसे चिन्मय, उन्मुख, अन्य आदि में। इस सिद्धान्त का अनुसरण होने लग गया है फिर भी पूर्णतः अनुपालना हो रही हो सो बात नहीं है। इस सिद्धान्त

के अनुसार हिंदी लिखा जाना चाहिए पर क्या हिन्दी को हम रोक पाए हैं ? सम्पादक और संपादक दोनों ही चल रहे हैं। भारत सरकार ने यह अच्छा प्रयत्न किया कि एक से सौ तक संख्यावाचक शब्दों के लिए भी मानकीकृत वर्तनी निर्धारित कर दी जाए। पहले तिरेपन को कोई त्रेपन लिखता था, कोई तिरपन। पिचासी, पचासी, पंच्चासी, सब चलते थे। इसी प्रकार पिच्चानवे, पंचानवे, पिचेहत्तर, पचहत्तर सभी चल रहे थे। अब जो मानकीकृत रूप प्रसारित किया गया है उनमें तिरपन, पचासी, पचानवे और पचहत्तर को मानक माना गया है। इसी प्रकार चौबीस, उनतालीस और तैंतालीस, चौवन, सतावन, अठावन, तिरसठ, सतहत्तर, अठहत्तर, उन्नासी, छियासठ, छियासी, सतासी, छियानवे और निन्यानवे को अधिकृत किया गया है (तिरेपन, चौवन, छाछठ आदि को नहीं)। 6 के लिए अब **छह** लिखा जाएगा, छः नहीं। बैंकों तथा बहियों के लिए अक्षरों में रकम लिखने हेतु यह एकरूपता बहुत आवश्यक थी। इसी लिहाज से तो अंकों में भ्रमों के निराकरण के लिए संविधान ने अन्तर्राष्ट्रीय अंकों को स्वीकार किया था जिन्हें भारतीय अंकों का अन्तर्राष्ट्रीय रूप कहा गया था। उस समय इसकी बहुत आलोचना हुई कि गुलामी का एक बेड़ा अब भी हमारे कन्धे पर लाद दिया गया है किन्तु इसका व्यावहारिक उद्‌देश्य यही था कि पूरे देश में ही नहीं विश्व में अंक जगत में एकरूपता बनी रहे। एक कारण यह भी था कि भारतीय भाषाओं ने अपनी-अपनी लिपियों में अंक प्रणाली भी अलग-अलग स्वीकृत की है। नागरी की अंक प्रणाली अलग है, बंगला की अलग, गुजराती की अलग। सभी भारतीय भाषाओं के अंक अलग-अलग हों और बम्बई की कार नम्बर प्लेट में गुजराती के नम्बर डले हों तो कलकत्ते (अब कोलकाता) में उसका चालान कैसे होगा ? यह भी उचित नहीं लगता कि एक बार अन्तर्राष्ट्रीय अंकों को स्वीकृति मिल गई तो कहीं वे चलें और कहीं नागरी अंक भी चलते रहें। उत्तर प्रदेश आदि राज्यों ने पाँचवें दशक में देवनागरी अंकों को भी स्वीकृत कर लिया था। दोनों अंक प्रणालियों के चलते यह भ्रम अवश्य होगा कि नागरी के सात को अंग्रेजी का छह पढ़ा जाए, हिन्दी का ४ अंग्रेजी का 8 बन जाए और हिन्दी के पाँच को अंग्रेजी का चार पढ़ लें। इसलिए अंकों में एकरूपता और भी जरूरी है। और तो और नागरी के अंकों में भी अनेकरूपता थी। नागरी के आठ और नौ कई तरह से लिखे जाते थे। भारत सरकार ने उनमें भी मानकीकरण किया। पाँच आठ और नौ का एक रूप निर्धारित किया (५ ८ ९)। पाँच में अब नीचे घुंडी व पूँछ (५) नहीं लगेगी।

हिन्दी वर्तनी : एकरूपता के मानक

वर्णमाला के अक्षरों के रूप में मानकीकरण करने के साथ-साथ भारत सरकार ने हिन्दी लेखन के चलन तथा उसकी वर्तनी का मानकीकरण भी करना चाहा था। इसके लिए विशेषज्ञ समितियाँ नियुक्त की गईं। उनके सम्मुख वे सारे बिन्दु रखे गए जिनमें अनेक-रूपता चल रही है। जैसे विभक्ति चिन्ह सटाकर लिखे जाएँ या हटाकर। कहाँ सटाए जाएँ, कहाँ अलग लिखे जाएँ। हलन्त कहाँ लगाएँ, कहाँ नहीं। चन्द्रबिन्दु और अनुस्वार कहाँ-कहाँ लगेगा। इन सभी मसलों पर दशाब्दियों से मतभेद रहा है। अगस्त-सितम्बर, 1962 में वैज्ञानिक तथा तकनीकी शब्दावली आयोग द्वारा आयोजित भाषाविद् सेमिनार तथा अन्य समितियों की रिपोर्टों के क्रम में सभी पक्षों की जाँच कर बहुमत से जो निर्णय किए उन्हें लागू करने के लिए सभी राज्यों को लिखा गया। ये सिद्धान्त सन्तुलित हैं अतः पूरे देश में सर्वमान्य हो जाएँ तो एकरूपता स्थापित हो सकती है। संक्षेप में ये इस प्रकार हैं—

(1) विभक्ति चिन्हों को लिखने के बारे में यही प्रक्रिया चलती रहने दी जाए कि सर्वनामों के साथ तो उन्हें मिलाकर लिखा जाए जैसे उसको, उसने तथा प्रातिपदिकों (संज्ञाओं) से पृथक् लिखे जाएँ जैसे राम ने, अध्यापक ने। यह भी स्पष्ट किया गया कि यदि दो विभक्ति चिन्ह सर्वनाम के साथ आएँ तो पहले को मिलाकर लिखा जाएगा, दूसरा अलग जैसे उसके लिए, इनमें से। यह अवश्य है कि कोई और निपात बीच में आ जाए तो सर्वनाम और विभक्ति के बीच उसे घुसा दिया जाए और सभी अलग-अलग लिखे जाएँगे जैसे आप ही के लिए, मुझ तक से नहीं पूछा।

(2) हिन्दी क्रिया पदों में सहायक क्रियाएँ तथ रंजक क्रियाएँ लगाई जाती हैं, उन सबको अलग ही लिखा जाएगा। जैसे जाया करता है, कर सकता है (सहायक क्रियाएँ)। उठ बैठा, पी गया, बुला भेजा, लिख डाला (रंजक क्रियाएँ)।

(3) हिन्दी में अनेक अव्यय प्रयुक्त होते हैं—आह, ओह, तो, सो, भर, भी, जब, तब आदि। ये पृथक भावों या सम्बन्धों का ही बोध कराते हैं इसलिए अव्यय हैं। इनके लिए यह सिद्धान्त बनाया गया कि ये हमेशा पृथक् लिखे जाएँगे जैसे गज भर कपड़ा, काम भी नहीं बना। एक मतभेद यह था कि श्री को नाम के साथ मिलाकर लिखा जाए या अलग। जी को भी मिलाएँ या हटाएँ ? इन पर यह निर्णय रहा कि श्री और जी दोनों अलग लिखे जाएँगे क्योंकि ये अव्यय हैं और इनकी पृथक् सत्ता है।

श्री कन्हैया जी, महात्मा जी लिखना सही होगा। कहीं जी नाम का भाग हो जाता है और कहीं श्री। ऐसे मामलों में अवश्य ही वे एक साथ लिखे जाएँगे। जैसे श्रीमनूनारायण प्रसिद्ध राष्ट्रनेता का नाम था। उसे एक साथ लिखा जाएगा। श्री लगाना हो तो श्री अलग से लगाया जाएगा श्री श्रीमनूनारायण। हम बता ही चुके हैं कि बहुत से लोग भ्रम से उन्हें मनूनारायण कह देते हैं जो गलत है। यही हाल जी का है। रामजी लाल में जी नाम का भाग है अतः मिलाकर लिखा जाएगा ही। कहीं-कहीं अन्त में भी जी नाम के भाग के रूप में आता है। जैसे डूंगाजी। इस लिहाज से भी श्री और जी को अलग लिखने का निर्णय लिया गया कि ऐसे नामों में भ्रम न हो, काजी जी, गाजी जी आदि में जी अलग होने से स्पष्टता होती है या नहीं ? यह निर्णय हिन्दी के लिए था। संस्कृत में श्री को सदा नाम के साथ ही लिखा जाता था। क्योंकि श्री के साथ समास किया माना जाता है।

(4) पूर्वकालिक प्रत्यय कैसे लिखा जाए ? उठाकर मारा या देखकर भी नहीं देखा ? इसके बारे में तय हुआ कि उन्हें मिलाकर ही लिखा जाए। जैसे पहुँचकर, खा-पीकर, रो-रोकर। ऐसे में योजक (हाइफन) पूर्वकालिक प्रत्यय के साथ नहीं लगेगा।

(5) जहाँ द्वन्द्व समास हो वहाँ भी हाइफन रखा जाएगा जैसे राम-लक्ष्मण, शिव-पार्वती-संवाद। हिन्दी में ऐसे द्वन्द्व समास कम ही होते हैं। संस्कृत में जहाँ हाइफन या मिलाकर लिखने की परम्परा है वहाँ हिन्दी की प्रकृति में अलग लिखने का चलन है। जैसे प्रधान कार्यालय स्थित अनुभाग। ये सब अलग से लिखे जाएँगे। संस्कृत में इन्हें भी समास माना जाता है।

हिन्दी के द्वन्द्व समास अलग ही होते हैं जैसे देख-रेख, चाल-चलन, हँसी-मजाक, लेन-देन, पढ़ना-लिखना, खाना-पीना, खेलना-कूदना आदि। यहाँ यह ध्यान रखना जरूरी है कि समास में अव्यय पृथक नहीं लिखे जाते अतः प्रतिदिन, प्रतिशत, मानवमात्र, निमित्तमात्र, यथासमय, यथोचित आदि अव्ययीभाव समासों में हाइफन नहीं लगेगा। ये शब्द मिलाकर लिखे जाएँगे। केवल भ्रम निवारण के लिए द्वन्द्व समास में तथा कुछ विशिष्ट तत्पुरुष समासों में ही हाइफन लगेगा।

(6) हिन्दी में कुछ ऐसे परसर्ग आते हैं जैसे तुम-सा, राम-जैसा, चाकू-से तीखे। इनमें हाइफन लगाना जरूरी माना गया। इसका कारण यह था कि चाकू से काटा इसमें विभक्तिसूचक 'से' को तथा 'चाकू से तीखे नाखून' में 'से' (अर्थात् जैसे) इन दोनों को स्पष्ट करने के लिए एक जगह हाइफन लिखा जाए तो भेद स्पष्ट हो जाएगा। इसी प्रकार गोपतिबारी, भूपराग या भू-तत्त्व के दो अर्थ हो सकते हैं। गोप की तिबारी और गोपति की बारी, भू का पराग और भूप राग, भू (पृथ्वी) का तत्त्व और भूत का भाव। ऐसे में स्पष्टीकरण के लिए हाइफन होना जरूरी है। भू-तत्त्व का मतलब होगा पृथ्वी का तत्त्व जबकि भूतत्व में हाइफन नहीं लगाया जाएगा। अतः यह भी तय हुआ कि तत्पुरुष समास में हाइफन लगाने की जरूरत नहीं जैसे रामराज्य, राजकुमार, गंगाजल, ग्रामवासी, आत्महत्या।

द्य, द्व और द्ध

भारत सरकार ने जो मानक हिन्दी वर्णमाला निर्धारित की थी उसमें संयुक्ताक्षर बनाने के सिद्धान्त के अनुसार बिना खड़ी पाई के वर्णों में हलन्त चिन्ह लगाकर ही संयुक्ताक्षर बनाए जाने चाहिए। इस आधार पर विद्या की बजाय विद्‌या, द्वारा की बजाय द्‌वारा और द्वन्द्वयुद्ध की बजाय द्‌वन्द्‌वयुद्ध तथा योद्धा और बुद्ध की बजाय योद्‌धा और बुद्‌ध लिखना चाहिए। इस मानकीकरण के बाद टाइपराइटर का जो कुंजीपटल बना उमसें द्य, द्व और द्ध अक्षरों की कुंजियाँ नहीं रखी गईं। किन्तु इस मानकीकरण की अनुपालना में कठिनाइयाँ आने लगीं। हिन्दी में द्वारा शब्द इतना चल गया है, विद्या और बुद्धि इतनी में ली जाती हैं कि इनको लिखने और टाइप करने के लिए द्वारा, विद्या, बुद्धि तोड़-तोड़कर बनाना अटपटा लगने लगा। बच्चों की किताबों में भीम और दुर्योधन का द्वन्द्वयुद्ध यदि द्‌वन्द्‌वयुद्ध लिखा जाए तो क्या वे चकरा नहीं जाएँगे ?

इसी कारण द्व, द्य और द्ध ये संयुक्त रूप चलन में बने रहे। यह ज्ञात नहीं हो पाया कि भारत सरकार ने इन्हें मानक वर्णमाला में दाखिला दे दिया या नहीं किन्तु कुछ वर्षों तक टाइपराइटरों के कुंजीपटल में अनुपस्थित रहने के उपरान्त अब ये नए कुंजीपटल में फिर शामिल हो गए हैं। पुस्तकों और अखबारों में भी द्वारा, विद्या, द्वन्द्व ही छपने लगे हैं। इससे कयास होता है कि भारत सरकार ने इन्हें भी अब स्वीकृति दे दी होगी। जैसे क्ष, ज्ञ और श्र को संयुक्ताक्षर के एक विशिष्ट रूप के नाते अलग आकार की मान्यता मिली है इसी तरह द्व औ द्य भी मान लिये जाएँ तो ठीक ही होगा। द्ध को भी शामिल कर लें तो क्या बुरा है ? व्यावहारिकता, लोकव्यवहार, चलन, उपयोगिता, औचित्य आदि अनेक दृष्टियों में ऐसे मामले वर्षों में जाकर तय हो पाते हैं। इस लिहाज से अभी तो लोकव्यवहार के सर्वेक्षण का चरण चल रहा है। कुछ वर्षों बाद ही यह निर्धारित हो पाएगा कि लोकव्यवहार ने किस प्रयोग को स्वीकार कर लिया, किसे अंशतः स्वीकार किया है, किसे अस्वीकार कर दिया है। इस दृष्टि से द्य, द्व और द्ध के संयुक्ताक्षरों का एक विशिष्ट रूप मानकर स्वीकार कर लेना अत्यन्त उपयुक्त रहेगा। इससे एक लाभ और होगा। वह यह कि द् य और द् व लिखते समय छोटी इ की मात्रा लगाने में कुछ लोग जो भूलें करते हैं वे नहीं होंगी। सद्‌विचार जैसे शब्दों में बहुत से भाई हलन्त द् के पहले ि की मात्रा लगा देते हैं—सदि्वचार। वे समझते हैं कि द्य और द्व को दो टुकड़ों में लिखा जाना है द्‌य और द्‌व, तो इसके पहले ि की मात्रा लगाओ।

होना यह चाहिए कि यदि हलन्त द् से ही ऐसे शब्द लिखने हैं तो हलन्त द् के बाद छोटी इ की मात्रा लगे—द्‌वितीय, सद्‌विचार, सदसद्‌-विवेक आदि। द्य और द्व के संयुक्ताक्षरों को एक पृथक् रूप (द्य द्व) देने से ऐसे भ्रम भी नहीं होंगे।

हिन्दी की वर्तनी को अर्थात् नागरी लिपि को श्रुतिमूलक माना जाता है। इसमें जो सुना जाता है वही लिखा जाता है और बोला जाता है। इस सिद्धान्त के आलोक में इस समस्या पर भी विचार हुआ कि नयी-नई, गये और गए, लिये और लिए इनमें कौन सा सही है। इस पर काफी विचार-विमर्श हुआ। इनमें से कोई गलत है यह नहीं कहा जा सकता किन्तु एकरूपता के लिए यह तय हुआ कि श्रुतिमूलकता का सिद्धान्त मान लिया जाए तो एक आधार बन जाएगा। इसी आधार पर यह तय हुआ कि लिए, गए, नई ही लिखे जाएँ अर्थात् जहाँ य और व का प्रयोग श्रुतिमूलक होने के कारण विकल्प से होता है वहाँ उसका प्रयोग न किया जाए। बहुत से लोग जाते हुवे, जाते हुये इस प्रकार का उच्चारण करते हैं और वैसा लिख भी देते हैं। इस दृष्टि से यह केवल उच्चारण की नकल पर पढ़ा जानेवाला य, व है। शुद्ध उच्चारण स्वर का ही होता है अतः यहाँ स्वर ही लिखे जाएँगे। कुछ लोगों का यह मत भी रहा कि **इसलिए** में लिए विभक्ति चिन्ह है अतः वहाँ तो ए लिखना ठीक है पर उसने **आम लिए** यहाँ क्रियापद में एक आम लिया के अनुरूप लिये लिखना ठीक होगा। यह मत भी नहीं माना गया क्योंकि उच्चारण दोनों में बराबर होता है। कुछ लोग वह गया में य लिखा जाता है तो ये गए में ये क्यों न लिखा जाए यह तर्क देते हैं। यह भी भ्रममूलक है। वस्तुतः इन सबमें जाने का अर्थ तो ग से आता है। जैसे उठा, चला, बैठा में उठ, चल, बैठ से। गया में य तो उच्चारण की सुविधा से बोल दिया जाता है। गए में उच्चारण ए का ही होता है य का नहीं। इस आधार पर उच्चारणमूलक वर्तनी के लिहाज से सब जगह स्वर ही लिखे जाएँगे, य और व नहीं।

जहाँ य और व शब्दों के अंग हैं, श्रुतिमूलक नहीं है वहाँ य अवश्य लिखा जाएगा जैसे **स्थायी, अनुयायी, विषपायी,** इनमें स्थाई लिखना बिल्कुल गलत है। इसी प्रकार ऐ और औ पर भी विचार हुआ। हिन्दी में इनकी ध्वनियाँ दो प्रकार की होती हैं। एक तो है और आदि में अर्ध-विवृत उच्चारण की ध्वनि दूसरे भैय्या, कौआ आदि में मध्यसंवृत संयुक्त पूरा उच्चारण। ये दोनों ध्वनियाँ चलती रहेंगी। अर्थात् दो मात्राओं द्वारा शैशव, वैषम्य आदि का संस्कृतमूलक जो उच्चारण होता है वह अलग है और बैठ गया, औंधा पड़ा आदि में जो विवृत उच्चारण होता है वह अलग है। उच्चारण के लिहाज से इन दोनों में घपला करने के कारण हिन्दीवाले संकट पैदा करते हैं। उसका उल्लेख भी यहाँ उचित होगा। ऐ और औ के ऊपर उल्लिखित उच्चारण स्पष्ट है पर संस्कृत के वैद्य, ऐतिहासिक, भौतिक, कौमार्य जैसे शब्दों को भी बहुत से लोग इस प्रकार उच्चारित करते हैं जैसे ये हिन्दी, उर्दू या अंग्रेजी के हों। दूसरे शब्दों में गौड ब्राह्मण का गौड अलग तरह से बोला जाना चाहिए, अंग्रेजी के गॉड की तरह नहीं पर बोलते ऐसा ही हैं। आवश्यकता इस बात की है कि इनमें स्पष्ट विवेक रहे। अंग्रेजी के अर्द्धविवृत

उच्चारण (गॉड, कॅट, वॉल आदि) एक तरह से विदेशी ध्वनियाँ हैं। इनके लिए यह तय हुआ कि केवल अर्द्धचन्द्र लगाकर इन्हें लिखा जाए (चन्द्रबिन्दु नहीं)। फिर हिन्दी की वितृत ध्वनियाँ हैं जैसे बैठो, ऐसा, भौजी आदि। इन्हें बिहार में या बंगाल में बइठो, भउजी की तरह चाहे बोला जाए या गुजरात में बेठो, भोजी की तरह बोला जाए ये हिन्दी की अपनी ध्वनियाँ हैं। इनमें दो मात्राएँ ही लगेंगी। भैय्या, कौवा, गवैया इनमें भी दो मात्राएँ ही लगेंगी। भय्या, कव्वा, गवय्या लिखने की जरूत नहीं है। इन तीनों उच्चारणों का फर्क यदि समझ लिया जाए तो तीनों प्रकार के शब्दों का सही उच्चारण किया जा सकेगा।

यह भी तय किया गया कि बहुत से संस्कृत के शब्दों का उच्चारण उस रूप में नहीं होता जिस रूप में वे लिखे जाते हैं जैसे चिह्न, ब्रह्मा, ब्राह्मण में उच्चारण होता है चिन्ह, ब्रम्हा, ब्राम्हण। ऐसे में क्या किया जाए ? यह तय हुआ कि इसमें वर्तनी संस्कृत की ही रखी जाए चाहे उच्चारण किसी भी तरह का हो। जैसे हम ऋण को रिण और ऋषि को रिषि बोलते हैं पर लिखते हैं ऋण और ऋषि। इस ऋ को ज्यों का त्यों रखा गया है अतः इन वर्तनियों को संस्कृत के अनुसार रखा जाएगा।

इसी प्रकार संस्कृत के ग्रह और गृह, दृष्टा और द्रष्टा, स्रष्टा और सृष्टा इन शब्दों की भी शुद्ध वर्तनी वही रहेगी जो संस्कृत में है। इनमें गलतियाँ बहुत होती हैं। जैसे गृहीत सही है, ग्रहीत नहीं। अनुग्रह में अवश्य ही ग्र लगेगा। जब **अनुगृहीत** बनेगा तो गृही लगाया जाएगा। दृष्टि में दृ लिखा जाएगा पर द्रष्टा और द्रष्टव्य में दृ लिखना गलत होगा वे हैं **द्रष्टा** और **द्रष्टव्य**। इसी प्रकार प्रदर्शनी सही है प्रदर्शिनी नहीं। कान्तिमान सही है कान्तिवान नहीं। **अत्यधिक, अनधिकार** चेष्टा सही है अत्याधिक और अनाधिकार शब्द अशुद्ध हैं। इन पर विस्तार सहित अन्यत्र प्रकाश डाला गया है।

संस्कृतनिष्ठ और उर्दूनिष्ठ शब्द

यही फॉर्मूला उन सभी मामलों में सफल होगा जहाँ हिन्दी के चलन के हिसाब से वर्तनी दूसरी है किन्तु अन्य भाषाओं के मूल शब्दों की वर्तनी कुछ और है। उदाहरणार्थ नयी दिल्ली, नई दिल्ली, पुस्तक पायी, पुस्तक पाई, इनमें ई लिखें या यी लिखें इस बात पर पहले विचार हो चुका है। श्रुतिमूलक वर्तनी के बल पर भारत सरकार ने यह फॉर्मूला स्वीकार कर लिया है कि इन सभी मामलों में स्वर ई लिखा जाएगा, यी नहीं। इस हिसाब से हुई, नई, आई, गई यही वर्तनी हिन्दी के शब्दों में आएगी। इस सिद्धान्त को मजबूती से पकड़ने का एक दुष्परिणाम यह हुआ है कि लोगबाग स्थायी समिति, विधायी कार्य, आदि में भी ई लगान लगे। यह गलत है। हिन्दी की वर्तनी में ई का आना तो मान्य है पर ये संस्कृत के ऐसे शब्द हैं जो य लगाकर ही बनते हैं। अतः उपर्युक्त फॉर्मूले के अनुसार इन्हें ज्यों के त्यों उद्धृत करना होगा। यह बारीकी समझना ज्यादा मुश्किल भी नहीं है। ऐसे संस्कृतनिष्ठ शब्दों में प्रायः सर्वत्र यी आता है अतः मूल संस्कृत के इन

शब्दों में ई लगाने की गलती न की जाय। मैंने अखबारों और पुस्तकों में भी धराशायी की बजाय धराशाई या धराशाही छपा देखा है। दोनों गलत हैं। भाषाई, बिवाई की तरह धराशाई लिखने की तलब होना स्वाभाविक है। इसी तरह नौकरशाही के लहजे पर लोगों ने समझा हो कि धराशाही बनेगा। वस्तुतः **शेषशायी** की तरह **धराशायी** (पृथ्वी पर सोया हुआ) शब्द ही सही है। इसी तरह **उत्तरदायी** में भी गलती से ई लिख दिया जाता है। इन सबमें यी ही लिखना अनिवार्य है क्योंकि संस्कृत का मूल शब्द यही है। उसका विकल्प नहीं है।

यही बात भाषाई, दंगाई शब्दों की है। इनमें ई ही जाएगा क्योंकि वे संस्कृत मूल के शब्द नहीं हैं। दरअसल ये उर्दू के हैं। हवाई किले बनाना, इन्तहाई बदमाशी करना आदि में जिस प्रकार 'ई' आता है उसी प्रकार भाषाई कहना भी उर्दू का प्रत्यय लगाकर बने शब्द का नमूना है। इन सबमें स्वर ई ही आएगा, यी नहीं। यह कुंजी जब तक समझ में नहीं आएगी तब तक संस्कृतनिष्ठ और उर्दूनिष्ठ शब्दों की सही वर्तनी के ताले नहीं खुलेंगे। हिन्दी ने तो अपने ऐसे शब्दों में स्वर की वर्तनी ई, ए आदि सबके लिए एकरूपता से मानकर रास्ता आसान और साफ कर दिया है।

वर्तनी संस्कृत की बनाम हिन्दी की

हिन्दी ने शब्दावली संस्कृत से ली है। कृदन्त, तद्धित संस्कृत से ज्यों के त्यों अपनाए हैं। समास भी संस्कृत के प्रयुक्त होते हैं इसलिए वर्तनी में संस्कृत का अनुसरण, स्वभावतः आवश्यक हो जाता है किन्तु हिन्दी की अपनी परम्पराएँ और चलन भी रहे हैं। ऐसी स्थिति में कहीं-कहीं दोनों के बीच द्वन्द्व पैदा हो जाता है जैसे संस्कृत में महान, विद्वान, हनुमान आदि में न पर हलन्त होता है। क्या हिन्दी में भी सब जगह हलन्त लगाया जाए ? इस पर सदा से विवाद रहा है। यह स्पष्ट है कि शुद्ध प्रयोग तो हलन्त लगाकर ही होगा किन्तु हिन्दी में महान, विद्वान आदि एक संज्ञा सी बन गई है। तभी तो श्रीमानों से, विद्वानों ने जैसे प्रयोग होने लगे हैं। ऐसी स्थिति में भारत सरकार की विशेषज्ञ समिति ने भी यह तय किया गया महान, विद्वान, विराट, हनुमान आदि में जहाँ चलन में हलन्त को हटा दिया है वहाँ उसे छूट दे दी जाए। हलन्त लगाने की परिपाटी चालू न की जाए।

यहाँ यह ध्यान रखना आवश्यक है कि जो शब्द मूलतः संस्कृत का ज्यों का त्यों उद्धृत किया जाता है अर्थात् जहाँ विभक्ति सहित शब्द उद्धृत किए जाते हैं वहाँ यदि हलन्त है तो हिन्दी में भी हलन्त लगाना अनिवार्य है जैसे अर्थात्, हठात्, बलात्, पश्चात् आदि शब्दों में पंचमी विभक्ति का पूरा पद उद्धृत किया जाता है अतः यह मूल संस्कृत का शब्द होने के कारण त् हलन्त ही रहेगा। इसी प्रकार पुत्रवत् स्नेह किया, विधिवत् आदि शब्दों में त हलन्त होगा। संसद, शरद आदि शब्द संस्कृत में हलन्त हैं पर ये संज्ञाएँ हिन्दी में भी आती हैं और बिना हलन्त के भी इन्हें छूट दी हुई है। यही हाल विसर्ग का है। संस्कृत में दुःख, शनैः शनैः, फलतः आदि शब्दों में विसर्ग आता है। जहाँ संस्कृत के पद ज्यों के त्यों उद्धृत हैं उनमें यह विसर्ग ज्यों का त्यों रखा जाएगा जैसे अन्ततः, फलतः, शनै शनैः आदि में किन्तु जहाँ सुख-दुख जैसे शब्द हों वहाँ चलन के कारण विसर्ग न भी लिखा जाए तो भी चलेगा। यह हम बता चुके हैं। यही स्थिति परसवर्ण और अनुस्वार की है। संस्कृत में अनुस्वार अगले अक्षर के वर्ग के पंचम अक्षर में बदल जाता है जैसे सं+पादक=सम्पादक, सं+ध्या=सन्ध्या, सं+चारी=सञ्चारी। इसे संस्कृत में परसवर्ण कहा जाता है। हिन्दी में यह चलन है कि ऐसे मामलों में भी अनुस्वार से काम चल जाता है जैसे संपादक, चंचल, घंटा आदि। संस्कृत का अनुसरण करने पर कभी-कभी हिन्दीवाले भी धंधा, रंडी, टंटा जैसे तद्भव हिन्दी शब्दों में भी धन्धा, रण्डी,

और टण्टा लिखने लग गए थे। यह जरूरी नहीं है। इन सबमें अनुस्वार ही होना चाहिए। ठीक इसी प्रक्रिया से यह तय किया गया कि ऐसे सभी स्थलों पर अनुस्वार ही पर्याप्त है अर्थात् गंगा, चंचल, घंटा, संतान, संपादक ही लिखे जाएँगे। इनमें पंचमाक्षर को हलन्त करके मिलाने की जरूरत नहीं। यह अवश्य ध्यान रखा जाना चाहिए कि यदि पंचमाक्षर के बाद किसी दूसरे वर्ग का वर्ण आता है, अपने वर्ग का नहीं तो वहाँ पंचमाक्षर ही लिखा जाएगा, अनुस्वार नहीं जैसे **वाङ्मय, चिन्मय, उन्मुक्त** ही लिखा जाएगा वांगमय, चिंमय, उंमुख नहीं। यहाँ यह उल्लेखनीय है कि छपाई व लेखन की सुविधा के लिए परसवर्ण की बजाय अनुस्वार लिखने की इस छूट का जो सिद्धान्त बनाया गया था वह तो बहुत उपयुक्त था क्योंकि गंगा, अंक, संचय आदि में ङ और ञ जैसे वर्णां को जोड़ना कितना संकट पैदा करता है यह सब जानते हैं। इस लिहाज से अनुस्वार का चलन अनुपयुक्त नहीं होगा किन्तु चलन की लीला न्यारी ही है। वह किसी सिद्धान्त के पीछे नहीं चलता। इस सिद्धान्त को ही लें। इसके हिसाब से केंद्र, हिंदी, संपादक आदि सब अनुस्वार से लिखे जाने चाहिए किन्तु, केन्द्र, हिन्दी और सम्पादक भी खूब चल रहे हैं। जिस केन्द्रीय हिन्दी निदेशालय ने इन शब्दों पर अनुस्वार लिखने व पंचमाक्षर न लिखने के अनुदेश जारी किए थे वह स्वयं 'केन्द्रीय हिन्दी निदेशालय' लिखकर आधे न का प्रयोग करता है। इस सम्बन्ध में चलन की महत्ता का पृथक् से विवेचन किया गया है। इसका एक कारण तो यह है कि आधा न और म लिखने और छापने में कोई असुविधा पैदा नहीं करते हैं। इसलिए ये रूप चल रहे हैं। शेष में अनुस्वार चल निकला है। यह तो समय ही बता पाएगा कि इन दो वर्णों के मामले में भी अनुस्वारवाला सिद्धान्त जीतता है या आधा म और न।

इसी प्रकार चन्द्रबिन्दु के प्रयोग से भी हिन्दी में छपाई की असुविधाएँ होती थीं। ऐंठना, गेंद आदि में चन्द्रबिन्दु होना चाहिए पर छपाई की सुविधा के लिए अनुस्वार की छूट दी हुई थी। इस छूट को सभी जगह मान लिया गया है जैसे हंसना, बांध लिया, फांसी दी। इसमें चन्द्रबिन्दु की बजाय अनुस्वार भी चलने लगा है। उसे छूट दी जानी चाहिए। यह बात अलग है कि जहाँ दोनों में फर्क करना जरूरी हो जैसे हंसी, हँसी, अंगना, अँगना आदि में वहाँ चन्द्रबिन्दु का प्रयोग अवश्य किया जाए।

यही हाल उर्दू के नुकते का है। फ, ज, क, ग आदि अक्षरों के नीचे बिन्दी लगाकर नुकते द्वारा उर्दू की ध्वनियों को अरबी, फारसी मूलक स्पष्ट किया जाता था। जैसे राज, नजाकत, खत आदि किन्तु हिन्दी में हर जगह नुकता लगाने की प्रथा नहीं रही है। सफाई, जरूर, खत, किताब आदि में कौन नुकता लगाता है ? अतः यह निर्णय लिया गया कि नुकता सर्वत्र लगाना जरूरी नहीं होगा। जहाँ दो शब्दों का अन्तर स्पष्ट करना हो या उनका शुद्ध विदेशी रूप स्पष्ट बताना हो वहाँ वह अवश्य लगाया जा सकता है 'जैसे तेज़ लड़कों पर गुरु का तेज आ गया' आदि वाक्यों में एक जगह तेज उर्दू का है दूसरी जगह संस्कृत का। वहाँ भी तेज में नुकता लगाया जा सकता है। यही बात अंग्रेजी के शब्दों का है। उन्हें हम फाइल, फोटोग्राफी आदि उच्चारण नुकते का करते

हैं पर लिखते हैं फ ही अतः सब जगह नुकता लगाना जरूरी नहीं होगा।

कुछ शब्द अलग-अलग वर्तनियों में सब जगह चल रहे हैं जैसे गर्दन, गरदन, कुर्सी कुरसी, गर्मी, गरमी, सर्दी, सरदी, बर्दाश्त, बरदाश्त। इनमें कौन सही है कौन गलत, नहीं कहा जा सकता। अच्छा यही होगा कि दोनों को चलन में रहने दिया जाए अतः मालूम, मालुम, फुरसत, फुर्सत, फर्क, फरक, बिल्कुल, बिलकुल, वापस, वापिस, बरतन, बर्तन, दोबारा, दुबारा, इन सबको चलन में रहने दिया जाए और किसी को अशुद्ध न कहा जाए यह जरूरी है।

रेफ के प्रयोग में सावधानी

यह बतलाया जा चुका है कि रेफ (र) संयुक्ताक्षर बनाते समय कभी ऊपर लगता है, कभी नीचे, कभी अगल-बगल। ऊपर लगने वाले रेफ में अधिकतर लोग गलती करते हैं। आशीर्वाद को आर्शीवाद, रिहर्सल को रिर्हसल बहुत लिखा जाता है। अतः यह ध्यान रखा जाना जरूरी है कि शिरोरेखा के ऊपर लगे रेफ का सर्वप्रथम उच्चारण होता है इसलिए वह जिस संयुक्ताक्षर के साथ पहले बोला जा रहा है उसके ऊपर लगेगा अर्थात् पुनर्+विवाह लिखना हो तो वह न के ऊपर न लगकर वि के ऊपर लगेगा—**पुनर्विवाह**, दूसरे शब्दों में वह अगले अक्षर की शिरोरेखा पर लगेगा। मर्तबा, गवर्नर, बहिगर्मन, सौहार्द, आर्द्र आदि शब्दों पर शिरोरेखा के ऊपर लगे रेफ की प्रकृति अध्यापक एक बार छात्रों को समझा दें तो ऐसी गलतियाँ नहीं होंगी जो इन दिनों बहुत हो रही हैं।

ऐ-औ का उच्चारण

जैसा कि पहले कुछ उदाहरण के प्रसंगों में बतलाया जा चुका है, नागरी वर्णमाला के दो स्वरों के उच्चारण के बारे में दो प्रकार के चलन देश में चल रहे हैं। ऐ और औ शैशव, वैभव, वैद्य आदि में तथा कौशल, बौद्धिक, औरस, गौड आदि में आते हैं। आजकल उत्तर भारत में ऐ का उच्चारण अंग्रेजी के कैट या हैट के स्वर की तरह तथा और का उच्चारण बॉल या शॉप की तरह किया जाने लगा है। इसका परिनिष्ठित परिष्कृत उच्चारण वह माना जाता है जो दक्षिण या पूर्वी भारत में होता है अर्थात् ऐ का उच्चारण पंडित लोग वैभव, शैशव आदि को वइभव, शइशव की तरह तथा गौड, बौद्धिक आदि को गउड, बउद्धिक की तरह करते हैं और उसे शुद्ध उच्चारण माना जाता है। हिन्दी में यह उच्चारण ऐ का भैया, गवैया आदि में पाया जाता है और और का कौआ आदि में। पंडित लोग इस बात की हँसी उड़ाते हैं कि अधकचरी हिन्दी जाननेवाले लोग ब्राह्मण वर्ग वाची गौड शब्द को अंग्रेजी के गॉड (ईश्वर) के रूप में उच्चारित करते हैं। आखिर दोनों में फर्क तो होना ही चाहिए।

इस सम्बन्ध में पंडितों का बहुमत तो यही है कि भैया, कौवा का उच्चारण ही ऐ और और स्वरों का पारिष्कृत माना जाय, शेष को अपरिष्कृत। किन्तु एक मत यह भी है कि पाणिनि के समय इन दोनों स्वरों का क्या उच्चारण था इसका कोई प्रमाण उपलब्ध नहीं है। यह किस आधार पर कहा जा सकता है कि ऐ का अंग्रेजी के कैटवाला तथा औ का अंग्रेजी के शॉपवाला उच्चारण अशुद्ध है ? इस मत के समर्थन में यह तर्क दिया जाता है कि पंडितोंवाला उच्चारण तो दो स्वरों का उच्चारण है। शइशव और कउशल में अ तथा इ और अ तथा उ दो स्वरों का सा उच्चारण किया जाता है जबकि पाणिनि के मत में यह एक स्वर ही होना चाहिए। ऐसी स्थिति में अंग्रेजीवाला उच्चारण ही क्यों न शुद्ध मान लिया जाए ? उस समय का कोई ध्वनि अभिलेख या टेप रिकॉर्ड तो है नहीं। रही बात भैया, कौआ आदि की, सो उसके लिए ये लोग यह तर्क देते हैं कि इन स्थानों पर यकार और वकार का द्वित्व मान लिया जाय। जैसे कि शय्या में माना गया है।

इस विवाद का अन्तिम निर्णय नहीं हो सका है किन्तु आज भी विद्वानों का बहुमत यही है कि ऐ और औ का शुद्ध उच्चारण उसी प्रकार होना चाहिए जैसा वर्षों से पंडितों में चला आ रहा है। अंग्रेजी की तरह अर्द्धविवृत उच्चारण ठीक नहीं है। उसके लिए

बिना बिन्दु का अर्द्ध चन्द्र संकेत के रूप में भाषाशास्त्रियों ने स्वीकृत भी किया है। इसके अनुसार कॅट और शॉप में ऊपर अर्द्ध चन्द्र लगता है। इन उच्चारणों की तरह संस्कृतनिष्ठ वैद्य, औरस आदि शब्दों का उच्चारण न किया जाए, यही उचित होगा।

लिपि और लिपिचिह्न

हम देवनागरी को ध्वन्यात्मक लिपि कहते हैं। वह है भी। इसके दो आधार हम बताते हैं। एक तो यह कि इसमें जैसा बोला जाता है वैसा ही लिखा जाता है। राम के लिए 'आर.ए.एम.' की स्पेलिंग अलग से बोली जाती है और उच्चारण किया जाता है राम। हिब्रू, ग्रीक, अरबी, रोमन आदि लिपियों में वर्णों के नाम अलग है, उच्चारण अलग। नागरी में ऐसा नहीं है। दूसरे, प्रत्येक ध्वनि के लिए इसमें एक पृथक वर्ण, काना, मात्रा, अनुस्वार आदि निर्धारित हैं। यों यह ध्वन्यात्मक हुई। पर भाषिकी को बहुत बारीक तकनीकी दृष्टि से परखें तो इसकी बहुत सी परतें खुल सकती हैं। फोनेटिक्स के हिसाब से एक विचारणीय पहलू यह है कि लिपि किस हद तक ध्वन्यात्मक हो सकती है ? इस विषय में थोड़ा विवाद है कि विश्व की कोई लिपि पूर्णतः 'फोनेटिक' है भी या नहीं ? लिपि का फोनेटिक होना ध्वनिविज्ञान-भाषाविज्ञान का टेक्निकल विषय है और उस पर प्रायः सारे देशों के लिपिशास्त्रियों ने विभिन्न दृष्टिकोणों से विचार किया है। पाश्चात्य भाषाओं की स्पेलिंग बिल्कुल 'अध्वन्यात्मक' है (जिसे वे ट्रैडीशनल कहते हैं) अतः उन्हें इसकी कल्पना भी नहीं हो सकती थी कि कोई लिपि ध्वन्यात्मक हो सकती है।

अमेरिकन लिंगविस्ट और अन्य भाषा परिवारों के भाषाशास्त्री कहते हैं कि कोई लिपि फोनेटिक नहीं हो सकती। इसमें सबसे बड़ा तर्क है कि एक वर्ण जो एक जगह जिस तरह से बोला जाएगा दूसरी जगह उस तरह से कभी नहीं बोला जाएगा। एक सी तरह बोले जानेवाले वर्ण को (अक्षर) ध्वनिम, ध्वनिग्राम या 'फोनीम' कहते हैं। पर यह माना जाता है कि एक फोनीम सर्वत्र एक ही तरह नहीं बोला जाता। एक जगह फोनीम जिस तरह बोला जाता है दूसरी जगह निश्चित रूप से वह दूसरी तरह बोला जाएगा। ध्वनि के इस सूक्ष्म विभेद को देखते हुए इस उच्चारण को 'एलोफोन' कहते हैं। जैसे 'ग' एक फोनीम (ध्वनिग्राम) है। यह कई जगह अलग-अलग बोला जाता है। नागपुर में जो 'ग' लगा हुआ है—वह एक तरह से बोला जाता है, ग्राम और गंगा में दूसरी तरह से। ये सब 'ग' के एलोफोंस हैं। मोती में 'म' दूसरी तरह से बोला जाएगा और समान में दूसरी तरह से। इन सबको लिखने के ध्वन्यात्मक चिन्ह हो ही नहीं सकते अतः कोई लिपि पूर्णतः ध्वन्यात्मक नहीं हो सकती। देवनागरी में प्रायः सभी ध्वनियों के लिखने के लिए पृथक वर्ण अवश्य हैं। अतः उसे फोनेमिक या ध्वनिमीय या ध्वनिग्रामीय कहा

जा सकता है, ध्वन्यात्मक नहीं क्योंकि एलोफोंस वहाँ भी नहीं लिखे जा सकते। इसलिए यह कभी-कभी कहा जाता है कि देवनागरी लिपि भी पूर्णतः फोनेटिक नहीं है।

भारत में जितने फोनिम्स हैं उनके लिए देवनागरी में स्पष्ट और विभिन्न लिपि चिन्ह हैं किन्तु कुछ अन्य देशों में जो ध्वनियाँ बोली जाती हैं और फोनीम्स उच्चारित किए जाते हैं उनके लिए स्वतन्त्र वर्ण उपलब्ध नहीं है। वैसे, एलोफोंस के लिए पृथक लिपि चिन्हों का तो सवाल ही नहीं है। किन्तु सर्वाधिक फोनीम्स के लिए पृथक वर्ण देवनागरी में स्पष्ट विद्यमान है। विदेशी फोनीम्स में से दस-पाँच स्वरों और दो-चार व्यंजनों की ध्वनियों के लिए चाहे इसमें चिन्ह न हों। जैसे बॅट में अॅ फैला हुआ है, इसको व्यक्त करने की देवनागरी में व्यवस्था नहीं है (नहीं थी)। इसी तरह 'बॉल' के अन्दर जो आ ओ की बीच की ध्वनि है उसको व्यक्त करने का पृथक साधन नहीं है (था)। ये सब स्वर ध्वनियाँ हैं।

स्वर क्या हैं और व्यंजन क्या हैं ? इसकी परिभाषा भी समय-समय पर बदलती रही है। प्राचीन व्याकरण की मान्यता है कि 'स्वयं राजन्ते इति स्वराः अन्वग् भवति व्यंजनम्'। अर्थात् स्वर वे हैं जो अपने स्वतन्त्र रूप में बोले जा सकते हैं लेकिन व्यंजन बिना स्वरों की सहायता से नहीं बोले जा सकते। आज के विद्वानों ने इस परिभाषा को चैलेंज किया है। व्यंजन कभी-कभी स्वयं भी बोले जा सकते हैं। व्यंजनों में कुछ ऐसे है जिनको कंटीन्यूएंट्स कहते हैं। ये बिना स्वर की सहायता से बोले जा सकते हैं। जैसे टर्र र् र् र् र् र्, शि् श् श्। यहाँ र व श एक कंटीन्यूएंट है। इसमें व्यंजन ध्वनि बिना स्वर की सहायता के बोली जाती है। जब कंटीन्यूएंट व्यंजन बिना स्वरों की सहायता के भी बोले जा सकते हैं तो वे स्वर हुए क्या ? पर 'र' की ध्वनि में व्यंजन भी है स्वर भी। व्यंजन भी अपने आप में पूर्ण है। इसमें स्वर की आवश्यकता नहीं रहती। पर यह विवाद बाद में कभी समझा जाएगा।

यदि हम देवनागरी की ध्वन्यात्मकता पर कुछ सर्वमान्य निष्कर्ष निकालना चाहें तो दो-एक बातें जो विश्वमान्य हैं उन्हें तो नकारा नहीं जा सकता। एक बात तो यह है कि (जैसा कि पहले कहा जा चुका है) विश्व में अधिकतर ऐसी लिपियाँ हैं जो 'स्पेलिंग' से लिखी जाती हैं, ध्वनि के हिसाब से नहीं लिखी जातीं। वर्णों के नाम अलग होते हैं, उच्चारण अलग। इस प्रकार की लिपियों के लिए भाषाशास्त्रियों ने दो भेद कर रखे हैं। एक तो हैटरोग्राफिक जिनकी स्पेलिंग अलग होती है और उच्चारण अलग (जैसे राम के लिए 'आर.ए.एम.' लिखा जाएगा) दूसरे, होमोग्राफिक जिसमें उच्चारण के हिसाब से स्पेलिंग होती है। देवनागरी होमोग्राफिक है। तभी तो इसे फोनेमिक मानने में तो तकनीकी भाषिकीविदों को भी आपत्ति नहीं। कुछ विद्वानों का कथन है कि यह 'नियर फोनेटिक' है अर्थात् करीब-करीब फोनेटिक, क्योंकि पूर्ण ध्वन्यात्मक लिपि तो सम्भव ही नहीं है। कुछ विद्वानों के अनुसार फोनेटिक स्क्रिप्ट सम्भव जरूर है पर वह भाँति-भाँति के चिन्हों को मिलाकर बनाई जाएगी। ऐसी इंटरनेशनल फोनेटिक अल्फाबेट (आई.पी.ए.) बनाई भी गई है। अंग्रेजी तथा उसके समानान्तर स्पेलिंग द्वारा लिखी

जानेवाली लिपियाँ फोनेटिक नहीं हैं। इसी दृष्टि से देवनागरी जैसी लिपियाँ 'लगभग फोनेटिक' कही जा सकती हैं। इनमें थोड़े से परिवर्तन से यह ध्वन्यात्मक बनाई जा सकती है जो 'इंटरनेशनल फोनेटिक अल्फाबेट' का सा काम दे सकती है। ध्वनिशास्त्र पर भारतीय व्याकरण में पर्याप्त सामग्री है और वह आधुनिक शोधकर्ताओं को आश्चर्य में डाल सकती है। तभी तो ब्लूमफील्ड, ब्रुगमान, ग्रे आदि सभी विद्वानों ने भारतीय भाषाशास्त्र का लोहा माना है।

अधिकांश भाषाशास्त्रियों का मन्तव्य है कि देवनागरी लिपि फोनेमिक मानी जा सकती है अगर इसमें कुछ डायक्रिटिकल मार्क्स और जोड़ दिए जाएँ। इस विषय में हमारा मत है कि देवनागरी ध्वन्यात्मक लिपि के रूप में ही उद्‌विकसित की गई थी। पहले भी। इसलिए प्राचीन विद्वानों ने इसे पूर्ण ध्वन्यात्मक बनाने के समय-समय पर अनेक प्रयत्न किए थे, यह सिद्ध किया जा सकता है। ध्वनियों के भेद, वर्गीकरण, विश्लेषण हमारे यहाँ हजारों वर्षों के किए जाते रहे हैं और प्रत्येक के लिए पृथक् चिन्ह बनाने के प्रयत्न भी। अतः यह बहुत बारीक फोनेटिक कसौटी पर ध्वन्यात्मक हो या न हो, ध्वन्यात्मक तो है ही। प्रातिशाख्यों, शिक्षाग्रन्थों और व्याकरणों में भी संकेतित है कि रंग, स्वरभक्ति, यम, अयोगवाह, स्वराघात आदि सभी सूक्ष्म उच्चारण भेदों के लिए चाहे लिपि में पृथक वर्ण न हों पर शुद्धता हेतु प्रत्येक की सही उच्चारण शिक्षा आवश्यक है।

नागरी लिपि की ध्वनियाँ और चिह्न

इस बात पर चर्चा हो ही चुकी है कि क्या कोई लिपि पूर्णतः ध्वन्यात्मक हो सकती है ? क्या देवनागरी ध्वन्यात्मक है ? विवाद की बात तो अलग है पर यह निर्विवाद है कि नागरी में सर्वाधिक ध्वनियों, ध्वनिमों या ध्वनिग्रामों के लिए वर्ण या अक्षर हैं। देवनागरी लिपि को इसलिए फोनेमिक कह लें या फोनेटिक किन्तु आज भी इसमें थोड़ा सा संशोधन या परिवर्धन करके विश्व की सभी ध्वनियाँ लिखी जा सकती हैं। यह एक आश्चर्यजनक सत्य है कि जो कमियाँ देवनागरी लिपि में बताई जाती हैं बहुत पहले से उन्हें निराकृत करने के प्रयास किए जाते रहे हैं। प्राचीन शास्त्र, 18 तरह से 'अ' कार बोला जाता था, यह बताते हैं। सानुस्वार, सानुनासिक, उदात्त, अनुदात्त, स्वरित इत्यादि भेद और स्वराघात के चिह्न वेदकाल से लेकर आज तक के ग्रन्थों में विभिन्न तरह से लिखे-मिलते हैं। यह बारीक ध्वनियों के लेखन का सूक्ष्म प्रयास ही तो था। इनके बारे में विश्लेषण करने पर स्पष्ट हो जाएगा कि ये डायक्रिटिकल मार्क्स के रूप में ईजाद किए गए होंगे। हमारे व्याकरण में जिह्वामूलीय, उपध्माननीय, अवग्रह, उदात्त, अनुदात्त, स्वरित, असंहित, अनुस्वार आदि ध्वनियों के विवेचन व उनके लिए पृथक-पृथक डायाक्रिटिकल चिह्नों का संकेत मिलता है। गत दस सदियों के हस्तलेखों में ये चिह्न खोजे जा सकते हैं। और तो और, आधुनिक भाषाशास्त्रियों ने फोनीम के छोटे भाई टोनीम की जो खोज की है, वह टोनीम भी यहाँ के विद्वानों को ज्ञात था। स्वरों, स्वराघातों तथा व्यंजनों की ध्वनियों के विश्लेषण के लिए आज तो बहुत से यन्त्र भी हैं जो पहले नहीं थे। फिर भी वैदिक विद्वानों ने इस पर कितना सूक्ष्म विचार किया था यह आश्चर्यजनक है। याज्ञवल्क्य और पाणिनि के 'शिक्षा' नामक ग्रन्थों में ध्वनि की ही तो शिक्षा दी गई है। हमारे विद्वान प्रायः कहा करते हैं कि हर एक चीज वेद से निकली है। इसमें अन्य दृष्टियों से चाहे अतिशियोक्ति हो, पर इसमें अत्युक्ति नहीं है कि ध्वनिशास्त्र के सिद्धान्त तो वेद में पहले से थे। वाल्टर स्टेनार्ड एलन नामक पाश्चात्य विद्वान का यह साक्ष्य सम्भवतः आधुनिक भारतीय विद्वानों को (जो पाश्चात्य शोधजगत् के कायल हैं) भारतीय 'फोनेटिक्स' में पुनः श्रद्धालु बना सकता है जिसमें उन्होंने आज के डेढ़-दो हजार वर्ष पूर्व की भारतीय 'ध्वानिकी' को ध्वनिशास्त्र में अब तक का 'लास्ट वर्ड' माना है। 'फोनेटिक्स इन एनशियेंट इंडिया' उनकी प्रसिद्ध पुस्तक है जिसमें उन्होंने लिखा है कि अभी तक फोनेटिक्स के सम्बन्ध में जितने भी प्रयोग हुए हैं, वे सब भारतीय ध्वनिशास्त्र

से नीचे हैं। ''जब मैंने पाणिनि और याज्ञवल्क्य को पढ़ा, (और भी दो-तीन संस्कृत ध्वनि शास्त्र के विद्वानों का उन्होंने नाम लिया है) उनके फोनेटिक्स के प्रयोग करने के तरीके को देखकर यह लगा कि अभी तक जो किताबें निकली हैं वे उनके पासंग में भी नहीं बैठती हैं।'' उनकी यह उक्ति अक्षरशः सत्य है।

स्वराघात को ही लीजिए जिसे कुछ पाश्चात्य विद्वान टोनीम भी कहते हैं। इसं 'टोनीम' (तनिम, तानग्राम या स्वराघात) पर वैदिकों ने कितना ध्यान दिया है, जरा देखिए। सही स्वर निकलना चाहिए यह वेद में बहुत जरूरी है। 'टोनीम' का इशारा पहले तो पुस्तक में चिह्न करके दिया जाता है। उसी प्रकार का स्वर निकालने का प्रयत्न किया जाता है। जब कोई स्वर अच्छी तरह से उच्चारित नहीं हो पाएगा यह आशंका होती है तो उसे पूरी तरह से अभिव्यक्त करने के लिए शरीर के किसी अंग से भी इशारा किया जाता है। ऋचा बोलते समय उँगली या हाथ हिलाए जाने का यही रहस्य है। (जैसे हम बोलते समय अपने मकसद को व्यक्त करने के लिए हाथ हिलाते हैं)। यद्यपि यह हाथ हिलाना उच्चारण की कमजोरी का लक्षण है पर ठीक वही सूक्ष्म स्वर निकालने के लिए ऐसा करना वेद में बहुधा जरूरी हो जाता है। स्वर की शुद्धता के बारे में कहा गया है कि प्राचीन काल में किसी ने इन्द्रघातक (इन्द्र को शासन से हटाने के लिए) यज्ञ किया था और उसमें यह कामना की गई थी कि 'इन्द्र को मारनेवाला पैदा हो' किन्तु स्वर में थोड़ा विपर्यय हो जाने से जो पैदा हुआ वह इन्द्र के द्वारा स्वयं मारा गया क्योंकि उसके उलटा यह अर्थ निकल गया कि इन्द्र जिसको मारनेवाला है वह पैदा हो। इस कहावत से आप अन्दाजा लगा सकते हैं कि वेदों में टोनीम का कितना महत्त्व था।

यह निर्विवाद सत्य है कि फोनेटिक्स के सिद्धान्तों की दृष्टि से हजारों वर्षों पूर्व दुनिया में सबसे आगे भारतीय ही थे। डायक्रिटिकल मार्क्स की बात ही लें। वेदों की संहिताओं में आज भी उदात्त, अनुदात्त, स्वरित, यम, आदि ध्वनियाँ तथा अन्य ग्रन्थों में जिह्वामूलीय आदि ध्वनियाँ विभिन्न चिह्नों से संकेतित मिलती हैं। इन्हें ही डायाक्रिटिकल मार्क कहा जाता है। ऐसा लगता है कि यदि कुछ इसी तरह के निशान हम दूसरी भाषाओं की ध्वनियों के लिए बना लें तो विश्व की सारी ध्वनियों की अभिव्यक्ति भी पूर्ण रूप से हो सकेगी। भाषिकी के विद्वानों की समिति के परामर्श से भारत सरकार ने देवनागरी में ऐसे ध्वनिचिह्न लगाकर उसे पूर्णता प्रदान करने का जो प्रयत्न किया था उसके फलस्वरूप 'परिवर्धित देवनागरी' नामक पुस्तिका प्रकाशित हुई थी। उसके अनुशीलन से स्पष्ट होगा कि बॉल और बॅट की ध्वनियों के लिए जिस प्रकार अर्धचन्द्र का चिह्न प्रयुक्त होता है उसी प्रकार कुछ चिह्न और जोड़ लिये जाएँ तो सभी तरह की ध्वनियों को देवनागरी लिपि में निकालने में कोई कठिनाई नहीं होगी। कुछ ध्वनियाँ ऐसी हैं जो प्रदेश विशेष के बोलने में ही आती हैं, जैसे अन्तःस्फुट ग-कार या ज-कार या ब-कार। सिन्ध, गुजरात और पश्चिम राजस्थान में आप जाएँ तो पाएँगे कि इन व्यंजनों की ध्वनि अलग प्रकार की निकलेगी। यह ध्वनि 'इम्प्लोजिव' या अन्तःस्फुट कही जा सकती है। इसी प्रकार कुछ विदेशी भाषाओं की ध्वनियाँ हैं। इन अतिसूक्ष्म विकारों का

चित्रण किसी भी लिपि में असम्भव है। किन्तु यदि कोई लिपि थोड़े से मार्क्स लगाने से अधिक-से-अधिक ध्वन्यात्मक हो सकती है तो वह देवनागरी ही है क्योंकि इसमें पहले से ही बहुत से वर्ण, मात्राएँ तथा बारहखड़ी विद्यमान है। थोड़े से प्रयत्न से हम देवनागरी लिपि को फोनेटिक बना सकते हैं, यही देवनागरी लिपि का वैज्ञानिक महत्त्व है।

सम्पर्क लिपि देवनागरी

भारत की समस्त भाषाएँ एक सांस्कृतिक सरिता की विभिन्न धाराएँ हैं। उनमें जिस प्रकार समान सांस्कृतिक विरासत का एक सूत्र पिरोया हुआ है उसी प्रकार संस्कृत की शब्दावली भी सभी भाषाओं में कमोबेश समाविष्ट है। गुजराती, बंगला, कन्नड़, मलयालम आदि के साहित्य में एक ही सांस्कृतिक चेतना परिलक्षित होती है। उनकी लिपियाँ अलग-अलग होने के कारण इनमें पृथक्ता सी महसूस होती है। इसीलिए यह चिन्तन पिछली सदी से ही चल रहा है कि सभी भारतीय भाषाओं के लिए यदि एक कोई लिपि निर्धारित कर दी जाए तो वे बहुत निकट आ सकती हैं। मराठी ने तो नागरी लिपि को अपना ही लिया है। इसीलिए इलाहाबाद के न्यायमूर्ति शारदाचरण मित्र ने 1905 में 'एक-लिपि-विस्तार-परिषद्' स्थापित की थी। लोकमान्य तिलक ने नागरी प्रचारिणी सभा, वाराणसी के एक अधिवेशन में नागरी को समस्त भारतीय भाषाओं के लिए सामान्य लिपि के रूप में अपनाने का समर्थन किया था। 1910 में इलाहाबाद में 'एक-लिपि- सम्मेलन' आयोजित किया गया था जिसमें संस्कृत के विद्वान न्यायमूर्ति वी. कृष्णस्वामी अय्यर ने सभी भाषाओं की एक लिपि देवनागरी को बनाने का अध्यक्ष पद से समर्थन किया था। गाँधीजी ने 1937 में भारतीय साहित्य परिषद्, मद्रास के अध्यक्ष पद से सभी भाषाओं के लिए देवनागरी को राष्ट्रलिपि बनाने का सुझाव दिया था। विनोबा भावे ने भी जीवन भर इसी मिशन को लेकर कार्य किया। नेहरूजी ने भी ऐसा कहा था कि समस्त भारतीय भाषाओं के लिए अतिरिक्त लिपि के रूप में देवनागरी को स्वीकार किया जा सकता है। अगस्त 1961 में मुख्यमन्त्रियों के सम्मेलन में भी यह निर्णय हुआ।

इस दृष्टि से सब भाषाओं का देवनागरी में अनुलेखन हो सके इस पर विशेषज्ञों ने विचार किया। जिस प्रकार 1961-62 में भारत सरकार की विशेषज्ञ समिति ने वर्तनी के मानकीकरण पर विचार किया था उसी प्रकार विभिन्न भाषाओं के विद्वानों की एक समिति इस बात के अध्ययन के लिए भी गठित की गई थी कि सभी भाषाओं की ध्वनियों के लिए देवनागरी में किस प्रकार नवीन प्रतीकों को समाविष्ट किया जा सकता है। इसके फलस्वरूप जो निर्णय हुए उन्हें भारत सरकार ने लागू करने हेतु **परिवर्धित देवनागरी** नामक पुस्तिका 1966 में प्रकाशित की। इसमें सभी भाषाओं की ध्वनियों के लिए देवनागरी के वर्णों में डायाक्रिटिकल मार्क्स लगाने की सिफारिश की गई है। प्रमुख सिफारिशें इस प्रकार हैं—

नए लघु चिह्न

नागरी में सभी स्वरों के लिए काना, मात्रा आदि अलग-अलग निर्धारित हैं। इन्हें स्वराक्षरी या बारहखड़ी भी कहा जाता है। इसमें दक्षिण भारत की चार भाषाओं के तथा कश्मीरी के ह्रस्व ए तथा ओ के लिए पृथक मात्राएँ नहीं हैं। उदाहरणार्थ तेलगू शब्द का उच्चारण न तो ते से होता है, न ति से होता है न तै से होता है। यह ह्रस्व ए है। इसी प्रकार कन्नड़ के ओंदू का उच्चारण न तो ओ से होता है न औ से। यह ह्रस्व ओ है। इनके लिए यह तय किया गया कि ए के अर्धबिन्दु लगाकर ऍ यह ध्वनि निकाली जाए। ओ के ऊपर मात्रा को उल्टी तिरछी अर्थात् दाहिनी ओर उठती हुई (ओ') बना दिया जाय। ते या को लिखते समय अक्षर से ऊपर इसी प्रकार उल्टी तिरछी (त' का') मात्रा लगाई जाय। यह शिरोरेखा के ऊपर खड़ा कोमा (अल्पविराम) जैसा लगेगा।

कश्मीरी भाषा के अ, आ, उ, ऊ का विशिष्ट उच्चारण होता है। उनके लिए शिरोरेखा के ऊपर खड़ी लाइन (उदात्त चिह्न की तरह) लगाई जाए। कश्मीरी के कुछ शब्दों के अन्त में आनेवाले छोटे इ और उ की अत्यल्प ध्वनियों के लिए यह तय हुआ कि उनके नीचे बिंदी (नुक्ता) जैसी लगाई जाय। कश्मीरी का चवर्ग (च, छ, ज, झ) नरम बोला जाता है। उसके लिए तय हुआ कि अक्षरों के नीचे अधोरेखा याने सीधी लाइन (अनुदात्त चिह्न की तरह) लगाई जाय। सिन्धी के ग॒, ज॒, द॒ और ब॒ अन्तःस्फुट ध्वनि के साथ बोले जाते हैं। पश्चिमी राजस्थान में भी ऐसा ही गूँजता हुआ उच्चारण होता है। इनके लिए भी नीचे सीधी लाइन लगाई जाय।

तमिल में ळ ध्वनि तो है ही, उसके भी महाप्राण (यौगिक) एक ध्वनि और है जैसे तमिळ। इसको ळ॒ के नीचे सीधी रेखा लगाकर लिखा जाएगा। मलयालम में ष जैसी एक और ध्वनि है। उसके लिखने के लिए ष के नीचे नुक्ता लगाना तय हुआ। इसी प्रकार दक्षिण की चारों भाषाओं के गूँजनेवाले र॒ के उच्चारण के लिए नीचे सीधी रेखा लगाना तय हुआ। तमिल और मलयालम के न॒ की एक विशिष्ट ध्वनि होती है। उसके लिए भी नीचे सीधी रेखा लगाई जाएगी। इस प्रकार डायाक्रिटिकल मार्क्स लगाकर सभी भाषाओं की ध्वनियाँ नागरी में निकाली जा सकेंगी। उर्दू के शब्दों के लिए इसी प्रकार नुक्ता लगाने की पुरानी परम्परा पहले से थी ही। अब अन्य भाषाओं की 10-15 ध्वनियों के चिह्न और तय कर दिए जाने से इनके साहित्यों का सही ढंग से अनुलेखन सम्भव हो जाएगा। विशेषज्ञ समिति ने इन पर गहरा विचार किया था और ये सिफारिशें इस दृष्टि से की थीं कि टाइपराइटर और प्रेस में इनके लिए आसानी से व्यवस्था हो सके। इनमें कुछ चिह्नों की कुंजियाँ तो टाइपराइटर के कुंजी पटल में रख भी दी गई हैं। केन्द्रीय हिन्दी निदेशालय, नई दिल्ली ने विभिन्न भाषाओं में संविधान की धारा 351 को अनूदित और नागरी में अनुलिखित कर इन चिह्नों का व्यावहारिक प्रदर्शन भी किया था। समय के थपेड़ों के बीच **परिवर्धित देवनागरी** नामक यह पुस्तिका आज भुला दी गई हो तो बात अलग है।

सही समझ बारहखड़ी की

हमने चर्चा की थी कि शब्दकोष में शब्दों को ढूँढ़ निकालने की प्रक्रिया अंग्रेजी के मामले में जितनी सरल है, हिन्दी के मामले में उतनी ही कठिन है। अंग्रेजी की टेलीफोन डाइरेक्टरी या डिक्शनरी में वर्णक्रम देखना अधिक कष्टदायक नहीं है, शायद इसीलिए कम अंग्रेजी जाननेवाले और अच्छी हिन्दी जाननेवाले भी अंग्रेजी की टेलीफोन डाइरेक्टरी लेना अधिक पसन्द करते हैं। इस कठिनाई का कारण तो स्पष्ट है। अंग्रेजी में अर्थात् रोमन लिपि में कुल 26 अक्षर हैं अतः उनका क्रम देखने में 26 अक्षरों का आगे-पीछे का क्रम ही ध्यान में रखना पड़ता है जबकि देवनागरी वर्णमाला में ध्वन्यात्मक होने के कारण प्रत्येक ध्वनि के लिए एक पूरा अक्षर निर्धारित है। इसका परिणाम यह होता है कि 34 वर्णों में 11 काना मात्रा लगाने से 374 तो सीधे-सीधे अक्षर ही बन जाते हैं फिर अनुस्वार सहित अक्षर भी होते हैं, तथा संयुक्ताक्षर भी होते हैं जिनमें एक ही स्वर होता है जैसे क्रूर, श्लेष आदि शब्दों की शुरुआत में ही दो व्यंजन और एक स्वर है। इन सबका वर्ण क्रम समझने में थोड़ी बुद्धि अवश्य लगानी पड़ती है। इस लिहाज से हम मानते हैं कि देवनागरी लिपि में अन्य सब मामलों में पूर्णतः वैज्ञानिक होने के कारण उच्चारण में हर ध्वनि का अंकन तो कर दिया गया किन्तु उसके अक्षरों के कुनबे में भारी भीड़ हो गई। तभी तो वर्णक्रम समझने के लिहाज से रोमन लिपि अधिक सुविधाजनक लगती है।

हमारे पास आए दिन ऐसी जिज्ञासाएँ आती रहती हैं कि बाबूलाल और बंसीलाल के वर्णक्रम में पहले कौन आएगा, कृष्ण कुमार और कुंजबिहारी में पहले कौन आएगा आदि। छात्रों को हिन्दी शब्दकोष में यह मुश्किल भी लगती है कि कूर शब्द के आसपास ही वे क्रूर शब्द को भी ढूँढ़ते हैं पर वह मिलता है बहुत आगे क्रीड़ा और क्रोध के बीच में। यह मुश्किल तो बहुतों को दुख देती है कि क्ष, त्र, ज्ञ को वर्णमाला के अन्त में मानकर वे टेलीफोन टायरेक्टरी में क्षीरसागर, त्रिलोकी प्रसाद, ज्ञान प्रकाश जैसे नामों को अन्त में ढूँढ़ते हैं पर क्षीर क के खाने में मिलता है, त्रिलोकी प्रसाद त के और ज्ञान प्रकाश ज के। इन तीन अक्षरों में और अनुस्वारवाले अक्षरों में वर्णक्रम सही न पकड़ पाने का कारण तो हमारा बारहखड़ी पढ़ाने का पुराना तरीका है। श, ष, स, ह से जो वर्णमाला समाप्त होती है उसके बाद क्ष, त्र, ज्ञ रटा देने से यह भ्रम होता है कि ये अन्तिम अक्षर हैं। इसके अतिरिक्त बारहखड़ी में क, का, कि, की के अन्त में को, कौ,

कं, कः रटने से ऐसा लगता है कि कं और कः बारहखड़ी के अन्तिम अक्षर हैं। इनमें जो भ्रम होता है वह जीवन भर चलता है। तभी हम समझते हैं कि कौशल कुमार के बाद कंस आएगा जबकि आता है वह सबसे पहले। कहीं-कहीं तो बारहखड़ी में कृ को शामिल ही नहीं किया जाता। (उसका कारण है हिन्दी की बोलियों में उसका न होना) इस लिहाज से वर्णमाला को सही सीखना जरूरी होगा।

एक तो बारहखड़ी शब्द से भी भ्रम होता है कि यह बारह अक्षरों की होगी। बारहखड़ी शब्द का बारह से कोई ताल्लुक नहीं है। यह वस्तुतः स्वराक्षरी का उपभ्रंश है जिसका अर्थ होता है व्यंजनों में विभिन्न स्वर लगाकर अक्षर बनाना। बिना स्वर के व्यंजन वर्ण ही रहता है, अक्षर नहीं बनता। क ख ग घ सबमें एक व्यंजन है (क् ख् ग् घ्) और एक स्वर (अ) तब क ख ग घ अक्षर बनते हैं। वर्ण और अक्षर को एक-दूसरे का पर्याय माननेवाले विद्वानों को यह समझ लेना चाहिए। अब व्यंजनों में अ तथा काना मात्रा लगाकर अर्थात् अ आ इ ई से ओ औ तक के स्वरों को जोड़कर जितने अक्षर बनते हैं वे संस्कृत में तो 13 अथवा 14 होते थे यह बात अलग है किन्तु आजकल हिन्दी में ग्यारह ही हैं। उदाहरणार्थ क की स्वराक्षरी बनेगी क, का, कि, की, कु, कू, कृ, के, कै, को, कौ। बस। यों 10 काना मात्रा और एक अकार सहित क, को मिलाकर 11 ही बनते हैं। यह वर्णक्रम क, ख, ग, घ से लेकर श, ष, स, ह तक के 33 व्यंजनों का होगा। यों व्यंजनों से बननेवाले 374 अक्षरों का क्रम समझने में कोई मुश्किल नहीं होनी चाहिए। इसके बाद यदि यह समझ लें कि इन अक्षरों पर लगनेवाली कुछ और ध्वनियाँ हैं जिनमें अनुस्वार, अनुनासिकता चिह्न, विसर्ग आदि आते हैं जो इन सभी अक्षरों पर लगते हैं, केवल अं, अः या कं, कः पर ही नहीं लगते हैं, कुंज, वृंद, भोंदू, केंद्र, डींग, भौंरी, सिंह इनमें भी लगते हैं तो बात समझ में आ जाएगी। इसी तरह अतः की तरह दुःख, निःसन्देह, निःसार आदि में हर प्रकार के स्वर के आगे विसर्ग आ सकता है। अँगना, कुँवर, गैंडा आदि में अनुनासिकता चिह्न भी इसी तरह का है। इसलिए छात्रों को यह समझना जरूरी है कि 11 अक्षरों में से प्रत्येक पर अनुस्वार, अनुनासिक, विसर्ग आदि आ सकते हैं (जिन्हें अयोगवाह कहा गया है) अतः उन्हें बारहखड़ी में न रटा जाए और वर्णक्रम में शामिल न किया जाए। इसके बाद अनुनासिक और अनुस्वार पहले क्यों आएँगे इसका तकनीकी कारण न भी बताएँ तो यह समझा देना पर्याप्त होगा कि इस वर्णक्रम में जब शब्दों को लगाएँगे तो सबसे पहले अनुनासिक और अनुस्वारवाले अक्षर आएँगे, बाकी सब वर्णक्रम से। उदाहरणार्थ क के खाने में कँकड़ी व कंकड़ी पहले आएँगी, ककड़ी बाद में। अर्थात् क से शुरू होनेवाले शब्दों में सबसे पहले कं से शुरू होनेवाले शब्द आएँगे, का से शुरू होनेवाले शब्दों में सबसे पहले कां वाले शब्द आएँगे। यदि काशीरामजी और कांशीरामजी नाम के दो व्यक्ति चुनाव लड़ें तो उनके मत पत्र में पहले कांशीराम नाम छपेगा, बाद में काशीराम का। इसी प्रकार बृंदावन लाल पहले आएगा बृजभूषण बाद में। अनुस्वार और अनुनासिक की यह भूमिका समझने से बहुत सी गुत्थियाँ सुलझ जाएँगी।

कैसे देखें शब्दकोष?

नागरी वर्णक्रम में यदि शब्दकोष बनाएँ तो सबसे पहले तो अ से लेकर औ तक सारे स्वर आएँगे जिनका क्रम यों है—अ, आ, इ, ई, उ, ऊ, ऋ, ए, ऐ, ओ, औ ये 11 स्वर हैं। इनमें ऋषि के ऋ को न भूलें। इन (सभी) पर अलग से अनुस्वार, अनुनासिक आदि और लग सकते हैं। तब ये 33 हो जाएँगे। पढ़ाने के पुराने तरीके से जब हम अं, अः को भी ओ, औ के बाद रटा देते हैं तो विद्यार्थी को लगता है कि ये दो स्वर अलग हैं और अन्त में आते हैं। यह गलत है। अनुस्वार और अनुनासिक तथा विसर्ग सभी स्वरों पर लग सकते हैं। ईंट, ऊँट, ऐंठना आदि में भी ये ध्वनियाँ हैं। इन्हें अयोगवाह कहा जाता है जो सभी स्वरों के साथ जा सकता है। अतः इन्हें 11 स्वरों के साथ न रटाकर इनके चिह्न अलग-अलग बताना ही पर्याप्त होगा। वैसे तो विसर्ग संस्कृत की ही धरोहर है किन्तु हिन्दी में भी आ सकता है अतः उसे समझना भी उचित होगा। इसी प्रकार व्यंजनों को रटाते समय क, ख से लेकर स, ह तक का रटाना तो जरूरी है क्योंकि क्, च्, ट्, त्, प् के पाँच वर्ण हैं और इनके 5-5 अक्षर मिलकर 25 स्पर्श व्यंजन बनते हैं और य्, र्, ल्, व् चार अन्तःस्थ और श, ष, स, ह ऊष्म व्यंजन मिलकर 8 और जुड़ जाते हैं। ये 33 व्यंजन प्रत्येक के साथ 11 स्वर लगाते हुए इसी क्रम से आएँगे अतः इसे समझ लेने के बाद शब्दकोष देखना आसान हो जाएगा।

इनमें से प्रत्येक व्यंजन किसी-न-किसी स्वर के साथ ही साफ बोला जा सकता है अतः क, ख आदि में 'अ' स्वर मिला हुआ है (क्+अ=क)। प्रत्येक व्यंजन में स्वर लगने पर ही अक्षर बनता है। 'अ' स्वर के साथ तो हम वर्णमाला बनाते ही हैं, अन्य स्वरों के लिए का, कि, की, आदि में काना या इकार, ईकार आदि स्वरों की मात्राएँ लगेंगी। क का कि की कु कू कृ के कै को कौ की तरह सभी में क्रम वही रहेगा। अनुस्वार और अनुनासिकता चिह्न प्रत्येक के ऊपर आ सकता है। मोटे रूप में उनका क्रम समझने के लिए यह बतलाकर कि इनमें पहले सानुनासिक और अनुस्वारान्त अक्षरों को लेना चाहिए, छात्रों की कठिनाई कम की जा सकती है जैसा हम बता चुके हैं। कु कू के बाद कृ आता है अतः कोषों में कूल्हा, कूष्मांड आदि शब्दों के बाद कृत, कृतज्ञ आदि शब्द आएँगे। इसके अतिरिक्त यह भी ध्यान देना चाहिए कि श, ष, स, ह के बाद क्ष, त्र, ज्ञ रटा-रटाकर यह अहसास न कराया जाए कि ये अलग अक्षर हैं और वर्णमाला के अन्त में आते हैं। उन्हें यही बताया जाए कि क् और ष् के संयुक्ताक्षर को लिखने के

लिए अक्षर का एक पृथक् रूप बनाया गया था जैसे क्ष लिखा जाता है। त और र के संयुक्ताक्षर को त्र लिखते हैं और ज तथा ञ के संयुक्ताक्षर को ज्ञ लिखते हैं जिसका उच्चारण ग्यारह के ग्य की तरह होता है। वास्तव में छात्रों को संयुक्ताक्षरों के तरीके बताते समय गुरु लोग वे सारे प्रकार बताते थे जिनसे वर्ण जुड़कर संयुक्त अक्षर बनते। कहीं खड़ी पाई हटा कर, कहीं सूंड काट कर। जैसे क की सूँड काटकर ल में मिलाएँगे, (शुक्ल), कहीं स का डंडा काटकर 'स्थान' बनाएँगे। जिन संयुक्ताक्षरों के लिए अलग ही रूप निर्धारित होता था उन्हें वे अलग से समझा देते थे जिसका परिणाम है क्ष, त्र, ज्ञ। आजकल का अध्यापक यदि उनके साथ-साथ विद्या का द्य, बुद्ध का द्ध और द्वितीय का द्व भी अलग से समझा दें तो बुरा नहीं है। वर्णक्रम में ये द के खाने में ही आएँगे, केवल संयुक्ताक्षर का स्वरूप सीखना होगा।

इसके अतिरिक्त अनुस्वार और विसर्ग की तरह अन्य ध्वनि चिह्न भी अध्यापक सिखाएगा जैसे अनुनासिकता का (जैसे अँगीठी), हलन्त का (जैसे पृथक्, षट्कोण), नुक्ते का (जैसे उर्दूनिष्ठ फ़िरोज, फ़िज़ूल, ख़त, ग़ज़ल आदि शब्दों में साफ्ट संघर्षी ध्वनि का तथा ड़ और ढ़ (पेड़, बूढ़ा) में उत्क्षिप्त ध्वनि का)। आदि। रेफ से सयुक्ताक्षर बनानेवाले चिह्न किस प्रकार शिरोरेखा से ऊपर और अक्षर के नीचे लगते हैं, यह बात वह व्यंजनों के साथ बताएगा ही (जैसे तुर्रा, राष्ट्र, क्रम आदि में)। आशय यह है कि क्ष, त्र, ज्ञ की तरह जो संयुक्ताक्षर विशिष्ट रूप लेकर बनते हैं उन्हें वर्णमाला के क्रम में शामिल नहीं करना चाहिए अन्यथा छात्रों को वर्णक्रम की भ्रान्तियाँ रहेंगी। हमें केवल यह बताना है कि संयुक्ताक्षर हिन्दी में कैसे बनते हैं। कहीं डंडा हटाकर (जैसे स्थान, प्लाजा, त्याग, श्याम, व्यय, ब्लैक, ख्वाजा आदि) कहीं सूंड काटकर (जैसे क्लेश, उल्का आदि)। र के लिए यह छूट है कि वह कभी ऊपर बैठ जाएगा (जैसे आशीर्वाद) कहीं नीचे लटक जाएगा जैसे ट्रक और कहीं बाईं और अटक जाएगा (जैसे क्रम, प्रेम) बाकी सब अक्षर को संयुक्ताक्षर बनाने के लिए हलन्त चिह्न लगाना सबसे सीधा तरीका है (ट्वेल्व, उच्छ्वास आदि) । ये सारे चिह्न नागरी लिपि के डायाक्रिटिकल मार्क्स हैं जिनमें अब हॉल, टॉप आदि में काना के ऊपर लगनेवाला अर्ध चन्द्र भी शामिल हो गया है। इन सबको आज का अध्यापक समझाए यह जरूरी हो गया है।

इस प्रकार वर्णमाला बताने के नए वैज्ञानिक तरीके से वर्णक्रम समझने में कुछ भ्रान्तियाँ दूर हो सकती हैं। अब विद्यार्थी आसानी से समझ जाएगा कि क्षत्रिय शब्द क के खाने में वहाँ आएगा जहाँ र, य, ल, व जोड़कर बननेवाले संयुक्ताक्षर समाप्त होंगे (जैसे क्+य्+आ=क्या, क्+र्+अ म=क्रम, क्+ल्+ए+श=क्लेश, क्+व्+आ+लिटी=क्वालिटी आदि) इसी प्रकार त्रिलोक (त्+र+इ) शब्द त के खाते में त्याग आदि शब्दों के बाद आएगा और ज्ञान प्रकाश (ज्+ञ्+आ) ज के खाने में संयुक्ताक्षरों के क्रम में (जौहर के बाद) आएगा और उसके बाद (ज्+य्+आ) ज्यादा, ज्येष्ठ आदि शब्द आएँगे। तब यह समझना अधिक कठिन नहीं होगा कि 'अंक' से लेकर 'ह्लादिनी' शक्ति तक के हिन्दी शब्दकोष के शब्द किस क्रम में आते हैं। छात्रों को यह तो समझना होगा ही कि

इनमें प्रत्येक के ऊपर जहाँ अनुनासिक या अनुस्वार लगेगा वह सबसे पहले आएगा, बाकी के बाद में। जैसे गू से शुरू होनेवाले शब्दो में सबसे पहले गूँगा, गूँथना आएँगे और उसके बाद ही स्वयं गू, गूजर आदि आएँगे। गेंद पहले आएगा और गेय आदि बाद में। मोटे रूप में अनुनासिक व अनुस्वार की यह स्थिति समझना पर्याप्त होगा। जहाँ अम्बा की बजाय अंबा है वहाँ संयुक्ताक्षरों का यही क्रम रहेगा। परसवर्ण के इस तकनीकी झमेले में संस्कृतवाले ही पड़ा करते हैं, हिन्दी के छात्रों को उसके चक्कर में न डालें वरना बिंदु, बिन्दु, संप्रेषण, सम्प्रेषण जैसे शब्दों में अनुस्वारवाला वर्णक्रम और आधे न वाला वर्णक्रम समझने में मुश्किल होगी। हिन्दी में तो इसीलिए सबको बिन्दी लगाकर लिखने की छूट को तरजीह दी गई है।

हम यह मानते हैं कि नागरी लिपि के ध्वन्यात्मक होने के कारण अक्षरों के परिवार का बेतहाशा बढ़ते जाना उच्चारण में तो यथार्थ अंकन के हित में रहता है पर वर्णक्रम देखने में छात्रों को चकरा देता है। केवल यही एक मुद्दा है जिस पर रोमन लिपि अधिक सुविधाजनक सिद्ध होती है। इस लिहाज से हम तो छात्रों को यहाँ तक भी समझाने के पक्ष में हैं कि यदि वर्णक्रम में कोई भ्रम होने लगे तो उन संयुक्ताक्षरों को रोमन में लिखकर देख लें जहाँ व्यंजन और स्वर अलग-अलग अल्फाबेट से लिखा जाता है। हिन्दी के वर्णक्रम को दृष्टिगत रखते हुए अधिक आसानी से अंग्रेजी का छात्र समझ सकेगा। यह भी एक प्रमुख कारण है कि टेलीफोन डाइरेक्टरी के हिन्दी संस्करण की माँग कम रहती है, अंग्रेजीवाले की ज्यादा। यह असुविधा अवश्य है किन्तु हिन्दी टेलीफोन डाइरेक्टरी में यह सुविधा तो है ही कि इसमें गेंदालाल 'गेंडालाल' नहीं पढ़ा जाएगा, मोतीबाई, 'मोटीबाई' नहीं पढ़ी जाएगी। अंग्रेजी की टेलीफोन डाइरेक्टरी में ऐसे सैकड़ों भारतीय नाम गलत ही लिखे जाएँगे, सही लिखे ही नहीं जा सकते। यह एक दूसरा ही पक्ष है जिस पर यहाँ कुछ कहना जरूरी नहीं।

भाषा चिन्तन

भाषा ज्ञान और निज-भाषा का गौरव

देश में अंग्रेजी हटाओ का नारा सुनकर किसी को आश्चर्य नहीं होना चाहिए। जो देश गुलाम रहे हैं उन सभी में शासक की भाषा जनजीवन में इतनी पैठ गई थी कि उसका ज्ञान आभिजात्य का प्रमाण माना जाता था, सरकारी नौकरियों का वह पासपोर्ट हुआ करता था और उस भाषा में दक्षता का अनुपात सामाजिक सम्मान के अनुपात को निर्धारित करता था, उन सभी देशों ने स्वभाषा आन्दोलन चलाए थे। किसी समय फ्रांसीसी भाषा किस प्रकार योरोप तथा अन्य अनेक देशों में आभिजात्य और उच्च स्तर का प्रतीक थी यह इतिहास में सुविदित है। आज ठीक वही हालत भारत में अंग्रेजी की है। अंग्रेजी माध्यम के नाम से चलनेवाले स्कूलों के आगे लगी लम्बी कतारें इसी का प्रमाण है। धीरे-धीरे हिन्दी तथा अन्य भारतीय भाषाओं को सरकारें, न्यायालय, बैंक आदि मान्यता दे रहे हैं अतः शनैः शनैः वह भी सम्मान का आधार बन जाएँगी किन्तु अब तक तो अंग्रेजी ही उच्च वर्ग का प्रतीक बनी हुई है। हमारा मन्तव्य यह नहीं होना चाहिए कि अंग्रेजी के ज्ञान से वंचित रहने में हम कोई बहुत बड़ी देशभक्ति या आत्मगौरव मानें। उसका ज्ञान आज अनेक कार्यों के लिए स्पृहणीय है, विदेशों में वह काम आ सकती है, कंप्यूटर में काम आ रही है, तथा उसके माध्यम से हम विश्व के वैज्ञानिक और शोध साहित्य से परिचित हो सकते हैं। अतः त्रिभाषा फॉर्मूले में उसका ज्ञान थोड़ा-थोड़ा सबको हो यह मानकर शिक्षा जगत चल ही रहा है।

असन्तुलन तथा दृष्टिकोण की विकृति वहाँ शुरू होती है जहाँ हम यह मानते हैं कि सब विषय पढ़ने के लिए अंग्रेजी माध्यम ही अच्छा है या यह कि अंग्रेजी में दक्षता ही ज्ञान की कसौटी है। किसी भाषा का ज्ञान अलग बात है और जीवन को उस भाषा के माध्यम से चलाना अलग बात। अब तक हम अंग्रेजी को साधन न मानकर साध्य मानते रहे हैं इसीलिए नजरिया सही नहीं हो पाया है। यह दृष्टिभ्रम स्वतन्त्रता के बाद अधिक आया है, यह और भी अधिक आश्चर्य की बात है। आज धाराप्रवाह अंग्रेजी बोलने मात्र को गौरव की दृष्टि से देखा जाता है। दो विद्वानों में टी.वी. के अंग्रेजी क्वीज कार्यक्रम को देखकर यह चर्चा होने लगी कि उसका संचालक कितनी बढ़िया अंग्रेजी बोलता है। एक सज्जन तो उसकी अंग्रेजी की गति से ही चित हो गए किन्तु दूसरे ने यह कहा कि यह हाल हमारे भारत का ही है कि अपनी भाषा चाहे न आए पर विदेशी भाषा पर अधिकार होने मात्र से व्यक्ति का मूल्यांकन उभर जाता है। गौरव तब होना

चाहिए जब अपनी भाषा पर पूरा अधिकार हो, साथ ही अन्य देशों की भाषाओं पर भी आप अधिकार पा लें। भारत की प्रतिभाएँ इसी प्रकार की रही हैं। कौन नहीं जानता कि मुगलकाल में जब फारसी राजभाषा थी, फारसी पर अधिकार और उम्दा फारसी लिखना, बोलना समाज में रौब का मापदंड था। उस समय भारत के बहुत से विद्वानों और शासकों ने फारसी पर इतना अधिकार कर लिया था कि जब मुस्लिम देशों के शिष्ट मंडल भारत आते थे तो उनसे फारसी में बातचीत करने के लिए इन भारतीय लोगों को भेजा जाता था। जयपुर के मिर्जा राजा जयसिंह के लिए कहा जाता है कि बादशाह उन्हें विदेशी शिष्ट मंडलों के स्वागतार्थ इसीलिए भेजता था कि उनकी फारसी मुगलों से भी अच्छी थी।

अंग्रेजी के साथ भी यही हाल हुआ। सब जानते हैं कि श्रीनिवास शास्त्री (जो गोलमेज सम्मेलन में भी शामिल हुए थे,) इतनी बढ़िया अंग्रेजी लिखते-बोलते थे कि अंग्रेज भी कहा करते थे कि हमें खुद नहीं मालूम था कि अंग्रेजी इतनी अच्छी बोली जा सकती है। डॉ. राधाकृष्णन् जैसे अनेक विद्वान यहाँ हुए जिनकी अंग्रेजी का लोहा विश्व में माना जाता था किन्तु वे सब अपनी-अपनी मातृ-भाषाओं में, संस्कृत में, देश की विद्याओं में निष्णात पहले होते थे उसके अतिरिक्त अंग्रेजी पर भी अधिकार रखते थे। ऐसा नहीं होता था कि अपनी भाषा तो जानते नहीं, अंग्रेजी को अंग्रेजों की तरह नकल करके बोलने-लिखने में वर्षों तक दंड पेलकर विदेशी एक्सेंट में अंग्रेजी बोलने को ही जीवन का अन्तिम लक्ष्य मानते रहे हैं। आजकल ही ऐसे महानुभाव पैदा हुए हैं। पहले नहीं होते थे। पहले अंग्रेजी के जो बहुत अच्छे विद्वान लेखक या कवि होते थे वे अपनी भाषा पर भी पूरा अधिकार रखते थे।

अंग्रेजी साहित्य का गहन अध्ययन, अंग्रेजी माध्यम से विज्ञान का अध्ययन, यह सब वांछनीय ही नहीं सराहनीय भी है किन्तु उसके साथ ही हम अपनी भाषा में दक्ष हों तथा अंग्रेजी के ज्ञान से अपनी भाषाओं को समृद्ध करें यह यह उससे भी अधिक वांछनीय और सराहनीय है। मेक्समूलर और लोठार लुत्से जैसे जर्मनों, विलियम जोंस जैसे अंग्रेजों, खोंडा जैसे डचों, नार्मन ब्राउन जैसे अमेरिकियों तथा वारान्निकोव और चेर्निशेव जैसे रूसियों एवं ओडोलेन स्मेकल जैसे चेकों ने संस्कृत और हिन्दी भाषा पर पूरा अधिकार कर रखा था किन्तु वे अपनी भाषा नहीं भूले थे। हमारे यहाँ भी वर्षों से यह परम्परा रही कि अंग्रेजी साहित्य का पूरा वैदुष्य प्राप्त किया जाए किन्तु उससे पहले अपने साहित्य को समृद्ध किया जाए। ज्ञानपीठ-पुरस्कृत रघुपति सहाय फिराक, जो फिराक गोरखपुरी के नाम से उर्दू साहित्य के सिरमौर हैं, इलाहाबाद विश्वविद्यालय में अंग्रेजी के प्राध्यापक थे। डॉ. हरिवंशराय बच्चन, विजयदेव नारायण साही आदि बीसियों हिन्दी के विद्वान और लेखक अंग्रेजी के प्रोफेसर या रीडर रहे किन्तु उन्होंने अपनी-अपनी भाषाओं में उत्कृष्ट साहित्य लेखन कर अपने साहित्य में ही मूर्धन्य स्थान बनाया। अंग्रेजी के हाथों नहीं बिके। ऐसे लोगों का अधिक सम्मान होगा या ऐसों का जिन्होंने जीवन विदेशी भाषा की आरती गाने में ही गँवा दिया और अंग्रेज की तरह

अंग्रेजी बोलने को ही सबसे बड़ी तीर्थयात्रा मानते रहे ? मुझे भली-भाँति स्मरण है कि जब मैं जयपुर के महाराजा कॉलेज में अंग्रेजी साहित्य का विद्यार्थी था उस कॉलेज के भूतपूर्व अंग्रेजी विभागाध्यक्ष दिनेश चन्द्र दत्त ने अंग्रेजी साहित्य परिषद का उद्घाटन अपने उत्कृष्ट अंग्रेजी भाषण से किया था। वे लैटिन भी बोले थे और ग्रीक भी। हम सब उनके विदेशी भाषाओं के ज्ञान से प्रभावित हुए थे किन्तु तब तो हमारे आश्चर्य का पार ही नहीं था जब हमने यह जाना कि वे संस्कृत के विद्वान ही नहीं उत्कृष्ट कवि भी थे। उन्होंने **भारतगाथा** नाम से संस्कृत में भारत की स्तुति लिखी थी। उनका नाम कैम्ब्रिज हिस्ट्री ऑफ इंग्लिश लिटरेचर में अंग्रेजी के कवि के रूप में भी है और भारत में संस्कृत जगत में उन्हें संस्कृत कवि के रूप में जाना जाता था।

आज के अहसान फरामोश संस्कृतज्ञों ने संस्कृत साहित्य के इतिहास में उनका नाम न लिखा हो तो बात अलग है। देश के प्रसिद्ध इतिहासकार यदुनाथ सरकार भी अंग्रेजी के प्राध्यापक थे। बाद में वे कलकत्ता विश्वविद्यालय में इतिहास के प्रोफसर हो गए थे। ढाका विश्वविद्यालय में अंग्रेजी के रीडर थे श्री एस.के. डे किन्तु उसके साथ-साथ वे संस्कृत के मूर्धन्य विद्वान थे। बाद में वे संस्कृत विभागाध्यक्ष ही हो गए। उनका लिखा संस्कृत काव्यशास्त्र का इतिहास आज भी चूडान्त ग्रन्थ माना जाता है, चाहे वह अंग्रेजी में ही हो। इस प्रकार अंग्रेजी में दक्षता का लाभ अपनी भाषाओं को मिले, यह परम्परा कितनी वन्दनीय है, आप स्वयं अनुमान लगा सकते हैं। अंग्रेजी के प्रसिद्ध विद्वान और लेखक वी.वी. जोन जो जोधपुर में बस गए थे, कहते थे कि केवल अंग्रेजी जानना और अपनी स्वयं की भाषा न जानना गौरव की नहीं, लज्जा की बात है। बंगला, मलयालम या गुजराती भाषी कोई विद्वान ऐसा नहीं होगा जो अपनी मातृभाषा न जानकर अंग्रेजी जानने में गौरव अनुभव करता हो। बंगला के लेखक विष्णु दे को ज्ञानपीठ पुरस्कार मिला है, वे अंग्रेजी के प्राध्यापक थे। गुजरात राज्य के भाषा विज्ञान के निदेशक (जिन्हें गुजरात में नियामक कहा जाता है) थे डॉ. हसित बुच। वे अंग्रेजी के प्रोफेसर थे किन्तु गुजराती के साहित्यकार। यह अजूबा शायद हिन्दी आदि कुछ भाषाओं के महापुरुषों में ही अधिक मिलता है कि अपनी भाषा न जानकर केवल अंग्रेजी के किले को फतह करने में जीवन झोंकना चरम लक्ष्य मानते हों। यदि हम यह सब देख-सुनकर अपने दृष्टिकोण को सन्तुलित बना लें और यह मानकर चलें कि अंग्रेजी भाषा का ज्ञान एक अतिरिक्त सुविधा अवश्य है किन्तु अपनी भाषा में दक्षता ही गौरव का आधार होना चाहिए तो वह सही दृष्टिकोण होगा। अंग्रेजी एक खिड़की है जिससे हम बाहर देख सकते हैं पर खिड़की को पाकर दरवाज़ा बन्द कर लेना कहाँ की बुद्धिमानी है ? जब तक हमारी अपनी भाषाएँ समृद्ध न हो जाएँ तब तक अंग्रेजी को बैसाखी हमें लगानी होगी किन्तु बैसाखी चाहे सोने की हो या चाँदी की उसे अन्ततः छोड़ना ही होगा। बलवान तो अपने ही पैरों को करना पड़ेगा।

विदेशी भाषा को गौरव का मापदंड मान लेने के बाद स्वभाषा की स्थापना में कठिनाइयों का अनुभव इसी देश को हो रहा हो, सो बात नहीं है। अन्य देशों ने ऐसे

ही नजारें देखे हैं। तुर्की के इतिहास में मुस्तफा कमाल पाशा (1881-1938) के कार्यकाल (1923-1938) को स्वभाषा गौरव की स्थापना का युग माना जाता है। 1923 में मुस्तफा स्वतन्त्र तुर्की के राष्ट्रपति बने थे और उन्होंने विद्युत गति से तुर्की का कायाकल्प शुरू कर दिया था। उसी अभियान में 1928 में भाषा का भी कायाकल्प हो गया। सभी कार्यों में तुर्की भाषा के प्रयोग के आदेश रातोंरात जारी हो गए। फिर भी धार्मिक या अन्य कारणों से अरबी, फारसी के शब्दों के प्रयोग का प्रवाह चलता रहा। 1932 में तुर्की भाषा समिति गठित कर बड़े योजनाबद्ध तरीके से उनके स्थान पर तुर्की-मूलक शब्दों का प्रयोग स्थापित किया गया। उस समय यांत्रिक असुविधाओं का हवाला देकर कुछ नौकरशाहों ने सारा राजकार्य तुर्की भाषा में करने में जब लिपि की कठिनाई का तर्क रखा तो तुर्की की लिपि रोमन घोषित की गई जो आजतक भी चल रही है।

स्वयं इंग्लैंड में अंग्रेजी के साथ वही हुआ जो आज भारतीय भाषाओं के साथ हो रहा है। 14वीं सदी तक इंग्लैंड में फ्रेंच भाषा आभिजात्य का प्रतीक थी। सामन्त, अधिकारी, न्यायाधीश आदि सभी फ्रेंच बोलने में गौरव अनुभव करते थे। अंग्रेजी गँवारों, फूहड़ों और अशिक्षितों की भाषा समझी जाती थी। 1337 से 1453 तक चले लम्बे युद्ध के फलस्वरूप फ्रांसीसियों के विरुद्ध जब जन भावनाएँ जाग्रत हुईं तो राष्ट्र गौरव और स्वभाषा गौरव का नया इतिहास इंग्लैंड में शुरू हो गया। अंग्रेजी को राजभाषा घोषित किया गया और उसके प्रयोग को गौरव देने के हर सम्भव प्रयत्न किए जाने लगे। जैसे आज अंग्रेजी माध्यम स्कूलों में बच्चों को भेजने की ललक भारतीयों में रहती है वैसे ही वहाँ भी फ्रेंच के स्कूलों में बच्चों को पढ़ाने की ललक चलती रही। बड़े लम्बे प्रयत्नों के बाद इसमें परिवर्तन आया। सबसे अधिक मुश्किल न्यायालयों में हुई। अंग्रेजी में विधि एवं न्याय की स्तरीय पुस्तकें नहीं थीं। अदालतों में स्तरीय बहस तो फ्रेंच में ही हो सकती है ऐसा माना जाता था। जब इसका कोई इलाज नजर नहीं आया तो 1362 में **स्टेच्यूट ऑफ प्लीडिंग** अधिनियम पारित करके अंग्रेजी को अनिवार्य किया गया। फिर भी अभिजात न्यायाधीश और वकील इस अधिनियम की खिल्ली उड़ाते रहे। एक विधिवेत्ता नार्थ तो अदालत में चिल्लाया "हे ईश्वर, विधि की अभिव्यक्ति अंग्रेजी में कैसे की जा सकती है ?" कहते हैं मर्ज लाइलाज होने लगा तो ऐसी व्यवस्था भी की गई कि आदेश द्वारा बहस केवल अंग्रेजी में करने की अनिवार्यता के साथ-साथ दंड का प्रावधान किया गया कि फ्रेंच का एक शब्द बोलने पर एक सिक्के का जुर्माना लगेगा। वकील ने फ्रेंच शब्द बोला है इसकी शिकायत कोई करे तब तो जुर्माना लगे। सभी जब अभिजात थे तो कौन शिकायत करे ? तब यह व्यवस्था भी की गई कि इस जुर्माने में शिकायत करनेवालों का भी हिस्सा होगा।

ज्ञान-विज्ञान के क्षेत्र में फ्रेंच के स्थान पर अंग्रेजी स्थापित करने के लिए इंग्लैंड को सदियों तक प्रयत्न करना पड़ा था। 17वीं सदी की अपनी मातृभाषा के प्रेम और अपनी धरती के जुड़ाव की भावनाएँ जगाने के अभियान के साथ-साथ अंग्रेजी मूल के शब्दों के पुनः स्थापन के प्रयत्न करने पड़े और अन्य भाषाओं के शब्दों को भी मुक्त

रूप से लेकर अंग्रेजी व्याकरण के अनुसार ढाला गया। डॉ. जॉन्सन जैसे विद्वानों ने अंग्रेजी के स्तरीय शब्द कोष बना बनाकर उस भाषा को स्तरीयता दिलवाई। सदियों के ऐसे प्रयत्नों के बाद अंग्रेजी को वह गौरव मिला जो आज विश्व में यह चकाचौंध फैला रहा है।

अंग्रेजी का आज जो महत्त्व है उसका एक कारण यह भी है कि उसके लेखकों ने विश्व के प्रत्येक देश के ज्ञान-विज्ञान को अनुवादों द्वारा या अन्य किसी प्रकार से अपनी भाषा में उतारा है। अंग्रेजी भाषा में विश्व का पूरा ज्ञान आपको मिल जाएगा, चाहे विश्वकोषों में या अनुवाद पुस्तकों में। रूस, फ्रांस, चीन, जापान किसी भी देश में जो नवीनतम वैज्ञानिक शोध होता है उसका अनुवाद या सार तुरन्त अंग्रेजी में आ जाता है। चीनी और जापानी भी अब अपनी-अपनी भाषाओं में अनुवाद का ऐसा ही प्रयत्न कर रहे हैं। हिन्दी को भी यदि श्रद्धेयता प्राप्त करनी है तो ऐसे प्रयत्न करने होंगे। विश्वकोष बनाने होंगे तथा सभी प्रकार के वैज्ञानिक ज्ञान को हिन्दी में उतारना होगा। एक बंगाली नगेन्द्रनाथ वसु ने लगभग 100 वर्ष पूर्व हिन्दी का विश्वकोष बनाने का जो प्रयत्न किया था उसके बाद हिन्दी में एक-दो ही विश्वकोष निकले हैं। स्तरीय वैज्ञानिक और तकनीकी वाङ्मय भी हिन्दी में निकलने लगा है किन्तु उसके स्तर और गति को और बढ़ाने की आवश्यकता है।

कार्यसाधक बनाम परिनिष्ठित हिन्दी

हिन्दी में उच्चारण, वर्तनी और व्याकरण की शुद्धि पर पिछले दिनों बहुत विचार-विमर्श होता रहा है। हमने भी इस बारे में विवेचन करते हुए आमतौर पर होनेवाली भूलों के अनेक संकेत दिए हैं। इसका अर्थ यह नहीं समझा जाना चाहिए कि टकसाली हिन्दी या पूर्णतः शुद्ध और संस्कृतनिष्ठ हिन्दी ही इस देश में चलेगी। वास्तव में हिन्दी को देश की सम्पर्क भाषा या राष्ट्रभाषा बनाने की दीर्घकालीन योजना इस अवधारणा पर आधारित है कि हिन्दी को सारे देश के नागरिक अपनाएँगे, चाहे उनकी मातृभाषा कोई भी हो। अपने-अपने राज्य में वे अपनी मातृभाषा का प्रयोग करेंगे, उसमें शिक्षा प्राप्त करेंगे, उसमें प्रशासन और न्याय व्यवस्था चलाएँगे, कानून बनाएँगे किन्तु अखिल भारतीय सम्पर्क का काम पड़े या एक राज्य को दूसरे राज्य से पत्राचार करना हो तो वहाँ देश की सम्पर्क भाषा हिन्दी का प्रयोग करेंगे। इस भाषाई नक्शे में आज चाहे पूरे रंग भरे हुए न लगते हों किन्तु देर-सबेर 20, 50 या 100 वर्षों में इसी स्थिति की कल्पना संविधान ने की है।

इसका फलितार्थ यह होता है कि सभी प्रान्तों के व्यक्ति हिन्दी बोलेंगे और लिखेंगे। स्वभावतः उनकी अपनी मातृभाषा के उच्चारण का, वर्तनी का और व्याकरण का कुछ प्रतिबिम्ब उनकी हिन्दी पर भी पड़ेगा। संविधान की धारा 351 में भी संकेत है कि हिन्दी सभी भाषाओं की अभिव्यक्तियों को आत्मसात् करेगी। मूलतः वह संस्कृत से शब्दावली ग्रहण करेगी यह भी स्पष्ट किया गया है। उसका आशय परिनिष्ठित हिन्दी की शब्दावली संस्कृत से लिये जाने का है किन्तु बोलचाल की हिन्दी, रेडियो और दूरदर्शन की हिन्दी, फिल्मों की हिन्दी, यहाँ तक कि अखबारों की हिन्दी में भी यदि प्रान्तीय भाषा के शब्दों, शैलियों और अभिव्यक्तियों की छाया रहे तो क्या उसे गर्हित और अशुद्ध माना जाएगा ? कदापि नहीं। यदि हिन्दी को सार्वदेशिक भाषा के रूप में प्रचलित करना है तो यह छूट तो देनी ही होगी कि अहिन्दीभाषी जिस किसी प्रकार भी हिन्दी बोले या लिखे उसका स्वागत किया जाय। अब यहाँ यह प्रश्न उठता है कि क्या हिन्दी में शुद्धि-अशुद्धि का उच्चारण या वर्तनी की भूलों का कोई ध्यान न रखा जाय और अँधेर नगरी चौपट राजावाली छूट दे दी जाय ? आज के संक्रमणकाल में इस सम्बन्ध में सुविचारित नीति बनानी होगी कि कहाँ कितनी छूट दी जाय और कब तक।

कार्यसाधक हिन्दी

आज की स्थिति में प्रशासन में हिन्दी को लागू करने की दृष्टि से राजभाषा नीति में तो यह छूट है कि आम बोलचाल में अंग्रेजी के या लोकभाषाओं के शब्द आ जाएँ तो उन्हें छूट दी जाए। अपने साथियों की उच्चारण की या वर्तनी की भूलों की हँसी न उड़ाई जाए अन्यथा वे निरुत्साहित हो जाएँगे। जब तक अर्थ का अनर्थ न हो या आशय ही विकृत न हो जाए, संक्रमणकाल में कुछ छूट देनी होगी। ऐसी छूट विधि और न्याय की भाषा में नहीं है फिर भी उसमें अंग्रेजी और उर्दू के शब्दों के प्रयोग की छूट है जब तक उनके स्थान पर टकसाली हिन्दी शब्द प्रचलित न हो जाएँ। शिक्षा और शोध क्षेत्र में ऐसी छूटों के बारे में विवेक करना होगा। छात्रों को बोलचाल में चाहे जितनी छूट दे दी जाए, तकनीकी शब्दावली को सही लिखने पर बल देना ही होगा। वहीं से शुद्धि बनाम छूट के सिद्धान्त का विचार शुरू होता है। इसी प्रकार कार्यसाधक हिन्दी और परिनिष्ठित हिन्दी का विभेद करना आवश्यक हो जाता है। कार्यसाधक हिन्दी का एक रूप है प्रयोजनमूलक हिन्दी या फंक्शनल हिन्दी। इसमें दफ्तरी या तकनीकी काम के शब्दों को लेते हुए उस क्षेत्र के कार्य निष्पादन को पूरा करना होता है। सरकारी व्यवस्था भी यही है कि हाईस्कूल स्तर की अनिवार्य हिन्दी का ज्ञान कार्यसाधक ज्ञान माना जाएगा ताकि कर्मचारी हिन्दी में सामान्य दफ्तरी कार्य कर सकें। इसमें सम्प्रेषण सही हो यही देखना होता है, भाषिक उत्कृष्टता या शुद्धि पर उतना ध्यान जरूरी नहीं।

अखबारों में, मीडिया में तथा किसी हद तक कहानी, उपन्यास जैसे सर्जनात्मक साहित्य में हिन्दी के उच्चारण और वर्तनी में जो छूट आज चली हुई है वह सर्वविदित है। दूरदर्शन पर विभिन्न प्रान्तों के उत्कृष्ट साहित्य को लेकर जो सीरियल हिन्दी में बनते रहे हैं उसमें बहुधा जान-बूझकर वैसी हिन्दी का प्रयोग किया जाता है जैसी उस प्रान्त के निवासी बोलते हैं। आपने देखा होगा कि दक्षिण भारत के परिवेशवाले सीरियल में हिन्दी उच्चारण का लहजा बिल्कुल दक्षिण भारतीय बताया जाता है। बंगला सीरियलों में बंगला के ढंग का। इस प्रकार हिन्दी पर विभिन्न मातृभाषाओं के उच्चारण का प्रभाव स्वाभाविक है और उसका स्वागत किया जाना चाहिए। उसके आधार पर थोड़ी सी छूट वर्तनी व्याकरण में भी दी जा सकती है। ''उसने मेरा शादी बनाया, उसका वाइफ मर गया'' जैसी महानगरीय उक्तियाँ इस बात की सूचक हैं कि हिन्दी जब भारत में फैलेगी तो उसका रूप विभिन्न प्रान्तों में विभिन्न होगा। इस दृष्टि से हम इस बात का विरोध करते रहे हैं कि यदि हिन्दीवाले यह दम्भ करें कि सही हिन्दी वही है जिसे हम इलाहाबादवाले या बनारसवाले बोलते हैं तो यह न केवल मिथ्याभिमान होगा बल्कि हिन्दी की कुसेवा भी। वे जैसी अवधी बोलते हैं वही सही हो सकती है, पंजाबी जैसी पंजाबी बोलते हैं वही सही हो सकती है पर हिन्दी किसी की बपौती नहीं है। उसे सारा देश जो रूप देगा वही उसका **सार्वदेशिक** रूप होगा, उसके **परिनिष्ठित** रूप में अवश्य ही प्रान्तीय विचलन नहीं होंगे।

तब शुद्धि-अशुद्धि के विचार की क्या सार्थकता है ? ऐसे सारे विचार तथा वर्तनी, व्याकरण आदि की शुद्धियों का उद्देश्य केवल यह है कि जो परिनिष्ठित हिन्दी का रूप जानना चाहते हैं उन्हें सही शब्द और प्रयोग की जानकारी दे दी जाए। बोलचाल में और अखबार, मीडिया या दफ्तर की हिन्दी के चलताऊ रूप में तो छूटें रहेंगी ही किन्तु शुद्ध साहित्यिक रूप में या उच्चस्तरीय शिक्षा और शोध की हिन्दी के रूप में जो निखार आवश्यक है वह तभी आएगा जब परिष्कृत और परिनिष्ठित हिन्दी की जानकारी हमें हो। ऐसे सारे विवेचनों का यही उद्देश्य है। चलती हिन्दी में तो शुद्धि का विचार वहाँ अवश्य किया जाना चाहिए जहाँ गलत उच्चारण से अर्थ का अनर्थ होने की सम्भावना हो। यदि संयुक्ताक्षरों को आप सही नहीं बोलें, स, श में भेद न करें तो उल्टा अर्थ भी निकल सकता है। बहुत से विद्वान अभ्युक्त को अभियुक्त और अभिव्यक्ति को अव्यक्ति बोल जाते हैं। अभ्युक्त का अर्थ है जिस प्रकार रिमार्क दिया गया हो और अभियुक्त का अर्थ है मुलजिम। संकर और शंकर के अर्थ में रात-दिन का फर्क है। इसी प्रकार सकल याने समूचा, शकल याने टुकड़ा। ऐसी गलतियाँ सुधारने का प्रयत्न तो हर एक को करना चाहिए। अंग्रेजी के लिए भी यही स्थिति है कि विभिन्न देशों में उसे अपने-अपने स्वराघात और तरीके से लोग बोलते हैं और जब तक सम्प्रेषण पूरा हो जाता है किसी को कोई आपत्ति नहीं होती किन्तु जो रुतबा आक्सफोर्ड की अंग्रेजी का है वह उत्कृष्टता के मूल्यांकन का मानदंड है। वही हाल हिन्दी का रहेगा। छूट सबको होगी किन्तु शुद्ध क्या है इसकी जिज्ञासा भी बनी रहेगी। उसकी शान्ति के लिए ही ये सारे प्रयत्न हैं।

मामला हिन्दी में मिलावट का उर्फ शब्दों की छुआछूत

हिन्दी में अन्य भाषाओं के शब्दों के प्रयोग से कतराने अथवा अंग्रेजी शब्दों के बीच-बीच में प्रयोग को गुलामी की निशानी, वक्ता की अंग्रेजियत या सांस्कृतिक प्रदूषण बताने की प्रवृत्ति इस देश के इतिहास में नई नहीं है, वर्षों से रही है। पिछले वर्षों में तो हिन्दी सेवकों की सभाओं में यह सुनने को और हिन्दी पत्रों में यह पढ़ने को भरपेट मिलता रहा है कि अंग्रेजी शब्दों की भरमार हिन्दी को किस प्रकार प्रदूषित कर रही है। ऐसे महापुरुषों के उदाहरण दिए जाते हैं जो अंग्रेजी का एक शब्द भी न बोलकर शुद्ध हिन्दी घंटों बोलते थे। रक्त-शुद्धि की यह ललक और विदेशी घुसपैठ से बचने की यह सतर्कता बहुत गौरवपूर्ण लगती है किन्तु ऐसा गौरव इन दिनों हिन्दीवालों में ही अधिक देखा जा रहा है। सदियों से अंग्रेजीवाले इस पर स्यापा करते नहीं सुने गए कि अंग्रेजी में अन्य भाषाओं के शब्दों का प्रयोग क्यों हो रहा है। वैसे यह प्रवृत्ति अन्य भाषा के स्थान पर किसी स्वभाषा को स्थापित करने के युगों में सभी देशों में रही है। 15वीं शताब्दी के आसपास जब इंग्लैंड में राजभाषा और न्यायभाषा फ्रेंच थी और उसके स्थान पर स्वभाषा गौरव का झंडा लिये अंग्रेजों ने अंग्रेजी स्थापित करने के प्रयत्न शुरू किए तो, कहते हैं, रक्त-शुद्धि का पहरा इतना कड़ा कर दिया गया कि अदालतों में फ्रेंच के प्रयोग पर पाबन्दी लगा दी गई। फ्रेंच के एक शब्द बोलने पर जुर्माने तक का प्रावधान किया गया और किसने कितने शब्द बोले इसकी रिपोर्ट कैसे हो इसके लिए यहाँ तक इन्तजाम किए गए कि जो व्यक्ति ऐसी चुगली करेगा उसे उस जुर्माने में से कुछ प्रतिशत दिया जाएगा। किन्तु भाषा के स्थापित होने पर यह घबराहट नहीं रही और आज अंग्रेजी में अन्य भाषाओं के शब्दों की इतनी भरमार है कि शायद ही कोई भाषा ऐसी हो जिनके शब्द अंग्रेजी में न मिलें। जब काया कमजोर हो, या कमजोरी की कुंठा हो तो संक्रमण और महामारी का भय ज्यादा सताता है।

वैसे संस्कृत भाषा की विरासत ने हमें यह मानसिकता भी दी है कि अन्य भाषाओं के शब्दों को अछूत माना जाए जब तक उन्हें व्याकरण का जनेऊ पहनाकर सुसंस्कृत न बना लिया जाए। संस्कृत को इन्शुलर अर्थात् शुद्धिवादी भाषा माना जाता है किन्तु संस्कृत के विद्वानों में से बहुत थोड़ों को ही पता होगा कि संस्कृत में कितने शब्द

द्रविड़-ग्रीक तथा अन्य भाषाओं से आए और बहुत बाद में जनेऊ पहनकर उसकी जाति में मिले। केयूर, नक्र, कोकिल आदि हजारों शब्द द्रविड़ मूल के हैं जिनके लिए उणादि सूत्रों ने संस्कृत में घुसने की गली खोली थी। यही नहीं केन्द्र, पणफर, राशि जैसे सैकड़ों शब्द ग्रीक जैसी भाषाओं से आकर घुलमिल गए। हिन्दी में भी तुलसीदास जैसे सन्तों ने भी साहब (अरबी), गरीबनवाज (फारसी) जैसे शब्दों का प्रयोग कर इस भाषिक व्यवहार का प्रमाण दे दिया कि भाषाओं की पारम्परिक अन्तःक्रिया के युगों में अन्य भाषाओं के शब्दों का आदान-प्रदान असम्भव नहीं। मुगलकाल में ऐसे सैकड़ों शब्द प्रायः सभी भारतीय भाषाओं में आए थे।

फारसी के ऐसे आदान-प्रदान से मुगलकाल के बाद ज्यों ही निजात मिली, अंग्रेजी का राज आ गया और अंग्रेजी के शब्द घुसने लगे। विज्ञान और तकनीकी के शब्द तो मजबूरी से लेने पड़े पर विलायती बनने के गौरव के कारण डैडी-मम्मी संस्कृति के जो शब्द आ गए थे वे भी जमकर बैठ गए। अभिजात वर्ग के दैनिक व्यवहार में उन शब्दों की घुसपैठ का नमूना टी.वी. पर या आधुनिक किसी भी हिन्दी पत्र-पत्रिका में कहानियों या उपन्यासो में आप देख सकते हैं।

इस संकर संस्कृति ने जो हिकारत देशभक्तों के मन में पैदा की उसने यह भावना भी पनपाई कि केवल हिन्दी शब्दों का प्रयोग शुद्धता, देशभक्ति और सुसंस्कृत होने का प्रमाण है, शेष गुलामी का। यही उत्स है नाक-भौं की उस सिकुड़न का जो हिन्दी में अंग्रेजी शब्दों के प्रयोग सुनकर दिखलाई देती है। इसका विश्लेषण करें तो कुछ विचार के बिन्दु उभरकर आएँगे।

शुद्ध हिन्दी कैसी हो ?

एक बार प्रबुद्ध प्रशासकों की एक संगोष्ठी में एक विद्वान को भी ऐसा ही अनुभव हुआ जब हिन्दी के समर्थन में दिए जानेवाले भाषण में उनके मुख से अंग्रेजी के अनेक शब्द निकल गए। कुछ प्रशासकों ने बड़ी हिकारत से कहा कि आपने कितने शब्द अंग्रेजी के बोले हैं। उन्होंने उसी भाषण में 80 प्रतिशत शब्द संस्कृत के भी बोले थे पर किसी ने यह नहीं कहा कि ये तो संस्कृत के शब्द हैं, हिन्दी में आपने क्यों बोले ? इसके लिए उन्हें दोष नहीं दिया जाना चाहिए। हम यह मानकर चलते हैं कि संस्कृत हिन्दी की जननी है इसलिए माँ की सम्पत्ति तो बेटी की बपौती है। अन्य भाषाओं के शब्द ही घुसपैठिए हैं। तब क्या कोई अंग्रेजी का शब्द न बोला जाए ? भारत सरकार के एक वरिष्ठ सचिव, जो अनेक भाषाओं के विद्वान थे, जब राजभाषा (हिन्दी) सचिव बने तो उनसे उनके मित्र कहते थे, ''मैंने आपको कल दूरभाष पर रात्रि भोज का निमन्त्रण दिया था, याद है ?'' वे कहते थे आप ऐसा क्यों नहीं बोल देते, ''टेलीफोन पर डिनर के लिए बुलाया।'' शुद्धता का अर्थ कृत्रिमता तो नहीं है। अनेक सर्जक साहित्यकारों के दैनिक व्यवहार में भी सायास शुद्ध की हुई ऐसी कृत्रिम हिन्दी सुनकर बहुतों को ऐसा

लगता है कि शुद्धि पर इतना बुद्धि-व्यय अनावश्यक है।

हिन्दी के रक्त को इस प्रकार शुद्ध रखने का प्रारम्भ डॉ. रघुवीर से हुआ था जिन्होंने सिमेंट और स्पन्ज जैसे शब्दों के लिए भी **वज्रचूर्ण** और **छिद्रिष्ठ** जैसे शब्द बनाए थे। यह प्रयत्न स्तुत्य था पर अधिक नहीं चला। तब से अब तक भाषिक व्यवहार को देखकर भाषा में हुए उद्विकास का जायजा लें तो उसके क्रम में पाएँगे कि बाद में जो शब्दकोष बने हैं उनमें क्रमिक रूप से प्रायः सभी तकनीकी शब्दों के लिए अंग्रेजी शब्दों को ज्यों के त्यों ग्रहण करने की प्रवृत्ति आती गई है। आखिर संस्कृत शब्दों को भी बपौती मानकर कुछ को तो ज्यों का त्यों स्वीकार किया ही गया है। उनसे बने तद्भव शब्द जिस प्रकार हिन्दी की सम्पत्ति माने माने जाते हैं (जैसे सन्तों, महन्तों आदि) उसी प्रकार तत्सम शब्दों को भी अपना व्याकरण लगाकर हम अपनी जमात में मिलाते हैं, उनके अपने शुद्ध रूप में नहीं जैसे विद्वानों (विद्वसों नहीं), ज्ञानियों आदि। चाहे संस्कृत हिन्दी की जननी हो पर है तो एक अलग भाषा।

भाषाविज्ञान का सिद्धान्त है कि अन्य भाषाओं के शब्द लिये बिना कोई भाषा पनप नहीं सकती। हिन्दी में ही अनेक विदेशी शब्द जामा बदलकर क्या आ नहीं मिले हैं ? भाषिकी के अनुसार ऐसा मिश्रण कभी-कभी ध्वनि परिवर्तन से होता है; कभी अर्थ परिवर्तन से (जैसे रेल)। हास्पीटल अस्पताल बनकर आ मिला। लेंटरन लालटेन बनकर। इसलिए हम उन्हें अपने समझने लगे। न जाने ऐसे कितने शब्द आए होंगे। बहुत से तो अपरिचय की अँधेरी घड़ी में छिपकर आ मिले। जैसे रोटी, चाकू (तुर्की भाषा) कमरा, बाल्टी, गमला, साबुन, अचार (पुर्तगाली)। हिन्दी शब्द स्वयं अरबी का है। चूँकि ये घुल-मिल गए हैं इसलिए आज कोई इनके प्रयोग पर आपत्ति नहीं करता। हो सकता है आज आ मिलनेवाले बहुत से अंग्रेजी शब्द इसी प्रकार हिन्दी के हो जाएँ।

व्यावहारिकता का तकाजा

चाहे दशकों से हिन्दी सेवक तथा संस्कृति-प्रेमी इस बात पर लानत भेजते रहे हों कि अंग्रेजीयत के कायल व्यक्तियों के कारण हिन्दी किस प्रकार विकृत हो रही है, हिन्दी बोलते समय हम कितने अंग्रेजी शब्दों की खिचड़ी पकाते हैं आदि, किन्तु इन प्रयत्नों का अब तक कोई विशेष परिणाम नहीं निकला है। दूरदर्शन पर लिखकर बोली जानेवाली हिन्दी को छोड़ दें तो साक्षात्कारों में (हिन्दी विद्वानों से लिये साक्षात्कारों को छोड़कर) फिल्मी हस्तियों, नागरिकों यहाँ तक कि गृहिणियों द्वारा 'एक्सटेंपोर' बोली जानेवाली हिन्दी किस प्रकार अधिक खिचड़ी हो रही है, यह सबने देखा होगा। कुछ तो एक हिन्दी वाक्य के साथ अनेक अंग्रेजी वाक्य बोलते हैं। तकनीकी व्यक्ति भी तकनीकी शब्द अंग्रेजी के ही बोलते हैं।

क्या यह समय इस बात पर विचार करने का नहीं है कि इस प्रकार की खिचड़ी को कोसने की बजाए इस भाषिक सत्य को ही स्वीकार कर हम एक व्यावहारिक स्वर्णिम

मध्य मार्ग अपनाएँ और ऐसे सन्तुलित पथ से समझौता कर लें कि जहाँ तक हो सके शुद्ध हिन्दी बोलने का प्रयत्न किया जाए किन्तु यदि कोई व्यक्ति, जिसे अपने तकनीकी, व्यापारिक या प्रशासनिक कर्त्तव्यों की विवशता के कारण प्रतिदिन कुछ अंग्रेजी भी लिखनी, बोलनी होती है, यदि हिन्दी बोलते समय भी जाने-अनजाने कुछ अंग्रेजी के शब्द बोल जाए तो उसे विरत न करें, उन शब्दों को हिन्दी का मानकर फिलहाल स्वीकार करें जब तक कि संक्रमण काल चल रहा है ? पूरे अंग्रेजी वाक्यों या फिकरों से अवश्य बचें पर कोई अंग्रेजी शब्द हिन्दी व्याकरण लगाकर आ रहा है तो आने दें। न जाने कितने हिन्दी के ही खजाने में आ मिलें और किसने स्वतः चलन से बाहर हो जाएँ। टेलीफोन को शुद्ध कर हमने दूरभाष बनाया था पर क्यों फिर टेलीफोन शब्द ही हिन्दी का बनकर 'टेलीफोन निर्देशिका' में आ गया ? इसका उत्तर इसी प्रकार का मिलेगा कि जब तक शिक्षा, शोध, प्रशिक्षण सब अपनी भाषा में नहीं होने लगेगा, द्विभाषी युग चलेगा, ऐसे संक्रमण काल में दोनों भाषाओं के शब्द अन्तःक्रिया अवश्य करेंगे। हम लाख शुद्ध बोलना चाहें तो भी 'टूथब्रश टूट गया है, टूटपेस्थ नई लानी है,' जैसे वाक्यों से नहीं बच सकते। 'फ्रिज से बोतल निकाल लाओ' न बोलकर 'प्रशीतक से काचपात्र निकालो' बोलने का प्रयत्न करें तो भी कोट में बटन टाँक दो को कोई माई का लाल शुद्ध बोल सकेगा क्या ? ऐसे मामलों में इन शब्दों को लोनवर्ड मानकर और हिन्दी व्याकरण में ढालकर ही काम चलाना होगा।

जिन शब्दों के लिए कोई हिन्दी पर्याय नहीं है उन्हें जैसे हम परिगृहीत कर रहे हैं उसी तरह फिलहाल जिनके लिए हिन्दी पर्याय हैं पर तुरन्त नहीं आते उन्हें भी सह लें तो आप देखेंगे कि धीरे-धीरे उनके स्थान पर शुद्ध संरचना आती जाएगी। केवल अंग्रेजी बोलने की अपेक्षा यह खिचड़ी, हिन्दी की ओर बढ़ा कदम है। ज्यों-ज्यों हिन्दी शब्द घुले-मिलेंगे यह खिचड़ी भी शुद्ध गाजर के हलवे में परिवर्तित हो जाएगी। शैशव काल में खिचड़ी ही पोषण देती है। अपने पैरों पर खड़े हो जाने पर ही शुद्ध गाजर का हलवा पचता है। इसलिए शायद इस प्रकार के प्रयोग से अभिजात वर्ग के वे बहुसंख्यक लोग जो 'डैडी-मम्मी-अंकल' संस्कृति में पले हैं, हिन्दी का स्पर्श पाते-पाते कभी उसमें पूर्ण अवगाहन कर तथा तीर्थस्थान द्वारा पवित्र होकर हमारे ऋषिकुल में आ मिलें। टेलीफोन पर अब भी 'हलो' बोलने से कोई अंग्रेजीपरस्त नहीं कहलाता ('हाँ जी' तो शायद ही कोई बोलता हो), उसी प्रकार यदि वह पूरी बात अंग्रेजी में करने की बजाय यों बोल जाए कि 'कल की मॉरनिंग फ्लाइट से फादर आ रहे हैं, उन्हें एयरोड्राम रिसीव करने जाना है' तो इसे फिलहाल हिन्दी मान लेने में आपत्ति न करें। क्या बुरा है ? यह तो धीरे-धीरे कभी इस वाक्य में बदलेगा ही कि 'कल सवेरे की उड़ान से पिताजी आ रहे हैं, उन्हें लिवाने हवाई अड्डे जाऊँगा'।

इस विमर्श का आशय यही है कि एक परिनिष्ठित भाषा की दृष्टि से हिन्दी के परिष्कार के प्रयत्नों के रूप में हमें यह तो अवश्य करना चाहिए कि हिन्दी की वर्तनी को शुद्ध लिखने का प्रयास करें, जो नए तकनीकी शब्द हिन्दी में अन्य भाषाओं से आ

रहे हैं उनके पर्यायवाची हिन्दी शब्द (संस्कृतनिष्ठ प्राचीन शब्द) भी यदि प्रचलित हों तो उनका प्रयोग करने को प्राथमिकता दें, अकारण विदेशी भाषाओं का प्रयोग न करें तथा अंग्रेजी-हिन्दी की खिचड़ी को गौरव का आधार न मानें (केवल विवशता मानें) किन्तु यदि कोई संज्ञा, पारिभाषिक शब्द (जैसे कम्प्यूटर, फ्लॉपी, ड्रिप, टाई) या वस्तुनाम अंग्रेजी का है तो उसे हिन्दी के व्याकरण में ढालकर अपना बना लें। यह बात संज्ञापदों के लिए अपनाई भी जा रही है। विशेषणों, क्रियाओं आदि में अंग्रेजी शब्दों का प्रयोग अवश्य ही विकृति का सूचक होगा। दूसरे, बोलचाल में इस प्रकार की 'खिचड़ी भाषा' सम्पर्क-भाषा के रूप में या सहजबोध्य 'आमफहम' भाषा के रूप में चल पड़ी है अतः उसे चलने देना ही एकमात्र विकल्प है, किन्तु लिखित भाषा में, विशेषकर शैक्षिक, वैधिक या अन्य आधिविद्य ग्रन्थों में जहाँ तक हो सके शुद्धता का ध्यान रखें। पत्रकारिता की भाषा के लिए तीसरा ही, सन्तुलित मार्ग तलाशना होगा जिसमें कुछ सुप्रचलित विदेशी शब्द स्वीकार करने होंगे। न्यूरोलॉजी, न्यूरोसर्जरी आदि शब्दों के स्थान पर **तन्त्रिका विज्ञान** या **तन्त्रिका शल्यचिकित्सा** अखबारों में नहीं चलेगा। ऐसे अनेक सन्दर्भों में, अनेक क्षेत्रों में हमें शब्दों की छुआछूत त्यागनी होगी।

सरकारी हिन्दी : कठिन है या सरल?

जब से हिन्दी राजभाषा के रूप में विधि, प्रशासन और शिक्षा का माध्यम बनी है, अनेक तकनीकी अभिव्यक्तियों के लिए, जो अंग्रेजी में प्रशासन, न्याय, विज्ञान आदि क्षेत्रों में चल रही थीं, हिन्दी के नए शब्द घड़ने या संकलित करने पड़े। आजकल ऐसी शब्दावली शिक्षा में, प्रशासन में, अदालतों में, सभी जगह प्रयुक्त की जा रही है। नई हिन्दी शब्दावली के बारे में एक बात सर्वदा प्रत्येक मंच से कही जाती रही है। वह है उसकी कठिनता के बारे में। हिन्दी की प्रशासनिक शब्दावली को सरल और सहज बनाने का अनुरोध विद्वानों द्वारा भी किया जाता है, नेताओं और अधिकारियों द्वारा भी। इस प्रश्न के पक्ष-विपक्ष में विचार मन्थन की बहुत गुंजाइश है।

जो सरलता की दलील बिना सोचे-समझे देते हैं उन्हें बहुधा अनुभवी भाषाविदों को यह कहकर समझाना पड़ता है कि सरलता शब्द सापेक्ष है। किस प्रकार की सरलता आप चाहते हैं ? कोई भी भाषा हो, उसके अनेक स्तर होंगे। बोलचाल की भाषा या गलियों और चौराहों की भाषा अलग तरह की होगी (जिसे बहुत सरल कह लें), साहित्यिक भाषा दूसरी तरह की, विज्ञान और उच्च शिक्षा की भाषा और भी अलग तरह की तथा कानूनी भाषा बिल्कुल अलग प्रकार की होगी। सड़कों पर बोली जानेवाली अंग्रेजी और कानूनी अंग्रेजी को ही देख लें। दोनों में कितना अन्तर है ! उच्च शिक्षा और कानून की भाषा जनसाधारण की भाषा से पृथक ही होगी। यह बात सभी भाषाओं और देशों पर लागू होती है। तब केवल हिन्दी की ही आलोचना क्यों ? यह तर्क वस्तुनिनिष्ठ है और मान्य भी। इसके साथ ही यह भी समझाना पड़ता है कि गवाही, रपट आदि की बजाय साक्ष्य, प्रतिवेदन जैसे संस्कृतनिष्ठ शब्द हिन्दी भाषी क्षेत्रों में कठिन लगते हैं क्योंकि यहाँ ऐसे उर्दूनिष्ठ शब्द प्रचलित थे पर दक्षिण भारत में या अन्य प्रान्तों में जहाँ ये प्रचलित नहीं थे, ये गवाही, रपट आदि अनचीन्हे लगते हैं। वहाँ संस्कृतनिष्ठ शब्द ज्यादा समझ में आ सकते हैं क्योंकि उन भाषाओं में संस्कृत शब्दावली का प्रतिशत बहुत है।

यदि गहराई से सोचें तो इस प्रश्न के कुछ और आयाम निकलेंगे। यह मान लेने पर भी कि बोलचाल की हिन्दी और कानून या प्रशासन की हिन्दी-राजभाषा अलग-अलग होगी, संस्कृतनिष्ठ शब्द अखिल भारतीय दृष्टि से मान लेने चाहिए, यह स्वीकार करते हुए भी बहुधा क्या यह आपको अनुभव नहीं होता कि अनेक स्थितियों में विधिक और सरकारी हिन्दी केवल उस अर्थ में 'कठिन' मात्र नहीं है जिसमें बोलचाल

की और स्तरीय भाषाएँ पृथक हो जाती हैं ? उसमें कुछ और अधिक कृत्रिमता और असहजता स्पष्ट लगती है। इसके कारणों को तलाशने लगें तो बहुत महत्त्वपूर्ण निष्कर्ष और समाधान हाथ लग सकते हैं।

वैसे भाषाशास्त्र का एक सामान्य सिद्धान्त है कि कोई शब्द कठिन या सरल नहीं होता, वह केवल अपरिचित और परिचित होता है। अपने आप में कठिन सा दिखनेवाला शब्द यदि आपका परिचित है तो वह आपको सरल लगेगा। एक उदाहरण ही लें। हिन्दी का टेढ़े-मेढ़े शब्द या ऊबड़-खाबड़ शब्द कठोर व अपने आप में कठिन है पर हमें कठिन नहीं लगता। उनका एक संस्कृतनिष्ठ पर्याय है 'अनृजु'। शब्द तो एक छोटा सा है पर हमें कितना कठिन लगता है ! कारण वही है। यह शब्द परिचित नहीं है। इस सिद्धान्त से यह तो स्पष्ट किया जा सकता है कि हिन्दी में विज्ञान, विधि या प्रशासन की अपेक्षाओं की पूर्ति के लिए जो संज्ञाएँ नई बनानी पड़ी हैं उनमें कुछ अपरिचित हैं इसलिए कठिन लगती हैं। यह कठिनता तब तक ही रहेगी जब तक वे परिचित न हों जाएँ। एम.एल.ए. के लिए विधायक, बिल के लिए विधेयक आदि अनेक शब्द प्रारम्भ में कितने कठिन लगे थे पर अब परिचित हो गए हैं क्योंकि अखबारों में उन्हें हम रात-दिन पढ़ते रहते हैं।

यह तो संज्ञाओं की बात हुई। किन्तु कुछ लोग यह शिकायत करते हैं कि शब्दों का अर्थ समझते हुए भी बहुधा हम सरकारी हिन्दी को कठिन पाते हैं, विशेषतः कानूनी हिन्दी को। 'निम्नलिखित शर्तों के अध्यधीन ऐसे निविदा दाताओं को व्यादिष्ट किया जाता है जिन्होंने उक्त तिथि से पूर्व निविदाएँ भेजी थीं कि वे अधोहस्ताक्षरी से कार्य समय में आकर सम्पर्क करें।' ऐसे वाक्य कुछ जटिल अवश्य लगते हैं। इसका क्या कारण है ? कुल मिलाकर जिस हिन्दी का गठन आज अधिक कठिन और कृत्रिम लगता है उसका निदान अधिक गहराई में जाकर होगा। कानूनी और प्रशासनिक हिन्दी यदि नवनिर्मित टकसाली शब्दों के प्रयोग से बनाई जाए तो उसका गठन उसी प्रकार कृत्रिम लगता है जिस प्रकार कुछ आधुनिक साहित्यकारों द्वारा प्रयुक्त तथाकथित साहित्यिक भाषा का जिसके बारे में हमारे एक प्रशासक मित्र कहते हैं कि आजकल के हिन्दी साहित्यकार नई हिन्दी कविता में ही वार्तालाप करते हैं। इस कठिनता के भी दो कारण आसानी से खोजे जा सकते हैं।

एक कारण तो यह है कि संज्ञाओं में भी इस अपेक्षा के कारण बहुत अधिक कृत्रिमता और अटिलता आ गई है कि प्रत्येक अंग्रेजी शब्द का एक अलग हिन्दी पर्याय हो। इस अपेक्षा ने उपसर्ग लगा-लगाकर बनाए गए अनेक अज्ञात और अनचीह्ने शब्दों को जन्म दिया है। डिफरेंट के लिए यदि भिन्न शब्द आ गया तो डिस्टिंक्ट के लिए **सुभिन्न** बनाना पड़ा। गवर्नमेंट के लिए शासन तो एडमिनिस्ट्रेशन के लिए **प्रशासन**, अंडर के लिए अधीन तो सब्जेक्ट टू के लिए **अध्यधीन** बनाना पड़ा। इससे कृत्रिमता बढ़ी है। सुभिन्नतः बोध के लिए यह दुर्बोधता कहीं-कहीं हमने पैदा कर ली है। विज्ञान और विधि की कुछ अपेक्षाएँ अवश्य ही ऐसी हैं जो इस प्रकार अंग्रेजी के हर शब्द का अलग पर्याय

चाहती हों। जैसे हाईकोर्ट में रिट याचिका 'एडमिट' हो जाना अलग बात है, एक्सेप्ट हो जाना अलग है, अपहोल्ड हो जाना अलग है। सबके लिए 'स्वीकृत हो गई' कहने से कई घपले हो जाएँगे। अतः सबके लिए अलग-अलग शब्द बनाने पड़े हैं। इस बारे में कभी पृथक् से चर्चा की जाएगी। इस कठिनाई को तो स्वीकार करके चलना होगा किन्तु सभी जगह ऐसे अलग-अलग शब्दों की नट-विद्या आवश्यक नहीं लगती। जैसे अंग्रेजी में अनेक शब्द ऐसे हैं जो प्रसंग के कारण अलग-अलग स्थलों पर अलग अर्थ दे देते हैं वैसे ही संस्कृत और हिन्दी आदि सभी भाषाओं में ऐसे शब्द होते हैं। अंग्रेजी का 'चार्ज' शब्द विभिन्न स्थलों पर **कार्यभार** (प्रशासन), **आरोप** (न्याय), **आवेश** (इंजीनियरी) आदि अनेक अर्थ दे देता है। उसके लिए हमारे यहाँ सभी अर्थ देनेवाला कोई शब्द नहीं है। स्वभावतः हम प्रत्येक के लिए अलग-अलग पर्याय रखेंगे। किन्तु हमारे यहाँ अनेक शब्द ऐसे हैं जो प्रयोग के द्वारा विभिन्न स्थलों पर अलग-अलग अर्थ दे देते हैं। जैसे **क्षेत्र** शब्द खेत का, फील्ड का, स्फीयर का, सेक्टर का, फार्म का तथा अन्य सन्दर्भों का अर्थ देता रहा है। उसके लिए अलग-अलग पर्याय गढ़ने की दृष्टि से प्रक्षेत्र या क्षेत्रक जैसे शब्द बनाना जरूरी नहीं लगता। इसी प्रकार **सहायता** शब्द असिस्टेंस के लिए भी आ सकता है, हेल्प के लिए भी, एड के लिए भी। **साधन** मींस के लिए भी आता है और रिसोर्स के लिए भी। इन सबका अर्थ निर्धारण प्रयोग के द्वारा प्रसंगारूढ़ हो गया है। फिर भी हम मीन्स और रिसोर्स को अलग समझने के लिए रिसोर्स का पर्याय 'संसाधन' बनाते हैं। मानव संसाधन विकास मन्त्रालय इसका प्रमाण है। ह्यूमन रिसोर्स के लिए मानव साधन की बजाय मानव संसाधन बनाना पड़ा। वैसे इस शब्द के पीछे तो एक अन्य कारण भी है। वह यह कि संस्कृत में मानव साधन का अश्लील अर्थ निकलता है। उससे बचने के लिए संसाधन लगाना पड़ा। निश्चित ही भावी शब्दशास्त्री हिन्दी को सरल बनाने के लिए पर्यायों के बाहुल्य में थोड़ी कतरब्योंत का सहारा लेगा। यह वह देखेगा कि कहाँ हर अंग्रेजी शब्द के लिए अलग हिन्दी शब्द बनाना अनिवार्य है और कहाँ उसके बिना भी काम चल सकता है। (जैसे क्षेत्र, सहायता आदि उपर्युक्त शब्दों में)।

पिछले पृष्ठों में यह बताया जा चुका है कि सरकारी या कानूनी हिन्दी लोगों को कठिन क्यों लगती है। इसके कारणों की तलाश करते हुए वह भी बताया जा चुका है कि शब्दावली की संस्कृतनिष्ठता, प्रत्येक अंग्रेजी शब्द के लिए एक हिन्दी पर्याय बनाने की प्रवृत्ति आदि इसके अनेक कारण हैं जिन्हें वास्तविक अपेक्षाओं और अनिवार्यताओं के कारण अपनाना पड़ा है। इस सबके बावजूद कुछ कारण ऐसे हैं जो अपरिहार्य नहीं हैं और जिन्हें तलाश कर तथा जिनका निराकरण कर हिन्दी को सरल बनाया जा सकता है। एक प्रमुख कारण यह है कि आज अंग्रेजी की शैली का, वाक्यों का तथा मुहावरों तक का उल्था करके हिन्दी बनाई जा रही है। सरकारी हिन्दी में 'मुझे यह कहने का

निदेश हुआ है' जैसे वाक्य बहुत आते हैं जो अंग्रेजी के 'आई एम डिरेक्टेड टू से' का सीधा अनुवाद है। 'निदेशानुसार निवेदन है' वाक्य बनाकर उसका भारतीयकरण किया गया है जो अधिक उचित लगता है। सरकारी पत्रों में 'निम्न हस्ताक्षर कर्ता' या 'अधोहस्ताक्षरी' शब्द खूब आता है जो अंग्रेजी के 'अंडरसाइंड' का अनुवाद है। इससे वाक्य जटिल बन जाता है। 'इम्पर्सनल एडमिनिस्ट्रेशन' या 'व्यक्ति-निरपेक्ष प्रशासन' के पश्चिमी सिद्धान्त के अनुसार अधिकारी अपने आपको 'मैं' न कहकर 'अधो-हस्ताक्षरी' कहता है। इसे थोड़ा बदलकर सहज हो जाएँ और मैं लिखने लग जाएँ तो क्या बुरा है ? इस अनुवादी प्रकृति के कारण हिन्दी कठिन या यों कहें कि कृत्रिम बनती जा रही है। जब तक मूलतः हम हिन्दी में नहीं सोचेंगे और हिन्दी की शैली के हिसाब से प्रारूपण शुरू नहीं करेंगे, यह कठिनता हटनेवाली नहीं। विशेषतः कानूनी हिन्दी को देखकर इस बात की सच्चाई समझी जा सकती है।

वस्तुतः आज विधिक हिन्दी में जो कठिनता प्रतीत होती है वह कठिनता न होकर कृत्रिमता या प्रकृति विरुद्ध गठन है। अंग्रेजी के अनुवाद की लम्बी प्रक्रिया के कारण हमने उसके गठन का भी उल्था जब से करना शुरू किया, यह कृत्रिमता अधिक पनपी है। अंग्रेजी में उपवाक्यों (क्लाजों) के द्वारा सम्मिश्र (पीरिओडिक) वाक्य-गठन उसकी प्रकृति का अंग है। अनेक वाक्य व्हिच और व्हैयर के द्वारा जुड़े हुए रहते हैं। उनके अनुवाद हिन्दी के एक वाक्य से करने की प्रवृत्ति उसे कृत्रिम ही बनाएगी। इसी का परिणाम है विधि हिन्दी के ऐसे वाक्य 'यतः ऐसा करना अभिप्रेत है अतः एतद्द्वारा यह अधिनियमित किया जाता है।' इसके बजाय वाक्य तोड़कर लिखने से हिन्दी की प्रकृति का अनुसरण होगा अतः वह सहज लगेगा जबकि उससे विधिक आशय को कोई क्षति नहीं पहुँचेगी। इस लचीले रुख से उसे हम अधिक सरल ही बनाएँगे। अंग्रेजी वाक्य-गठन की नकल के कारण अन्य अनेक ढाँचे भी हिन्दी में ऐसे आ गए हैं जो अनगढ़ लगते हैं। कानूनी दस्तावेजों में, खासकर आवेदन पत्रों में, प्रत्येक बिन्दु के बाद 'यह कि' से वाक्य शुरू होना अंग्रेजी का सीधा प्रतिबिम्ब है। उनकी याचिकाओं में आवेदन का प्रत्येक वाक्य **दैट** से शुरू होता है। हिन्दी में उसकी नकल 'यह कि' द्वारा करना कितना अजूबा लगता है, अनुभवी ही जान सकते हैं। प्रत्येक बिन्दु को 'यह कि' से शुरू कर बहकी-बहकी सी बात करने की बजाय बिना कुछ संयोजक लगाए 'क', 'ख' 'ग' के द्वारा या 1, 2, 3 के द्वारा अपनी बात बिन्दुवार कहने से अर्थ पर कोई विपरीत प्रभाव नहीं पड़ेगा और शैली सरल लगेगी। इसी प्रकार उर्दू और अंग्रेजी के वाक्यों में पिता का नाम बाद में लिखने के प्रचलन को हिन्दी ने ज्यों का त्यों अपना लिया है। अदालतों में व दफ्तरों में ही नहीं विश्वविद्यालयों के प्रमाण पत्रों में भी 'गोपाल पुत्र विनोदीलाल' जैसे फिकरे मिल जाएँगे। इससे कभी-कभी यह भ्रम भी हो सकता है कि गोपाल का पुत्र विनोदीलाल है। गोविन्द पुत्र गणेशीलाल 'गोविन्द सन ऑफ गणेशीलाल' या 'गोविन्द वल्द गणेशीलाल' का उल्था है। यह तरीका भारतीय परम्परा में कभी नहीं था। यहाँ पिता का नाम पहले आता है। (गणेशीलाल का पुत्र गोविन्द)।

(महाराष्ट्र आदि जिन प्रान्तों में नाम के साथ ही पिता का नाम लगाते हैं वह परम्परा अलग है।) इस दृष्टि से इसमें अंग्रेजी के ढाँचे की नकल करने की बजाय अपनी परम्पराओं के अनुरूप वाक्य गठन हिन्दी को निश्चित ही अधिक सहज बनाएगा। इसी तरह का एक प्रयोग इन दिनों बहुत प्रचलित हुआ है। वह है विभक्ति चिह्नों के बीच में उपवाक्य डालने की शैली जैसे 'प्रधानमन्त्री जो हाल ही में विदेश यात्रा से लौटे हैं ने कहा कि...' यहाँ प्रधानमन्त्री तो दिल्ली में बैठा है और उसके साथ का 'ने' दूर भोपाल जा बैठा। 'प्रधानमन्त्री ने जो विदेश यात्रा से लौटे हैं' लिखने में क्या आपत्ति है ? विभक्ति चिह्नों के इस दूरान्वय को तुरन्त रोका जाना आवश्यक है। चूँकि राजभाषा के रूप में हिन्दी अंग्रेजी के आसन पर बैठने की प्रक्रिया में है और द्विभाषी स्थिति से गुजर रही है अतः यह निश्चित है कि यह कठिनता संक्रान्तिकालीन और अस्थायी है। दूसरे शब्दों में, ज्यों ही नई संज्ञाएँ परिचित हो जाएँगी उनकी कठिनाई धुलती जाएगी और ज्यों ही हिन्दी में मूल प्रारूपण और चिन्तन होने लगेगा, अनुवादकालीन 'उल्थाकरण' अर्थात् अंग्रेजी के गठन के प्रतिबिम्ब के कारण उत्पन्न कृत्रिमता भी समाप्त हो जाएगी। विविध भाषा के सरलीकरण पर हम कुछ सुझाव पृथक् से प्रस्तुत करेंगे।

विधि एवं न्याय क्षेत्र और हिन्दी

जब से संविधान सभा ने हिन्दी को संघ की राजभाषा के रूप में मान्यता दी और संविधान ने संसद के कार्य-कलापों में हिन्दी को मान्य घोषित किया तभी से देश में हिन्दी में विधायन का आरम्भ हुआ, चाहे यह आरम्भ अनुवाद के रूप में ही हुआ हो। इससे पूर्व भी विभिन्न रियासतों में हिन्दी में विधान और विधियाँ बनती थीं (जैसे शाहपुरा राज्य का विधान दशाब्दियों पूर्व हिन्दी में बना था तथा नियम आदि हिन्दी में प्रसारित हुए थे) किन्तु सारे देश की संसद के लिए विधेयक हिन्दी में प्रस्तुत होने की स्थिति 1950 के बाद से ही आई। न्याय के क्षेत्र में हिन्दी का प्रचलन बहुत पुराना है और अदालतों में भी हिन्दी में कार्रवाई और फैसले लिखे जाने के आन्दोलन एक शताब्दी से भी अधिक पुराने हैं। किन्तु आज विधि एवं न्याय के क्षेत्र में हिन्दी के चलने में जो समस्याएँ हैं उनकी प्रकृति उस युग की स्थिति की अपेक्षा बिलकुल बदल गई है। उस समय न तो शब्दावली की एकरूपता की समस्या थी न अनुवाद की। विद्वान् विधिवेत्ता मौलिक रूप से हिन्दी में कानून बना सकते थे जो उस क्षेत्र में ही प्रचलित रहते थे। आज सारे देश में कौन सी शब्दावली मान्य होगी, उसके साथ अंग्रेजी अनुवाद लगाना भी किन-किन स्थितियों में आवश्यक होगा, उसे कितनी बड़ी संख्या में जनता और विधिवेत्ता समझ सकेंगे, ये सब समस्याएँ प्रमुख हैं।

संविधान ने राज्यों के विधान मंडलों को अधिकार दिए हैं कि वे विधायन अपनी-अपनी राजभाषा में करें। इसके क्रम में छह हिन्दी भाषी राज्यों में (दिल्ली के अतिरिक्त) हिन्दी में विधेयक प्रस्तुत और पारित होते हैं। अन्य अनेक राज्यों में भी अपनी-अपनी प्रादेशिक भाषाओं (राजभाषाओं) में विधेयक प्रस्तुत होते हैं। सारे राज्यों के इन अधिनियमों को अन्य राज्य समझ सकें इसलिए संविधान ने यह भी आवश्यक किया कि प्रादेशिक भाषा में अधिनियम बनाने की सूरत में उसका अधिकृत अंग्रेजी अनुवाद भी साथ रहेगा ताकि सारा देश उस अधिनियम को समझ सके, अन्यथा यह स्थिति भी हो सकती थी कि तमिल में बने कानून को बंगाल में नहीं समझा जाता। संविधि पुस्तक (स्टेच्यूट बुक) सारे देश की एक हो इसकी आवश्यकता स्वतःसिद्ध है। इसलिए जब तक हिन्दी सारे देश की सम्पर्क भाषा नहीं बन जाती तब तक अंग्रेजी ही एक कोने से दूसरे कोने तक कानून को पहुँचाने का सम्पर्क-सूत्र रहेगी। ज्यों ही सारे देश की सम्पर्क भाषा हिन्दी बनती है उन सारे (प्रादेशिक) कानूनों का हिन्दी में भी

अनुवाद करना होगा। इस हेतु केन्द्रीय विधि मन्त्रालय ने सभी अहिन्दी भाषी राज्यों से अनुरोध किया है कि वे अपने अधिनियमों का हिन्दी अनुवाद भी कराएँ। मन्त्रालय इस हेतु अनुदान भी देता है। महाराष्ट्र और गुजरात के अधिनियमों का मराठी और गुजराती के अतिरिक्त अंग्रेजी और हिन्दी में भी पाठ तैयार होता है। अन्य राज्य भी शनैः शनैः यह प्रक्रिया अपनाएँगे।

शायद अखिल भारतीय समन्वय के दृष्टिकोण से ही संविधान ने उच्चतम न्यायालय की भाषा केवल अंग्रेजी रखी है और सभी राज्यों के उच्च न्यायालयों की भी। यद्यपि अनुच्छेद 348 के क्रम में तथा केन्द्रीय राजभाषा अधिनियम 1963 की धारा 7 में यह छूट दी गई है कि उच्च न्यायालयों में (हिन्दीभाषी राज्यों के) कार्रवाइयाँ हिन्दी में की जा सकती हैं और निर्णय भी हिन्दी में दिए जा सकते हैं बशर्ते निर्णय का अधिकृत अंग्रेजी अनुवाद भी उपलब्ध कराया जाय।

उपर्युक्त स्थिति के परिप्रेक्ष्य में विधि एवं न्याय के क्षेत्र में आज की स्थिति में हिन्दी के प्रचलन हेतु अनेक समस्याओं पर विचार करना आवश्यक हो गया है। उनमें से कुछ इस प्रकार हैं–

1. चूँकि उपर्युक्त विवरण के अनुसार विधि एवं न्याय क्षेत्र में द्विभाषी स्थिति लम्बे अर्से तक चलेगी इसलिए हिन्दी और अंग्रेजी में पारस्परिक अनुवाद अनिवार्य रहेगा।
2. चूँकि हिन्दी को अन्ततः सारे देश की सम्पर्क भाषा बनना है अतः विधि की शब्दावली ऐसी होनी चाहिए जो सारे देश में स्वीकार्य हो।
3. चूँकि अंग्रेजी से हिन्दी और हिन्दी से अंग्रेजी में विधियों तथा निर्णयों के अनुवाद किए जाते रहेंगे इसलिए प्रायः प्रत्येक अंग्रेजी शब्द का समानान्तर हिन्दी शब्द तलाशना होगा।
4. उपर्युक्त अनुवाद प्रक्रिया के कारण भाषा में जो कृत्रिमता आएगी उसके लिए तैयार रहना होगा किन्तु साथ ही उसके निराकरण के लम्बे प्रयत्न और प्रक्रियाएँ चलानी होगी।
5. चूँकि विधि की शिक्षा अब तक अंग्रेजी में होती रही है, अब उसका माध्यम हिन्दी करना होगा और उसके लिए अनुवाद से या मौलिक लेखन से अच्छे ग्रन्थ तैयार करने होंगे।
6. विधि एवं न्याय के क्षेत्र में लेखकों, शिक्षकों और अनुवादकों को प्रत्येक स्तर पर लम्बा प्रशिक्षण देना होगा।
7. विधि एवं न्याय के अलावा प्रशासन, शिक्षा, बोलचाल, वाणिज्य आदि क्षेत्रों में जो हिन्दी प्रयुक्त हो रही है उसके साथ विधि की शब्दावली और भाषा का कुछ तालमेल बैठाना होगा।

इन समस्याओं के समाधान की प्रक्रिया इस क्षेत्र में हिन्दी की प्रतिष्ठा को सुदृढ़ बनाने की प्रक्रिया सिद्ध होगी यह स्पष्ट है। अनुभव और व्यवहार के आलोक में इन

समस्याओं का समाधान अवश्य ही निकलेगा चाहे उसमें कुछ समय लगे।

राजस्थान ने विधि और न्याय के क्षेत्र में हिन्दी को प्रतिष्ठित करने के जो विनम्र प्रयास निरन्तर किए हैं उनके अनुभव से भी समस्याओं पर बहुत प्रकाश पड़ सकता है। राजस्थान में संविधान के लागू होते ही हिन्दी राजभाषा, विधि की भाषा और न्यायालयों की भाषा स्वीकृत कर ली गई थी। संविधान के लागू होने से 20 दिन की अवधि में ही राष्ट्रपति की अनुमति लेकर उच्च न्यायालय की कार्रवाइयों में हिन्दी प्रयोग की अनुमति दे दी गई थी। सन् 1965 के बाद से विधान सभा में सारे विधेयक मूलतः हिन्दी में प्रस्तुत होने लगे, उनका अंग्रेजी प्रारूप अनुवाद के रूप में साथ लगाया जाता रहा है। इससे पहले अंग्रेजी में पारित विधियों का हिन्दी अनुवाद कर दिया गया है। सारे विधिक अनुवादों में केन्द्र सरकार की विधि शब्दावली का प्रयोग ही हो यह निर्णय लिया गया है। अक्टूबर, 1976 से उच्च न्यायालय द्वारा सभी अधीनस्थ न्यायालयों के लिए हिन्दी में फैसले देना अनिवार्य कर दिया गया है। सेशन न्यायाधीश अनिवार्यतः हिन्दी में फैसले दे रहे हैं। उत्कृष्ट निर्णयों पर **वेदपाल त्यागी स्मृति पुरस्कार** दिया जाता है।

इस क्षेत्र में हिन्दी की इस अनिवार्यता की सफलता से एक तो यह बात उजागर होती है कि साहस, लगन और दृढ़ता के साथ यदि किसी क्षेत्र में अपनी मातृभाषा, राष्ट्रभाषा और राजभाषा हिन्दी को अनिवार्य कर दिया जाए तो यह दृढ़ संकल्प सफल हो जाता है, चाहे प्रारम्भिक कठिनाइयाँ आती रहें। फैसलों में हिन्दी की अनिवार्यता में भी कुछ कठिनाइयाँ आई थीं किन्तु धीरे-धीरे उन पर विजय प्राप्त कर ली गई।

एक बड़ी कठिनाई विधि शब्दावली की थी। राजस्थान में अब तक अदालतों में उर्दू के प्रचलन के कारण **जुर्म, इस्तगासा, मुजरिम, मुजलिम, वकील, जिरह, गवाह** आदि शब्द सुप्रचलित और आमफहम हो गए थे किन्तु इस निर्णय के कारण कि केन्द्रीय विधि शब्दावली की भाषा का ही प्रयोग हो इसके स्थान पर **अपराध, अभियोजन, सिद्धदोष, अभियुक्त, अधिवक्ता, प्रतिपरीक्षा, साक्षी** आदि शब्द न्यायाधीश द्वारा लिखने आवश्यक हो गए। इसका अर्थ यह हुआ कि वह हर बार विधिकोष देखे और लिखे। इससे फैसलों में विलम्ब होना और उसके फलस्वरूप प्रत्येक तिमाही के लिए निर्धारित कोटे की पूर्ति नहीं हो पाना स्वाभाविक था। इसलिए प्रारम्भ में इसके लिए छूट देनी पड़ी कि प्रारम्भिक अवधि में यदि वह कोटा पूरा नहीं भी हुआ तो न्यायाधीश का मूल्यांकन उससे विकृत नहीं होगा। न्यायाधीशों ने यह छूट भी चाही कि विधिकोष के शब्दों की बजाय यदि कभी-कभी आम प्रचलन के शब्द लिख दिए जाएँ तो माफ किया जाए। अपवाद स्वरूप यह भी स्वीकार किया गया। धीरे-धीरे नई विधि शब्दावली भी प्रचलित हो गई और न्यायाधीशों को हिन्दी का अभ्यास भी हो गया।

विधि भाषा की दुरूहता

यह सर्वदा, सर्वत्र कहा जाता है कि विधि की हिन्दी दुरूह, कृत्रिम और क्लिष्ट होती है। इसके विरुद्ध भी विशेषज्ञों की ओर से तर्क दिए जाते हैं जिनके तीन भाग होते हैं। एक तो यह, जो भाषिक सिद्धान्त की दृष्टि से बिल्कुल सही भी है कि भाषिकी की शब्दावली में कोई शब्द कठिन या सरल नहीं होता, शब्द केवल परिचित या अपरिचित होता है। ऊपर से कठिन या बड़ा दिखनेवाला शब्द परिचित होने पर सरल लगता है और छोटा सा शब्द भी अपरिचित होने पर कठिन। विधि के शब्द नए हैं इसलिए कठिन लगते हैं, कुछ समय में सरल लगने लगेंगे। दूसरा यह कि विधि की भाषा आम बोलचाल की भाषा से हमेशा अलग ही होगी। अदालतों के फर्मान और चौराहे की बोली में फर्क तो होता ही है। इसीलिए विधि की भाषा कठिन लगती है। उदाहरणार्थ उस अंग्रेजी को देखें जो फिल्मों में, घरों में या बाजारों में बोली जाती है और उस अंग्रेजी को भी जो एक्ट में है—दोनों में कितना फर्क है ! फिर हिन्दी पर ही यह लांछन क्यों ? तीसरा यह कि गवाह, वकील आदि अनेक उर्दूनिष्ठ शब्दों के स्थान पर साक्षी, अधिवक्ता आदि संस्कृतनिष्ठ शब्द दो कारणों से लेने पड़े हैं। प्रथम कारण है संस्कृत का दक्षिण, पूर्वी आदि भारत के सभी कोनों में मान्य होना और द्वितीय है संस्कृत शब्दों से व्युत्पन्न शब्द आसानी से बन जाना (जैसे 'मंजूर' शब्द को सैंक्शन के लिए स्वीकार किया जाए तो सैंक्शंड, सैंक्शनेबिल, सैंक्शनिंग आथोरिटी के लिए पूरे वाक्यांश लिखने होंगे जैसे मंजूर किया हुआ, मंजूर करने लायक, मंजूरी देनेवाला प्राधिकारी आदि, जबकि संस्कृत के स्वीकृति शब्द से स्वीकृत, स्वीकार्य, स्वीकर्ता, अस्वीकृत आदि शब्द आसानी से बन जाएँगे)। इन कारणों से संस्कृतनिष्ठ हिन्दी न केवल विधि के लिए बल्कि पारिभाषिक कार्यों के लिए लानी पड़ी है।

यह तर्क पूर्णतः संगत है किन्तु क्या इस बात को नकारा जा सकता है कि संस्कृतनिष्ठ शब्दों के अतिरिक्त भी विधि की हिन्दी कुछ दुरूह अवश्य है ? उदाहरण के लिए केन्द्रीय विधिमंत्रालय द्वारा प्रकाशित उच्च न्यायालय निर्णय पत्रिका और उच्चतम न्यायालय निर्णय पत्रिका का कोई भी अंक देखा जा सकता है जिसकी हिन्दी के लिए यह कहा जाता है कि वह न तो हिन्दीभाषियों के समझ में आती है और न संस्कृत पंडितों के। शायद अनुवादकों के समझ में भी तब तक ही आती है जब तक वह अनुवाद कर रहे होते हैं। उसके बाद खुद उनके भी समझ में नहीं आती क्योंकि मूल अंग्रेजी उनके सामने नहीं रहती। यह हिन्दी मूल अंग्रेजी को देखने पर ही समझ में आती है। इस प्रकार केवल विधि के अतिरिक्त क्षेत्रवाले व्यक्ति द्वारा विधि भाषा की कठिनता का दोषारोपण तथा विधिवालों के द्वारा उपर्युक्त तर्क देकर उसे सुना अनसुना कर देना यह प्रक्रिया लम्बे समय से चल रही है और समस्या के समाधान का प्रयत्न नहीं हो रहा है। हमारे विचार से समस्या के समाधान के कुछ उपाय इस प्रकार हैं—

यह तो स्पष्ट है कि अनुवाद के कारण भाषा में कृत्रिमता आना स्वाभाविक है। इसलिए जब तक हिन्दी शब्दावली अंग्रेजी शब्दावली के अनुवाद से बनती रहेगी और

प्रारूप अंग्रेजी प्रारूपों के अनुवाद की बैसाखी पर चढ़कर चलते रहेंगे तब तक हिन्दी लँगड़ी ही रहेगी, उसकी चाल बेढब और भद्‌दी लगेगी। दुरूहता का प्रमुख कारण अनुवादी भाषा की कृत्रिमता है अतः वास्तविक उपाय तो हिन्दी में मौलिक प्रारूपण ही है। इसके कुछ उदाहरण मैं देना चाहूँगा। उच्च न्यायालय के जिन न्यायाधीशों ने मूलतः हिन्दी में फैसले लिखाए हैं उनकी भाषा जितनी सहज और सुबोध लगती है उच्चतम न्यायालय और उच्च न्यायालयों के अंग्रेजी फैसलों के अनुवाद की भाषा उतनी ही कृत्रिम और दुरूह है। इसी दृष्टि से राजस्थान के विधि विभाग की विधि पत्रिका में उच्च न्यायालय के न्यायाधीशों द्वारा मूलतः हिन्दी में लिखाए गए फैसले भी छापे जाते हैं। उनकी भाषा में जो सहजता है उसकी तुलना अनूदित निर्णयों से करके देख लें। हमारी बात का प्रमाण मिल जाएगा।

स्पष्ट है कि जब से मूलतः हिन्दी में सोचा और लिखा जाने लगेगा, हिन्दी सहज और सरल लगने लगेगी चाहे वह विधि की हिन्दी हो या न्याय की। इसके पूर्व भी अनेक उपाय इस बात के किए जा सकते हैं कि आज की स्थिति में भी हिन्दी में सरलता लाई जा सके। एक तो यह है कि संस्कृतनिष्ठ अधिकृत विधि शब्दावली का प्रयोग करते हुए भी वाक्य गठन यदि हिन्दी का रखा जाए और अंग्रेजी के सिंटेक्स का उल्था नहीं किया जाए तो सहजता आएगी। अंग्रेजी के शब्द का तो पर्याय वही रखा जाए किन्तु पीरियोडिक वाक्यों को तोड़कर क्लाजों की बजाय वाक्य बना दिये जाएँ तो रात और दिन का फर्क आ सकता है।

एक मोटा उदाहरण ही लें। अंग्रेजी की वाक्य गठन की पीरियोडिक प्रकृति के मुताबिक प्रत्येक विधेयक के प्रारम्भ में एक वाक्य आता है–

"Whereas it is expedient to do so in public interest...now, therfore, in pursuance of...it is enacted that..." इत्यादि।

इसका अनुवाद साथ-के-साथ कुछ प्रकार कर दिया जाता है : 'यतः लोकहित में ऐसा करना समीचीन है...' अतः...के अनुसरण में यह अधिनियमित किया जाता है'' आदि। मान लीजिए कि इसे हिन्दी की प्रकृति के मुताबिक दो वाक्यों के रूप में कुछ इस प्रकार लिख दिया जाए तो क्या सहजता नहीं आएगी ? जैसे–''इस सम्बन्ध में कानून बनाना लोकहितार्थ समीचीन होगा। इसलिए ऐसा अधिनियम बनाया जा रहा है।' आदि। इसमें विधिक अड़चन आने का भी भय नहीं है। यह उदाहरण मात्र है। इस प्रकार वाक्यों के गठन को सहज बनाकर इस समय आ रही अनेक दुरूहताएँ समाप्त की जा सकती हैं।

यह भी आवश्यक है कि अनुवाद में सरलता लाने के लिए अनुवादक इतना विवेक लगाए कि विधि शब्दावली का पारिभाषिक शब्द वहीं प्रयुक्त किया जाए जहाँ अंग्रेजी का शब्द पारिभाषिक अर्थ में आया हो। उदाहरणार्थ न्यायालय में 'एपीयर' होने के लिए विधि शब्दावली ने पर्याय रखा है 'उपसंजात' होना। अब यदि सब जगह एपीयर के स्थान पर उपसंजात लिख दिया जाए तो वाक्य हास्यास्पद बन जाएगा। इस प्रकार के

अनुवादी हास्य के सैकड़ों उदाहरण प्रचलित हैं किन्तु हम वास्तविक अनुभव के आधार पर एक उदाहरण इसी बाबत देना चाहेंगे। राजस्थान में सरकारी कलेंडर में प्रतिवर्ष एक इबारत छपती है जिसका आशय होता है कि मुस्लिम अवकाश तभी माने जाएँगे जब चाँद के निकलने की पुष्टि हो जाए। एक वर्ष इसका हिन्दी वाक्य इस प्रकार छपा "मुस्लिम अवकाश चन्द्रमा की उपसंजाति के अध्यधीन होंगे।" इस वाक्य की दुरूहता पर बहुत आलोचना हुई। छानबीन से ज्ञात हुआ कि मूल अंग्रेजी वाक्य था–"Muslim holidays will be subject to appearance of Moon." इसे विधि के अनुवादक ने उपर्युक्त रूप इसलिए दे दिया था कि एपीयरेंस के लिए उपसंजाति और सब्जेक्ट टू के लिए अध्यधीन शब्द विधि शब्दावली में दिए हुए हैं। यदि अनुवादक ने यह विवेक इस्तेमाल किया होता कि यहाँ ये दोनों शब्द विधि के पारिभाषिक अर्थ में प्रयुक्त हैं या सामान्य अर्थ में, तो वह यह पाता कि इन दोनों का तात्पर्य यहाँ बोलचाल की भाषा से है और वह अनुवाद करता कि 'मुस्लिम अवकाश चाँद निकलने पर निर्भर होंगे।'

इस प्रकार अंग्रेजी के एक ही शब्द को प्रसंग के मुताबिक सामान्य या पारिभाषिक पर्याय द्वारा अनूदित करने के विवेक से भी भाषा को सहज बनाया जा सकता है।

इस प्रकार के विवेक के लिए तथा अनुवाद की दक्षता और विभिन्न क्षेत्रों की प्रकृति की विशेषज्ञता हासिल करने के लिए प्रत्येक स्तर पर अनुवादकों और प्रारूपकारों के लिए गहन प्रशिक्षण बहुत आवश्यक है। भाषा संक्रमण के काल में कितने प्रकार के और कितने लम्बे प्रशिक्षण आवश्यक होते हैं, इसका अन्दाजा सम्भवतः अब तक हम नहीं लगा पाए हैं। हिन्दी की प्रकृति, भाषा का व्यवहार, अनवुाद की तकनीक, सभी के लिए अलग-अलग विशेषित प्रशिक्षण आज की सबसे बड़ी माँग है। चाहे विधि का क्षेत्र हो, न्याय का, सामान्य प्रशासन का या अन्य, इस प्रकार के प्रशिक्षण तथा नवीकरण कार्यक्रम बहुत आवश्यक हैं।

एक अन्य बात भी विचारणीय है। हमारी सारी पारिभाषिक शब्दावलियाँ संस्कृत के शब्दों से और व्याकरण से निष्पादित और संकलित की जा रही हैं। विज्ञान, विधि, चिकित्सा, इंजीनियरी सभी के शब्द संस्कृत धातुओं और प्रत्ययों से बने हैं। उनके व्युत्पन्न शब्द भी संस्कृत के व्याकरण के आधार पर ही बनेंगे। हुआ यह है कि शब्द देकर हमने यह प्रत्याशा की है कि अनुवादक या प्रयोगकर्ता उससे बननेवाले शब्द अपने आप बना लेंगे। किन्तु इसमें कठिनाइयाँ आती हैं। प्रत्येक अनुवादक यह कैसे समझ पाएगा कि प्रोविजन के लिए (संज्ञा) प्रावधान शब्द है तो प्रोवाइडेड के लिए कृदन्त रूप क्या होगा ? कोई प्रावधानित लिखता है कोई प्रावधित। जब तक संस्कृत शब्द रूपों का ज्ञान नहीं हो तब तक **प्रावहित** शब्द पकड़ में नहीं आता। इसके लिए यह आवश्यक है कि ऐसे सभी प्रयोगकर्ताओं को या तो किसी स्तर पर संस्कृत का ज्ञान कराया जाय या व्युत्पन्न शब्द भी शब्दकोषों में बराबर दिए जाते रहें। पाठ्यक्रम में कहीं संस्कृत के शब्दों के विकारी (व्युत्पन्न) रूप बनाने की प्रक्रिया का कुछ ज्ञान तो सभी स्तरों पर आवश्यक है ही। चाहे उसके लिए कोई नया पाठ्यक्रम बना लिया जाए जो प्रशिक्षण

के साथ लगाया जाए विश्वविद्यालय परीक्षाओं के साथ। किन्तु यह ज्ञान अवश्य मिलना चाहिए कि जिस प्रकार तिरोहित, विहित, निहित, अन्तर्हित आदि शब्द तिरोधान, विधान, निधान, अन्तर्धान से बने हैं उसी प्रकार प्रावधान से प्रावहित बनेगा। स्वयं हमारे साथ घटना हुई कि एक बार वरिष्ठ विधि अधिकारी ने पूछा कि विधि शब्दावली में सुपरसीडेड के लिए 'अतिष्ठित' शब्द है। उसका संज्ञा रूप अतिष्ठन बनेगा क्या ? उनकी कठिनाई स्वाभाविक थी क्योंकि सुपरसेशन का पर्याय वहाँ नहीं दिया गया था।

यह शब्द सुपर=अति, सीड=स्थान इस प्रकार के दो टुकड़ों से बना है, अ+तिष्ठित नहीं है, अति+ष्ठित है अतः उससे संज्ञा बनाते हुए या तो **अतिष्ठान** लिखें या **अतिष्ठापन**। इसकी कठिनाई देखते हुए **अधिक्रमण** शब्द भी चलाया गया है।

यह भी आवश्यक है कि जब तक विधि शब्दावली के सारे शब्द पूर्णतः प्रचलित और परिचित नहीं हो जाएँ तब तक पूर्व प्रचलित आम बोलचाल के शब्दों के प्रयोग की छूट अथवा अंग्रेजी के मूल शब्द को देवनागरी में लिखने की छूट विधि और न्याय के क्षेत्र में भी देनी होगी जिस प्रकार प्रशासन के क्षेत्र में दी हुई है। किन्तु इसके साथ यह भी उतना ही वांछनीय है कि नई विधि शब्दावली को जनता के व्यवहार में, वकीलों के कंठ में और पीठासीन अधिकारियों के मानस में प्रतिष्ठित करने के लिए अखबारों, पाठ्यपुस्तकों और अदालतों में काम आनेवाले प्रपत्रों में मुद्रित रूप में सर्वत्र प्रयुक्त व प्रसारित किया जाए। जनसाधारण से सम्बन्धित कानूनों का सरल पाठ प्रकाशित हो जिसमें कुछ अधिकृत विधि शब्द भी हों ताकि वे जनता के कंठ में पैठ जाएँ। इस प्रकार बार-बार पढ़े जानेवाले शब्द धीरे-धीरे चलन में आ जाते हैं। विधेयक, विधायक, अवमानना आदि शब्दों की यही स्थिति हुई है। प्रारम्भ में ये कितने अजूबा लगते थे। इनको पढ़-सुनकर लोग इनसे परिचित हो गए और अब ये आम बोलचाल के शब्द हो गए हैं। इसीलिए राजस्थान में यह व्यवस्था की गई है कि उच्च न्यायालय के आदेश द्वारा सभी न्यायालयों से उन्हीं प्रारूपों और परिपत्रों में काम लाने को कहा गया है जो विधि मन्त्रालय की शब्दावली के अनुसार, उनके अधिकृत अनुवादों के परिशिष्ट में मुद्रित हैं (जैसे समन, धारा 144 लगाने आदि के प्रपत्र)।

इस प्रकार शब्दावली को सुपरिचित बनाने के लिए प्रयत्न भी चलते रहे तो कुछ वर्षों में कठिनता की समस्याएँ अपने आप हल हो जाएँगी। इसके अतिरिक्त सभी हिन्दी भाषी राज्यों में विधि और न्याय के क्षेत्र में एकरूपता की आवश्यकता भी निर्विवाद है। इस ओर कदम भी उठाए जा रहे हैं।

विधि की शिक्षा प्रायः सभी हिन्दी भाषी राज्यों में हिन्दी माध्यम से होने लगी है। कठिनाई स्तरीय विधि पुस्तकें हिन्दी में नहीं मिल पाने की है। विधि मन्त्रालय ने स्तरीय हिन्दी पुस्तकों और अनुवादों पर पुरस्कार योजना चलाकर बहुत सराहनीय कदम उठाया है और हिन्दी में पुस्तक निर्माण को प्रोत्साहन दिया है। बड़े विधिवेत्ता, प्राध्यापक और आचार्य अंग्रेजी से विधि के ग्रन्थों का अनुवाद करें और राष्ट्रभाषा को समृद्ध करें यह आज की माँग है। उससे भी अधिक आवश्यकता है मूलतः हिन्दी में ग्रन्थ निर्माण की।

विश्वविद्यालय एवं राज्य मिलकर ऐसी बड़ी योजना क्रियान्वित करें तो बहुत बड़ी समस्या हल हो सकती है। आज एक सामान्य माँग है हिन्दी में विलेखों, करारनामों आदि के प्रारूपों की। वसीयत, न्याय विलेख, करार, बेनामा आदि के मानक प्रारूप अंग्रेजी में तो वर्षों चले आ रहे हैं इसलिए कठिनाई नहीं लगती पर हिन्दी में शुरुआत ही हुई है इसलिए ऐसे मानक प्रारूपों की पुस्तकों की भी बहुत आवश्यकता है। ज्यों-ज्यों उनकी पूर्ति होती जाएगी समस्याएँ हल होती जाएँगी।

इस प्रकार इस क्षेत्र में जो समस्याएँ हैं वे केवल अस्थायी प्रकृति की हैं। हमारा दृढ़ विश्वास है कि जिस लगन और दृढ़ संकल्प से अब तक हिन्दी सेवियों और हिन्दी प्रेमियों ने इस दिशा में हिन्दी की प्रतिष्ठा का यज्ञ चला रखा है वह कुछ वर्षों तक और चलता रहा तो पूर्णाहुति के समय हिन्दी का साम्राज्य भरापूरा ही दिखलाई देगा, कहीं कोई समस्या, कमी या असुविधा नाममात्र को भी नहीं मिलेगी।

कुछ विशिष्ट क्षेत्रों में हिन्दी की दस्तक

जब से बैंकों का राष्ट्रीयकरण हुआ तब से उनमें हिन्दी प्रयोग का अभियान भी आरम्भ हुआ। इस अभियान को गत 8-10 वर्षों में और अधिक गति मिली जिसका सुखद परिणाम यह हुआ कि आज प्रत्येक राष्ट्रीयकृत बैंक में हिन्दी बड़ी तेजी से कदम फैला रही है। प्रत्येक बैंक में हिन्दी अधिकारी, हिन्दी अनुवादक आदि का अमला नियुक्त है और वे बड़ी लगन से हिन्दी प्रयोग की योजनाएँ क्रियान्वित कर रहे हैं। आज से 50 वर्ष पूर्व कोई कल्पना भी नहीं कर सकता था कि बैंकों में पत्राचार, पासबुकों और बहियों का संधारण तथा लेन-देन का काम हिन्दी में हो सकता है। बैंकों में हिन्दी प्रयोग के फलस्वरूप जनता के साथ उनके आत्मीय सम्बन्ध बने हैं जो बहुत आवश्यक थे क्योंकि अब बैंकों का कारोबार केवल अभिजात और धनिक वर्गों के साथ ही नहीं है बल्कि ग्रामीण शाखाओं और ग्रामीण ऋण सुविधाओं के कारण ग्रामजनों से भी उनका सम्बन्ध जुड़ गया है। भारतीय भाषाओं और बैंकों का यह सम्बन्ध एक नए युग की शुरुआत है।

देश की राजभाषा नीति के अनुसरण में धीरे-धीरे पूरे देश के बैंकों में हिन्दी का प्रयोग होना चाहिए किन्तु वर्तमान में 'क' क्षेत्र के बैंकों में तो प्रायः समस्त कामकाज हिन्दी में हो, यह आवश्यक है। यह सूचना भ्रममूलक है कि बैंकिंग व्यवस्था अंग्रेजों की देन है और बैंक कार्य अंग्रेजी में ही हो सकता है। यह भी भ्रम है कि पूरे देश को जोड़ने के लिए अंग्रेजी भाषा ही एकमात्र उपाय है। हिन्दी शताब्दियों से इस देश की सम्पर्क भाषा रही है। कबीर, नामदेव, नानक, दादू आदि सन्तों ने जो चाहे महाराष्ट्र के हों, पंजाब के हों या राजस्थान के, हिन्दी में ही अपना उपदेश दिया क्योंकि इन्हें जनसाधारण तक अपनी बात पहुँचानी थी। साधु-सन्तों के उपदेश की यही भाषा मुगलकाल में दूर-दूर के सिपाहियों की सम्पर्क भाषा बनी। देशी रियासतों में इसी भाषा में सरकारी कामकाज होते थे, महाजनी बही-खाते और हुंडियाँ भी लिखी जाती थीं और विभिन्न प्रदेशों से आपसी पत्राचार भी होता था। इस समय यह भाषा सही मायनों में सम्पर्क भाषा थी अर्थात् इसमें देशी भाषाओं के शब्द भी शामिल रहते थे, भाँति-भाँति की शैलियाँ रहती थीं पर लिपि देवनागरी थी। देशी भाषाएँ भी देवनागरी में लिखी जाती थीं। लिपि का मोड़ चाहे थोड़ा बदलना हो पर भाषा हिन्दी के आसपास रहती थी। शताब्दियों से उत्तर भारत के तीर्थयात्री दक्षिण में रामेश्वर तक, पश्चिम में द्वारिका तक, पूर्व में गंगासागर

संगम तक जाते थे और वहाँ के तीर्थयात्री उत्तर भारत में बदरीनारायण तक आते थे। ये सब आपस में सम्पर्क भाषा के रूप में हिन्दी का इस्तेमाल करते थे। और कोई चारा ही नहीं था।

इस प्रकार हिन्दी सम्पर्क भाषा भी रही और राजभाषा भी। 1880 से 1947 तक की अवधि में ब्रिटिश शासन के कारण अंग्रेजी सारे देश में जम गई थी। संविधान ने 1950 से हिन्दी को राजभाषा और सम्पर्क भाषा का रूप पुनः दिया। उसके बाद छह राज्यों और दो केन्द्र शासित प्रदेशों ने इसे अपनी राजभाषा घोषित किया और सारे कामकाज इसमें होने लगे। पिछले 30 वर्षों में भाषा परिवर्तन की प्रक्रिया इस देश में बराबर चली। 30 वर्ष पूर्व जहाँ सारा राजकाज अंग्रेजी में होता था अब बहुत बड़े क्षेत्र में हिन्दी में होने लगा है। इसी प्रकार पिछले 30 वर्षों में देश के बहुत बड़े भाग में शिक्षा के माध्यम के रूप में भी हिन्दी प्रतिष्ठित हो गई है। प्रायः सारे हिन्दी क्षेत्र में कला, वाणिज्य आदि की उच्चतम स्तर तक की पढ़ाई हिन्दी माध्यम से होने लगी है। विधि और विज्ञान में भी स्नातकोत्तर कक्षाओं को छोड़कर सब जगह हिन्दी माध्यम स्वीकृत है। केवल विज्ञान की कुछ स्नातकोत्तर परीक्षाओं में और डॉक्टरी, इंजीनियरी के तकनीकी पाठ्यक्रमों में अंग्रेजी माध्यम है। हिन्दीभाषी राज्यों की भर्ती परीक्षाएँ हिन्दी माध्यम से होने लगी हैं। अखिल भारतीय सेवाओं की परीक्षाओं तथा बैंकों की व सनदी लेखाकारों की परीक्षाओं के माध्यम के रूप में भी हिन्दी तथा अन्य भारतीय भाषाएँ स्वीकृत कर ली गई हैं।

इस प्रकार इन सारे क्षेत्रों में हिन्दी के प्रतिष्ठित होते जाने के कारण एक नया युग आरम्भ हुआ है। आवश्यकता इस बात की है कि इस युग के अनुरूप भाषा परिवर्तन बैंकों की तरह बड़े उद्योगों और वाणिज्यिक प्रतिष्ठानों के क्षेत्र में भी हो। आज की स्थिति यह है कि बैंकों में सरकारी नीति का अनुसरण जरूरी होने के कारण हिन्दी का प्रयोग तेजी से होने लगा है किन्तु बड़े औद्योगिक घरानों और प्रतिष्ठानों में अब भी अंग्रेजी जमी हुई है। आश्चर्य की बात है कि हिन्दी भाषी क्षेत्र के अनेक बड़े सेठों के घरों में जहाँ धर्म और संस्कृति की परम्पराएँ बराबर पनपती रही हैं, मन्दिरों और धर्मशालाओं का बनवाना हर पीढ़ी के लिए स्वेच्छा से की जानेवाली कार्य पद्धति रही है वहीं पिछले दिनों वेशभूषा और भाषा में पश्चिमी प्रभाव तेजी से बढ़ा है। सेठों के बच्चे अंग्रेजी स्कूलों में पढ़ते हैं, अंग्रेजी बोलते हैं, टाई और सूट पहनते हैं। विमान से यूरोप और अमेरिका आते-जाते हैं। उनकी मातृभाषा मारवाड़ी या हिन्दी ही रही है क्योंकि माताएँ अब तक इंगलिस्तानी प्रभाव में नहीं आई हैं, पर पढ़ाई के कारण वे आगे जाकर 'अंग्रेज' बन जाते हैं। यह भी एक कारण है कि बड़े प्रतिष्ठानों का पत्राचार और दैनिक कार्य अंग्रेजी में होता है। जिस प्रकार बैंकों में हिन्दी का प्रयोग तेजी पकड़ता जा रहा है उसी प्रकार उसे उद्योगों और वाणिज्य में भी प्रसारित करना होगा।

अनेक ऐसे क्षेत्रों में हिन्दी आश्चर्यजनक रूप से आगे बढ़ी है जिनमें उसके प्रतिष्ठित होने की आशा अधिक नहीं थी, जैसे अन्तर्राष्ट्रीय खेलों, क्रिकेट, हॉकी आदि

की कमेंट्री में, टेलीप्रिंटर में। आज क्रिकेट कमेंट्री हिन्दी में भी उतने ही चाव से सुनी जाती है जितनी अंग्रेजी में। हिन्दी टेलीप्रिंटर सेवा देश के बहुत बड़े भाग में समाचार भेज रही है। हिन्दी में कम्प्यूटर उपकरण भी बनने लगे हैं। इन सब बातों में जब हिन्दी बढ़ सकती है और उसका प्रयोग गौरव की वस्तु बन सकता है तो फिर बड़े उद्योगों में क्यों नहीं ? इस मनोवृत्ति को यदि धीरे-धीरे निकाल दिया जाए कि फर्राटे से अंग्रेजी बोलना और सूट पहनना अधिक शिक्षित या प्रतिष्ठित होने का प्रतीक है, तो वह हीन भावना समाप्त हो जाएगी जो गुलामी के दिनों की देन है। धीरे-धीरे ऐसा होने भी लगा है। शायद आज से 10 वर्ष पूर्व खोटी अंग्रेजी बोलकर भी रौब जमाया जा सकता था। कोट-पैंट पहनकर बड़ा आदमी दिखने की परम्परा भी थी। अब तो जेबकतरे भी सूट और टाई पहनते हैं, तस्कर और अपराधी भी अंग्रेजी बोलते मिल जाएँगे। गाँधीजी की कृपा से सादा परिधान और धोती-कुर्ता भी अब प्रतिष्ठा प्रतीक बन गया है। सूट जरूरी नहीं है। इस प्रकार धीरे-धीरे यह स्थिति आ रही है कि किसी भी भाषा का शुद्ध और प्रभावोत्पादक रूप से प्रयोग करना प्रतिष्ठा का प्रतीक बन गया है, खोटी भाषा चाहे वह अंग्रेजी हो, किसी को प्रतिष्ठित नहीं बनाती।

भाषा परिवर्तन की इस प्रक्रिया में जो थोड़ी सी बाधाएँ हैं वे दो-तीन प्रकार की हैं। एक तो अन्तर्राष्ट्रीय क्षेत्र में आगे बढ़ने की ललक के कारण अंग्रेजी का प्रयोग होता है। इसी कारण तथाकथित पब्लिक स्कूलों और अंग्रेजी माध्यम स्कूलों में प्रवेश की आज जो होड़ है वह हिन्दी की पूर्ण प्रतिष्ठा में बाधक बन रही है। इसका कारण यह है कि एक तो इनमें पढ़ाई का स्तर अच्छा होता है, दूसरे इन्हें प्रतिष्ठा और उज्ज्वल भविष्य का प्रतीक मानने की भेड़चाल है। समय की गति के साथ इसमें भी परिवर्तन आएगा, यद्यपि उसकी गति अब तक धीमी रही है। अब अधिकांश पब्लिक स्कूलों में और उन सेंट्रल स्कूलों में जो प्रमुखतः केन्द्रीय सेवाओं के कर्मचारियों के बच्चों को शिक्षा देने हेतु अखिल भारतीय स्तर पर स्थापित हैं, हिन्दी माध्यम भी स्वीकृत हो गया है। उनमें हिन्दी अनिवार्य रूप से पढ़ाई जाने लगी है। अंग्रेजी माध्यम के स्कूल बड़े शहरों में ही हैं, गाँवों में नहीं। ये अभिजात वर्ग के अलगाव और भेदभाव को बढ़ावा देते हैं। अतः इनके विरुद्ध जनसाधारण की भावनाएँ किसी दिन अवश्य बलवती होंगी। अब तक ऐसा नहीं हुआ है, यही आश्चर्य की बात है।

शिक्षाक्रम में भाषा-शिक्षण

विद्यालय-शिक्षा स्तर पर

शिक्षा क्रम में भाषा शिक्षण का महत्त्व विश्वभर में स्वीकारा गया है। प्राथमिक स्तर से भाषा का जो शिक्षण शुरू होता है वह स्नातकोत्तर स्तर तक (बल्कि उसके बाद शोध स्तर तक) चलता रहता है। भारत जैसे बहुभाषी देश में मातृभाषा शिक्षण के साथ अन्य भाषाओं के शिक्षण की व्यवस्था, त्रिभाषा सूत्र आदि अनेक सिद्धान्त इसी क्रम में विकसित हुए हैं। इसी दृष्टि से मातृभाषा, हिन्दी, अंग्रेजी आदि भाषाओं के प्रत्येक स्तर पर पढ़ाने की व्यवस्था है और उनके लिए पुस्तक निर्माण और शिक्षण-प्रशिक्षण की भी। इसी क्रम में हिन्दी भी पढ़ाई जाती है।

एक बात जिस पर अब तक उतना ध्यान नहीं दिया जा सका है, जितना दिया जाना चाहिए था, यह है कि हम अन्य भाषाओं के शिक्षण और प्रशिक्षण पर जितना ध्यान देते हैं उससे अधिक ध्यान उन भाषाओं पर दिया जाना चाहिए जो पूरे शिक्षा क्रम के माध्यम का काम भी करती हैं। जैसे हिन्दी और अंग्रेजी। यद्यपि अन्य भारतीय भाषाएँ भी अपने-अपने क्षेत्रों में शिक्षा का माध्यम हैं किन्तु एक बहुत बड़े क्षेत्र में ये दोनों भाषाएँ ही माध्यम का काम करती रही हैं। अंग्रेजी माध्यम कम होता जा रहा है। चूँकि हिन्दी अब स्नातकोत्तर स्तर तक शिक्षा का माध्यम है अतः उसका शिक्षण केवल मातृभाषा के या साहित्यिक भाषा के रूप में न होकर माध्यम भाषा के रूप में भी होना चाहिए। वैसे इस तथ्य को शिक्षा नीति निर्धारकों ने गौण रूप से तो रेखांकित किया है और ऐसी भाषाओं को पुस्तकालय भाषा का नाम भी दिया गया है किन्तु उस परिभाषा में अब तक अंग्रेजी को ही लिया है। हिन्दी जैसी भाषाएँ जो शिक्षा के माध्यम के रूप में भी विकसित हो रही हैं और जिनकी ज्ञान-विज्ञान की शब्दावली इन्हीं दिनों उद्‌विकसित हो रही है, उनके अध्ययन, अध्यापन, शिक्षण-प्रशिक्षण आदि के लिए जो विशेष संक्रान्तिकालीन व्यवस्थाएँ होनी चाहिए उन पर उतना ध्यान नहीं दिया जा सका है। शिक्षण-प्रशिक्षण में इस बिन्दु का महत्त्व और बढ़ जाता है जब इस बात का अहसास हम करते हैं कि न केवल हिन्दी अध्यापक को बल्कि विज्ञान, वाणिज्य, समाज विज्ञान आदि के अध्यापकों को भी सारी शिक्षा हिन्दी माध्यम से देनी होगी और इन विज्ञानों की जो नई हिन्दी शब्दावली विकसित हो रही है उसके माध्यम से पढ़ाना होगा। क्या

यह आवश्यक नहीं कि इस नई शब्दावली का, इसके सही प्रयोग का, इसकी समस्याओं और समाधानों का परिज्ञान शिक्षक को कराया जाए ? प्रत्येक प्रशिक्षण के साथ इस प्रकार माध्यम भाषा के प्रशिक्षण की व्यवस्था भी क्या अच्छे परिणाम देनेवाली साबित नहीं होगी ?

इस दृष्टि से शिक्षाशास्त्रियों का ध्यान इस बिन्दु पर जाना चाहिए कि विभिन्न ज्ञान शाखाओं की जो शब्दावली आ रही है उससे सम्बन्धित प्रशिक्षण प्रत्येक विषय के शिक्षकों को दिया जाए। इसका स्वरूप क्या हो, शिक्षक प्रशिक्षण में यह कंटेंट अन्तर्विष्ट किया जाए या इसके लिए अलग से ग्रीष्मकालीन शिविर चलाए जाएँ या और कोई तरीका निकाला जाए। बहरहाल इसकी वांछनीयता अपने आपमें स्पष्ट है। उदाहरण स्वरूप कुछ बिन्दु इस बात को और स्पष्ट कर देंगे।

उच्चारण

आज बहुधा इस बात पर आलोचना होती है कि छात्रों का हिन्दी ज्ञान पर्याप्त नहीं है। वे उच्चारण, वर्तनी और व्याकरण की बहुत गलतियाँ करते हैं। इसके लिए शिक्षक को उत्तरदायी बताया जाता है। कुछ अंशों तक वह सही भी है। हिन्दी शिक्षक का यह दायित्व है कि वह छात्रों को शुद्ध वर्तनी, व्याकरण और उच्चारण समझाए किन्तु अन्य विषय के अध्यापक जो हिन्दी माध्यम से पूरे विषय पढ़ाते हैं, क्या उनका भी यह दायित्व नहीं कि वे उस माध्यम के शब्दों का सही प्रयोग सिखाएँ ? इस दृष्टि से प्रत्येक शिक्षक को यह आत्मालोचन करना चाहिए कि वह अपने विषय की हिन्दी शब्दावली का कितना सही और व्यापक ज्ञान रखता है। यदि यह सजगता प्रत्येक विषय के स्तर पर हो तो छात्रों की ये खामियाँ बहुत हद तक हल हो सकती हैं।

शिक्षक प्रशिक्षण के समय यह ध्यान दिया जाना चाहिए कि उच्चारण की कुछ ऐसी गलतियों को जो मातृभाषा के प्रभाव के कारण स्वाभाविक हैं, सुधारने का प्रयत्न किया जाए। उदाहरणार्थ राजस्थानी भाषा में 'श' 'ष' वर्ण नहीं है केवल स है। फलस्वरूप राजस्थान निवासी व्यक्ति यदि विशेष, शर्मा आदि को बिसेस, सर्मा उच्चारण करे तो यह **ग्रेविटेशनल पुल ऑफ दी मदर टंग** ही कहा जा सकता है। उच्चारण की ऐसी अशुद्धियों को थोड़े से ध्यान से सही कराया जा सकता है। इसका दूरगामी प्रभाव होगा और छात्र अन्ततः लाभान्वित होंगे। मैंने बहुत से वरिष्ठ व्यक्तियों को भी वैध को वॅध, एवम् को ॲवं तथा फल को फ़ल बोलते सुना है। 'फिर उसने फल खाया' में फ़िर और फ़ल बोलना कितना बुरा लगेगा ? ऐसी गलतियाँ आम हैं। विज्ञान के अधिकांश शिक्षकों को एक तकनीकी हिन्दी शब्द अनुदैर्घ्य को मैंने अशुद्ध बोलते पाया है। वे बोलते हैं अनुदैर्धेय। यह शब्द लोंजीट्यूडिनल वेव के लिए जाता है। हिन्दी माध्यम के ऐसे अनेक तकनीकी शब्दों का सही उच्चारण थोड़े से अभ्यास से बहुत अच्छे परिणाम दे सकता है।

वर्तनी

हिन्दी वर्तनी की अनेक गलतियाँ न केवल छात्रों और अध्यापकों में बल्कि विद्वानों और लेखकों में भी मिलती है। आशीर्वाद को आर्शीवाद, रवीन्द्र को रविन्द्र, पत्नी को पत्नि, श्रीमती को श्रीमति, अधीनस्थ को अधिनस्थ, विनीत को विनित, इसी प्रकार श्रीयुत को श्रीयुत् लिखने का रोग भी बहुत पाया जाता है। कार्य रूप में परिणत की बजाए परिणित तो बड़े-बड़े लिखने लगे हैं और स्थायी की बजाए स्थाई लिखने का मर्ज भी बढ़ चला है। ऐसी गलतियाँ प्रारम्भ में आसानी से सही की जा सकती हैं। ये केवल उदाहरण मात्र हैं। ऐसी सूची बहुत लम्बी हो सकती है।

व्याकरण

हिन्दी व्याकरण की अशुद्धियाँ भी केवल हिन्दी अध्यापकों के प्रयत्न से ही नहीं, सब शिक्षकों के प्रयत्न से सुधर सकती हैं। मेरे को किताब चाहिए या मेरे से बिना पूछे न जाना जैसी गलतियों को तो हिन्दी शिक्षक शुद्ध करवाकर मुझे और मुझसे करवा देगा किन्तु अन्य विषयों के शब्दों का व्याकरण तो सभी शिक्षकों के प्रयत्नों से सही होगा। ऐसे शब्द बहुत चल गए हैं जो अशुद्ध हैं किन्तु व्यापक हैं। सम्माननीय को सम्मानेय, पुनरवलोकन को पुनरावलोकन तो कहते सुना ही जाता है। अन्तर्धान को अन्तर्ध्यान भी बहुत से बोलते हैं। इसके अतिरिक्त एक शब्द के विभिन्न रूप लिखने में गलतियाँ हो जाती हैं। प्रावधान प्रोविजन के लिए आता है, प्रोवाइडेड के लिए यदि शब्दकोष में पर्याय नहीं दिया गया हो तो सामान्यतः लोग प्रावधानित लिख देंगे। होना चाहिए **प्रावहित**। जैसे निधान से निहित और विधान से विहित बनता है वैसे से ही प्रावधान से प्रावहित, अन्तर्धान से अन्तर्हित और तिरोधान से तिरोहित बनेगा। ऐसे शब्द सभी विषयों में आएँगे। उनके विभिन्न रूपों को सही लिखना सिखाना क्या प्रत्येक शिक्षक को नहीं आना चाहिए ? ये भी कुछ उदाहरण ही हैं।

शब्दावली

इसके अतिरिक्त आज की बसे सबड़ी आवश्यकता यह है कि ज्ञान-विज्ञान की विभिन्न शाखाओं की जो नई शब्दावली भारत सरकार के मानव संसाधन विकास मन्त्रालय के अन्तर्गत वैज्ञानिक एवं पारिभाषिक शब्दावली आयोग द्वारा बनाई जा रही है उसका ज्ञान प्रत्येक विषय के शिक्षक को हो। पिछले 30 वर्षों के प्रयत्नों से लगभग 5 लाख नए शब्द विभिन्न ज्ञान शाखाओं के हिन्दी में आ गए हैं और उनकी शब्दावलियाँ छप गई हैं। वे सस्ती दरों पर उपलब्ध हैं और उन्हीं के शब्द लेकर हिन्दी की पाठ्यपुस्तकें लिखाई जा रही हैं। पूरे देश में हिन्दी की एकरूपता के लिए यह आवश्यक है कि उन्हीं शब्दों का प्रयोग किया जाए जो इस शब्दावली में हैं। उदहरणार्थ **लेजिसलेटिव कौंसिल** के लिए

पुराने शब्द धारासभा या व्यवस्थापिका सभा प्रयुक्त किए जाएँ तो उनसे भ्रम होगा। **विधान परिषद** ही लिखना चाहिए। इस लिहाज से अपने-अपने विषय की अधिकृत शब्दावली का ज्ञान भी शिक्षक को होना आवश्यक है। खेद यह है कि अब तक इन शब्दावलियों की जानकारी व्यापक रूप से प्रसारित नहीं हो पाई है। अतः यह आवश्यकता अब भी बनी हुई है।

ऐसी कुछ शब्दावलियों की सूची इस पुस्तक में दी जा रही है। ये सब अंग्रेजी से हिन्दी में पर्याय बताती हैं। इसके साथ अन्त में हिन्दी के उन अधिकृत शब्दकोषों की जानकारी भी है जो हिन्दी शब्दों का हिन्दी में अर्थ और व्याकरण बताते हैं तथा जिन्हें शिक्षक सही प्रयोग के लिए देख सकते हैं।

उच्चतर शिक्षा स्तर पर

पृष्ठभूमि

भारत जैसे बहुभाषी देश में जिस प्रकार प्रशासन की भाषा, राजभाषा, न्याय की भाषा आदि बिन्दुओं पर मतभेद रहता है और विभिन्न समस्याएँ उत्पन्न होती रहती हैं उसी प्रकार शिक्षा के माध्यम के प्रश्न पर भी मतभेद और समस्याएँ हैं। यह तो प्रायः सभी शिक्षाशास्त्री मानते हैं कि शिक्षा का माध्यम प्राथमिक स्तर से लकर शोध स्तर तक मातृभाषा ही होनी चाहिए। यह सच है कि कुछ देशों में, जिनमें भारत भी शामिल है, विदेशी भाषाएँ कुछ कालावधि के लिए उच्च शिक्षा का माध्यम रही हैं किन्तु वह आदर्श स्थिति नहीं है। उससे मौलिक शोध सम्भव नहीं होता, विदेशी चिन्तन से स्वयं मौलिक चिन्तन दब जाता है। यह स्थिति विज्ञान और तकनीकी में भी लागू होती है। इस पर अब मतभेद नहीं रह गए हैं। शिक्षा नीति (1986) में भी यह स्पष्ट कर दिया गया है कि अन्ततः सभी स्तरों पर शिक्षा का माध्यम भारतीय भाषाएँ (मातृभाषाएँ) होंगी। यह बात अलग है कि अब तक अंग्रेजी कुछ स्तरों पर शिक्षा का माध्यम बनी हुई है। उसे तुरन्त हटाने की अनिवार्यता नहीं हो तो यह प्रयत्न अवश्य होगा कि विभिन्न ज्ञान शाखाओं की सामग्री अनुवाद या मौलिक लेखन द्वारा भारतीय भाषाओं में लाकर उन्हें समृद्ध बनाया जाए ताकि वे उच्चतर शिक्षा एवं शोध के माध्यम के रूप में अंग्रेजी का स्थान ले सकें। यह बात भी शिक्षा नीति में स्पष्ट कर दी गई है।

इसके लिए भारतीय भाषाओं को समृद्ध बनाने की प्रक्रिया स्वतन्त्रता से पूर्व ही शुरू हो गई थी। हिन्दी तथा अन्य भारतीय भाषाओं में विज्ञान तथा अन्य विषयों की पुस्तकें लिखी जाने लगीं। स्वतन्त्रता के बाद जब यह तय हुआ कि राज्यों में उनकी भाषाएँ राजभाषाएँ बनेंगी, और केन्द्र की राजभाषा हिन्दी होगी तो इसी के साथ यह आवश्यकता भी महसूस हुई कि न केवल प्रशासन, न्याय आदि की शब्दावली हिन्दी में होनी चाहिए बल्कि ज्ञान की सभी शाखाओं की शब्दावली हिन्दी में आनी चाहिए। ऐसी शब्दावली प्रथमतः डॉ. रघुवीर ने संकलित करना शुरू किया था। उनका शब्दकोष (1955 में प्रकाशित) भारतीय भाषाओं की शब्दावली की बहुत महत्त्वपूर्ण आधारशिला है। उसके बाद शिक्षा मन्त्रालय ने विभिन्न विषयों की शब्दावलियाँ बनाईं। 1960 में वैज्ञानिक एवं पारिभाषिक शब्दावली आयोग अलग से गठित हुआ जो अब तक काम

कर रहा है। इसके प्रयत्नों से लगभग 6 लाख शब्द विभिन्न ज्ञान शाखाओं के संकलित हो गए हैं तथा अनेक परिष्कारों के बाद 6-7 पारिभाषिक शब्द संग्रह प्रकाशित हो गए हैं। मानविकी और विज्ञान के बृहत् पारिभाषिक शब्द संग्रह 2-2 भागों में निकले हैं। चिकित्सा, इंजीनियरी और कृषि के शब्द संग्रह भी निकल चुके हैं। विधि मन्त्रालय ने विधि शब्दावली अलग से निकाली है। रिजर्व बैंक ने बैंकिंग शब्दावली निकाली है। शब्दावली संकलन के इन प्रयत्नों में देश के मूर्धन्य विद्वानों की भागीदारी रही है। किन्तु इनकी जानकारी का उतना प्रसार नहीं हो पाया जितना वांछित था।

पिछले 30-40 वर्षों के राजकीय और अराजकीय प्रयत्नों के फलस्वरूप विज्ञान और अन्य विषयों के हजारों स्तरीय ग्रन्थ हिन्दी और भारतीय भाषाओं में निकले हैं। हिन्दी भाषी राज्यों में हिन्दी ग्रन्थ अकादमियाँ विश्वविद्यालय स्तर के हिन्दी ग्रन्थों का प्रकाशन कर रही हैं। इसी प्रकार अन्य राज्यों में उनकी अपनी भाषा के ग्रन्थों के प्रकाशनार्थ अकादमियाँ कार्यरत हैं। इस सबके फलस्वरूप एक प्रकार की मौन और रक्तहीन क्रान्ति शिक्षा के माध्यम क्षेत्र में आ रही है, चाहे उसका अहसास हमें इस समय नहीं हो पा रहा हो।

द्विभाषी स्थिति

इससे यह स्पष्ट होगा कि यह देश प्रशासन, विधि, शिक्षा आदि क्षेत्रों में, भाषिक दृष्टि से भी इस समय संक्रमण काल में है। उच्च शिक्षा का माध्यम अंग्रेजी बनी हुई थी। उसका स्थान लेने के लिए भारतीय भाषाएँ तैयार हो रही हैं। इस संक्रमण काल में शिक्षा के माध्यम के रूप में किसी कदर दोनों भाषाएँ चल रही हैं। विज्ञान और मानविकी के प्राध्यापकों को बहुत से स्तरीय ग्रन्थ अंग्रेजी में पढ़ाने पड़ते हैं, बहुत से हिन्दी में। अधिकांश विश्वविद्यालयों में हिन्दी और भारतीय भाषाओं को माध्यम बनाया जा चुका है (सिवा विज्ञान या विधि के स्नातकोत्तर स्तर के) इसलिए छात्र उन भाषाओं के माध्यम से परीक्षाएँ देते हैं और उन्हीं भाषाओं में पढ़ना चाहते हैं। इसके साथ सभी विश्वविद्यालयों में अंग्रेजी भाषा को भी शिक्षा के माध्यम के रूप में स्वीकृति मिली हुई है। कहीं भी अंग्रेजी शिक्षा के माध्यम के रूप में अस्वीकृत नहीं है। परिणाम यह होता है कि आज के प्राध्यापक को दोनों भाषाओं का प्रयोग किसी-न-किसी रूप में करना पड़ता है। तकनीकी शब्दवली तो बहुधा वह अंग्रेजी और हिन्दी दोनों में बोलता है। वाक्य हिन्दी के बोलता है पर संज्ञाएँ बहुत सी अंग्रेजी की होती हैं। इससे उसे कुछ श्रम और तनाव अधिक पड़ता है किन्तु यह आज की स्थिति में अनिवार्य सा हो गया है। संक्रमण काल में यह अवांछनीय भी नहीं है। एक कारण तो यह है कि हिन्दी की शब्दावली विकास की प्रक्रिया में है इसलिए बहुत से अंग्रेजी शब्दों के अनेक हिन्दी पर्याय चल रहे हैं। 'रेडियोएक्टिव' के लिए कभी **रेडियोधर्मी**, कभी **रेडियो-सक्रिय**, मैटाबोलिज्म के लिए कभी **चयापचय**, कभी **उपापचय**। वर्टीकल के लिए कभी **ऊर्ध्वाधर**, कभी **उदग्र**,

कभी **लम्बवत्** आते हैं, जबकि अंग्रेजी शब्द एक-रूप और स्थिर है। ऐसी स्थिति में अंग्रेजी का पूर्ण बहिष्कार कर केवल हिन्दी शब्द का प्रयोग बहुत समझदारी भी नहीं होगी।

भारत सरकार ने राजभाषा क्षेत्र में जो द्विभाषी नीति अपनाई है उसके फलस्वरूप तथा देश की अन्य स्थितियों के कारण वैसे भी प्रशासकों, न्यायविदों और प्राध्यापकों के एक बहुत बड़े तबके लिए यह अनिवार्य हो गया है कि वह दोनों भाषाओं का परिज्ञान रखे क्योंकि किसी-न-किसी रूप में उन्हें हिन्दी और अंग्रेजी, दोनों का प्रयोग प्रतिदिन करना पड़ता है। ऐसे में यह स्वाभाविक है कि दोनों भाषाओं के शब्द परस्पर अन्तःक्रिया करें, घुलें-मिलें, चाहे उससे हो रहे भाषा के खिचड़ीपन को हम कितना ही कोसें, संक्रमणकाल में यह सब सहन करना होगा। धीरे-धीरे स्वतः ही भारतीय शब्द अंग्रेजी शब्दों का स्थान लेने लगेंगे।

कठिनाई

इस पृष्ठभूमि के कारण प्राध्यापकों की इस पीढ़ी को जिन कठिनाइयों का सामना करना पड़ता है उनका समाधान तथा उन पर पूर्ण चिन्तन और मनन अब तक पर्याप्त मात्रा में नहीं हो पाया है। शिक्षा क्षेत्र के अन्य सिद्धान्तों और समस्याओं पर तो पर्याप्त सामग्री का हम अमेरिका या रूस जैसे देशों से आयात कर लेते हैं किन्तु माध्यम परिवर्तन की यह समस्या तो भारत की अपनी है। बहुत कम ऐसे बहुभाषी देश होंगे जिनमें यह समस्या आई होगी। हमारी इस समस्या का समाधान हमें अपने मौलिक प्रयत्नों से खोजना है। और कहीं से पकी-पकाई सिद्धान्त सामग्री थोड़े ही मिलेगी। इसके लिए कुछ तो शिक्षा नीति पर पुनर्विचार आवश्यक हो गया है और कुछ भारतीय भाषाओं को माध्यम के रूप में सबल बनाने के प्रयत्नों को तीव्र करना जरूरी हो गया है।

हिन्दी भारतीय भाषा-राजभाषा के रूप में, प्रशासन के माध्यम के रूप में अब दैनिक जीवन में बहुत तेजी से फैल रही है किन्तु हमारे पाठ्यक्रम निर्माता हिन्दी या अन्य भारतीय भाषाओं के स्नातक या स्नातकोत्तर स्तर के पाठ्यक्रमों में कविता, कहानी और उपन्यास साहित्य को पाठ्यक्रम के रूप में रखकर अपने कर्त्तव्य की इतिश्री मान लेते हैं। परिणाम यह होता है कि हिन्दी के भी उन पाँच-छह लाख शब्दों की कोई जानकारी नहीं होती जो पिछली अर्द्ध शताब्दी में नए आ गए हैं। मैं यह नहीं कहता कि हिन्दी अध्यापक ही तकनीकी शब्द भी छात्र को पढ़ाएँ। ऐसा कहीं होता भी नहीं है। अंग्रेजी का अध्यापक विज्ञान के तकनीकी शब्द थोड़े ही पढ़ाता है ! किन्तु आज अब विज्ञान का अध्यापक हिन्दी की तकनीकी शब्दावली से पूरा परिचित नहीं है, अशुद्धियाँ करता है तो उसके छात्र अशुद्धियाँ करेंगे ही। हिन्दी का एक एम.ए. भी यदि उससे परिचित नहीं होगा, हिन्दी का प्राध्यापक भी नहीं तो कौन किससे पूछने जाएगा ? इसलिए जहाँ हिन्दी के पाठ्यक्रमों में थोड़ा सा अद्यतनीकरण आवश्यक है उसी प्रकार

विज्ञान और अन्य विषयों के प्रध्यापकों के लिए भी यह जरूरी है कि वे हिन्दी माध्यम की जिस शब्दावली का प्रतिदिन प्रयोग कर रहे हैं उसकी सही जानकारी उन्हें हो। यह सही है कि ऐसी शब्दावली में बहुत से संस्कृतनिष्ठ और तथाकथित 'कठिन' शब्द हैं। उनका कारण समझ लिया जाए और उनके अंगों, उपांगों, प्रकृति, प्रत्यय का थोड़ा परिचय हासिल कर लिया जाए तो बहुत सी समस्याएँ आसानी से दूर हो जाएँगी।

संस्कृतनिष्ठ शब्दावली

पारिभाषिक शब्दावली में तीन प्रकार के शब्द शामिल हैं। कुछ तो वे शब्द हैं जो अन्तर्राष्ट्रीय प्रयोग में आते हैं और ज्यों के त्यों हिन्दी में भी स्वीकृत कर लिए गए हैं। जैसे—मीटर, किलोमीटर, लीटर आदि मापतोल के शब्द। इसके अतिरिक्त वनस्पतियों, जन्तुओं, प्रजातियों आदि के लिए लेटिन की जो द्विनामी (बायीनोमियल) पदावली चल रही है उसे भी ज्यों की त्यों देवनागरी में ले लिया गया है। शेष शब्दों के लिए जो किसी कॉनसेप्ट (Concepet) को व्यक्त करते हैं उस स्थिति में संस्कृत के पुराने शब्द लिये गए हैं, यदि हमारे प्राचीन इतिहास में संस्कृत भाषा के ग्रन्थों में ठीक उसी अर्थ में वे शब्द आए हों। यदि जरा सा भी सन्देह रहा तो नए शब्द संकलित किए गए। यह इसलिए आवश्यक हुआ कि पारिभाषिक अर्थ बहुत बहुत बारीक होते हैं। जैसे—मोशन, स्पीड और वैलोसिटी समानार्थक होते हुए भी अलग अर्थ देते हैं। उनके लिए क्रमशः **गति, जव और वेग** संस्कृत में आते थे इसलिए वे लिए गए किन्तु जहाँ एक तरह के अनेक शब्द हैं जिनके अर्थ भिन्न-भिन्न हैं वहाँ कभी-कभी उपसर्ग लगाकर नए शब्द भी बनाने पड़े। जैसे एक्शन के लिए क्रिया शब्द संस्कृत में था। उसके निकट के अर्थों के लिए जैसे रिएक्शन (रसायन) को **अभिक्रिया**, फंक्शन को **संक्रिया**, रिसपांस को **अनुक्रिया** और रिएक्शन (समाज विज्ञान) को **प्रतिक्रिया** पर्याय दिए गए। यह शक्ति संस्कृत में निहित है कि उपसर्गों और प्रत्ययों के संयोग से अगणित शब्द बनाए जा सकते हैं।

एक अन्य कारण यह भी है कि संस्कृतनिष्ठ शब्दावली में विकारी शब्द (डैरिवेटिव) बड़ी आसानी से बन सकते हैं। जैसा हम बता चुके हैं, सैंक्शन के लिए मंजूरी शब्द लिया गया था किन्तु सैंक्शनेबल, सैंक्शेनिंग अथोरिटी, अनसैंक्शनेबिल आदि शब्दों के लिए मंजूर करने लायक, मंजूर करनेवाला प्राधिकारी, मंजूर करने लायक नहीं आदि 2-2, 3-3 शब्द लिखने पड़ते थे। संस्कृत का स्वीकृति शब्द ले लिया जाए तो **स्वीकार्य, स्वीकर्ता** अधिकारी, **अस्वीकार्य** आदि सरल और संक्षिप्त शब्द बन जाएँगे। यही हुआ भी। सैंक्शन के लिए स्वीकृति शब्द अधिक लोकप्रिय हो गया।

अनेकरूपता

संक्रमणकाल की एक कठिनाई यह भी यह है कि यह शब्दावली इस समय परिष्कार

की प्रक्रिया में है। फलस्वरूप पहली खेप में बने शब्दों की बजाय पुनर्विलोकन के द्वारा नए पर्याय बना दिए गए जैसे मेटाबोलिज्म के लिए डॉ. रघुवीर ने चयापचय शब्द बनाया था। इसके बाद इसका परिष्कार करके आयोग ने इसे **उपापचय** कर दिया। हो सकता है पुरानी पुस्तकों में चयापचय शब्द छपा हो किन्तु नई पीढ़ी के लिए भविष्य की दृष्टि से वही शब्द रखना उपयुक्त होगा जो नवीनतम शब्दकोष में है। इसलिए प्रत्येक विश्वविद्यालय और महाविद्यालय के लिए यह आवश्यक है कि आयोग के नए पारिभाषिक शब्द संग्रह उनके पुस्तकालय में हों।

सम्बद्ध विषय का शब्दकोष

यह ध्यान रखने की बात है कि अंग्रेजी के अनेक शब्दों की अवधारणाएँ विभिन्न सन्दर्भों में अलग-अलग हैं। जैसे चार्ज शब्द रिपोर्ट के प्रसंग में **कार्यभार** है, चार्जशीट के प्रसंग में **आरोप** है, सरचार्ज के प्रसंग में **भार** है और चार्ज्ड वायर्स (बिजली) के प्रसंग में **आवेश** है। फैक्टर यदि गणित में आते हैं तो उन्हें **गुणनखंड** कहा जाएगा। समाज विज्ञानों में **कारक** कहा जाएगा। अन्यत्र **गुणक** कहा जाएगा। इसलिए यह भी आवश्यक है कि प्राध्यापक और जिज्ञासु उसी विषय का शब्दकोष देखें जिसके प्रसंग में वह शब्द आया है। फर्टीलाईजेशन कृषि में तो **उर्वरीकरण** कहलाएगा किन्तु प्राणिशास्त्र में **निषेचन** (जैसे अंडे का निषेचन)।

अंग्रेजी शब्द ज्यों के त्यों

आयोग ने देश में भाषिक एकरूपता के लिहाज से दो नीतियाँ अपनाई हैं। एक तो यह कि अंग्रेजी के जो शब्द भारत में घुल-मिल गए हैं अथवा अन्तर्राष्ट्रीय हो गए हैं उनको देवनागरी में ज्यों के त्यों लिखकर तथा हिन्दी का मानकर हिन्दी के व्याकरण के अनुसार प्रयुक्त किया जाए जैसे अल्कोहल से अल्कोहलमापी आदि शब्द बना लिए गए हैं। हाइड्रोजन के लिए उद्‌जन आदि शब्द न लेकर हाइड्रोजन को ही हिन्दी का मानकर हाइड्रोजनीकरण, हाइड्रोजनीकृत आदि शब्द बना लिए गए हैं। इससे गुजराती, मराठी, या तेलगू किसी भी क्षेत्र में शिक्षक और शिक्षार्थी को यह समस्या नहीं आएगी कि पारिभाषिक संज्ञाओं का उनकी भाषा में अलग-अलग अनुवाद मिले।

सार्वदेशिकता के लिहाज से ऐसी नीति विश्व के अनेक देशों ने अपनाई है। चीन ने तो ऐसी संज्ञाओं को केवल उच्चारण बदलकर अपना लिया है। अरब देशों ने अंग्रेजी की संज्ञाएँ ज्यों की त्यों रख ली हैं और शिक्षा का माध्यम अरबी को बनाया है। इससे यह सुविधा होती है कि किसी अन्य भाषा के माध्यम से पढ़ने की नौबत आ भी जाए तो छात्र संज्ञाओं को समझ सकता है।

समस्त भाषाओं की शब्दावली

एकरूपता के इसी दृष्टिकोण से आयोग का यह प्रयत्न रहा है कि जो शब्दावली बनाई जाए वह इस दृष्टि से संकलित हो कि न केवल हिन्दी में बल्कि मराठी, तेलगू, बंगला आदि प्रायः सभी भारतीय भाषाओं में उसे अधिकांशतः ज्यों की त्यों अपनाया जा सके। संस्कृत भाषा के शब्द प्रायः सभी भारतीय भाषाओं में बहुत बड़ी मात्रा में घुल-मिल गए हैं। अपवादस्वरूप कुछ शब्दों के साथ यह हुआ है कि उन भाषाओं में उनका अर्थ कुछ बदल गया है जैसे मराठी में शिक्षा का अर्थ दंड हो गया, संशोधन का अर्थ रिसर्च हो गया है किन्तु प्राचीनशास्त्रों के सभी शब्द सभी भाषाओं में उसी अर्थ में अपना लिए गए हैं। इस लिहाज से संस्कृतनिष्ठ शब्दावली अधिकांशतः उन भाषाओं के लिए स्वीकार्य हो जाएगी। इस प्रकार अंग्रेजी के सुप्रचलित तकनीकी शब्द, अन्तर्राष्ट्रीय संज्ञाएँ और संस्कृत के शब्द ये तीनों सार्वदेशिकता की दृष्टि से अधिक अनुकूल पड़ते हैं।

सतर्कता

आज के अध्यापक को यह सतर्कता अवश्य अपनानी होगी कि अंग्रेजी के जो शब्द ज्यों के त्यों अपना लिए गए हैं उनकी सही वर्तनी समझें और समझाएँ। वनस्पति और प्राणिशास्त्र की द्विनामी संज्ञाएँ लेटिन से देवनागरी में सतर्कता से किस प्रकार लिखी जाएँ यह सभी शब्दकोषों में समझाया गया है। इसी प्रकार संस्कृत के कुछ कठिन शब्द भी सही वर्तनी से लिखें जाएँ। **परिनत** शब्द 'पैरिक्लिनल' के लिए आता है। परिणत शब्द उससे भिन्न है। परिणीत का अर्थ दूसरा ही है। **अनुदैर्घ्य** जैसे कुछ कठिन शब्दों के उच्चारण में भी सतर्कता आवश्यक है। इसके अतिरिक्त यह भी देखना होगा कि अंग्रेजी के जो शब्द स्त्रीलिंग में बोले जाते हैं उनका पर्याय यदि पुलिंग हो तो हिन्दी में उसे पुलिंग की बोला जाए जैसे **वैलोसिटी** स्त्रीलिंग है। उसका पर्याय **वेग** पुलिंग है। अतः 'उसकी वेग अधिक थी' कहना गलत होगा। 'वेग अधिक था' ही बोला जाएगा।

इसके अतिरिक्त यह भी देखना होगा कि उन अंग्रेजी शब्दों में व्याकरण हिन्दी का लगेगा। जैसे बारह सौ फीट नीचे गिरा कहना ठीक नहीं होगा, ''बारह सौ फुट'' ही ठीक होगा, ''डॉक्टर्स को दिखाया'' न कहकर हम ''डॉक्टरों को दिखाया'' कहते ही हैं।

यह देश जिन क्षेत्रों में नए युग की उत्क्रान्ति ला रहा है उनमें शिक्षा ही नहीं भाषा और शब्दावली भी प्रमुख है। विदेशी भाषा के स्थान पर भारतीय भाषाओं को शिक्षा का माध्यम बनाने का जो युगान्तरकारी प्रयास हो रहा है उसमें आज के शिक्षकों की ऐतिहासिक भूमिका है। इस संक्रमणकाल की कठिनाइयों से जूझते वे जो आधारशिलाएँ रख जाएँगे, इतिहास उन्हें विशेष उल्लेख के साथ स्मरण करेगा।

सम्पर्क भाषा हिन्दी : स्वरूप और सम्भावनाएँ

संविधान में हिन्दी की तीन भूमिकाओं की अवधारणा की गई है। एक तो संघ की राजभाषा के रूप में (अनुच्छेद 343), दूसरी राज्यों और प्रदेशों की राजभाषा के रूप में (अनुच्छेद 345) तथा तीसरी संघ और राज्यों के बीच तथा एक-दूसरे राज्यों के बीच आपसी पत्राचार की भाषा अर्थात् सम्पर्क भाषा के रूप में (अनुच्छेद 346)। इनमें से दूसरी भूमिका को हिन्दी निभा रही है और स्थिति पूर्णतः सन्तोषजनक न भी हो तो कम-से-कम असन्तोषजनक तो नहीं ही है। दस हिन्दी भाषी राज्यों और एक केन्द्रशासित प्रदेश (अंडमान निकोबार) ने इसे राजभाषा के रूप में प्रतिष्ठित किया है और गत 41 वर्षों से इनके विस्तार, प्रसार और परिष्कार में वे अथक रूप से लगे हुए हैं।

संघ की राजभाषा के रूप में हिन्दी को मिली मान्यता कागजों पर तो है, किन्तु उसका क्रियान्वयन कुछ ही अंशों में हो पाया है। उसका कारण भी स्पष्ट है और जिन कारणों से अंग्रेजी को राजभाषा के रूप में अनिश्चित काल के लिए स्वीकृति दी गई है वे भी स्पष्ट हैं। परिणाम यह है कि केन्द्र में द्विभाषी नीति चल रही है। यह नीति बहुत अंशों में क्रियान्वित भी हो रही है। विशेषकर राजभाषा अधिनियम की धारा 3(3) में अधिसूचित विषयों में अंग्रेजी व हिन्दी दोनों का प्रयोग अनिवार्य है जिनमें परिपत्र, अधिनियम, नामपट्ट, प्रेसविज्ञप्ति, रबर मोहरें, पत्रशीर्ष आदि भी शामिल हैं। एतदनुसार महत्त्वपूर्ण दस्तावेज दोनों भाषाओं में जारी होते हैं, संसद की अधिकृत कार्रवाई दोनों भाषाओं में जारी होती है। इन उपबन्धों के क्रियान्वयन के लिए मशीनरी भी स्थापित की हुई है जैसे मन्त्रालयों में सलाहकार समितियाँ हैं, विभागों, बैंकों आदि के लिए राजभाषा क्रियान्वयन समितियाँ हैं, हिन्दी अधिकारी हैं, और हिन्दी नीति की देखरेख के लिए राजभाषा विभाग, केन्द्रीय हिन्दी निदेशालय, शब्दावली आयोग आदि कार्यरत हैं। यह बहुत सन्तोष की बात है कि इस नीति के क्रियान्वयन के लिए और इस बात के लिए कि हिन्दी पिछड़ न पाए, सुनिर्धारित मशीनरी काम कर रही है। फिर भी ऐसा लगता नहीं है कि इस प्रक्रिया के चलते हिन्दी अंग्रेजी का स्थान ले लेगी। वह बढ़ती तो रहेगी, अब तक बढ़ती ही रही है, पर जब तक अंग्रेजी का स्थान लेने की कोई कारगर योजना नहीं अपनाई जाती तब तक वह कभी भी देश की एकमात्र राजभाषा बन जाए ऐसा नहीं लगता। वैसे भी राजभाषा अधिनियम द्वारा यह उपबन्ध स्पष्ट कर दिया गया है कि जब तक अहिन्दीभाषी राज्य न चाहें तब तक संघ की सह-राजभाषा अंग्रेजी भी

रहेगी और अनुच्छेद 346 के अनुसार संघ और ग क्षेत्र के राज्यों तथा ग क्षेत्र के एक राज्य और दूसरे राज्य के बीच सम्पर्क भाषा भी अंग्रेजी रहेगी। अंग्रेजी को मिली हुई इस सम्पर्क भाषा की भूमिका पर गहन विमर्श आवश्यक है।

संविधान की संकल्पना

वस्तुतः हिन्दी के लिए एक अत्यन्त महत्त्वपूर्ण भूमिका सम्पर्क भाषा की है जिसके लिए संविधान ने संकल्पना की थी। कश्मीर यदि केरल से आज किसी विदेशी भाषा में पत्राचार करता है और उसके स्थान पर भारत की किसी भाषा का प्रयोग करना चाहता है तो वह भाषा हिन्दी ही होगी किन्तु संविधान की धारा 346 में यह प्रावधान किया गया है कि केन्द्र और राज्यों के बीच तथा राज्यों में एक-दूसरे के बीच पारस्परिक सम्प्रेषण व पत्राचार आदि की भाषा भी वही होगी जो संघ की राजभाषा स्वीकृत है। संविधान की इस धारा के पारित होते समय इसका आशय यह था कि 1950 से लेकर 15 वर्षों तक जब तक कि अंग्रेजी को भी संघ की सह-राजभाषा माना गया है, हिन्दी या अंग्रेजी इस 'सम्पर्क भाषा' की भूमिका निभाएगी और 15 वर्ष बाद केवल हिन्दी। यह सुविदित है कि स्थितियों के नया मोड़ लेने के कारण 1963 में राजभाषा अधिनियम संसद ने पारित किया, 1967 में पुनः संशोधी राजभाषा अधिनियम पारित हुआ जिसके अनुसार 15 वर्ष बाद भी अंग्रेजी संघ की सह-राजभाषा के रूप में स्वीकृत हुई। इस प्रकार संघ के कार्यों में द्विभाषी नीति स्थापित हुई। बचा सम्पर्क भाषा का प्रश्न, सो उसमें भी द्विभाजन हो गया। आज यह व्यवस्था चल रही है कि हिन्दी भाषी राज्यों और केन्द्र के बीच तथा ऐसे करारशुदा राज्यों के बीच आपस के संचार के लिए सम्पर्क भाषा हिन्दी होगी, शेष राज्य केन्द्र से तथा आपस में एक-दूसरे से अंग्रेजी में सम्पर्क करेंगे।

सम्पर्क भाषा की भूमिका में भी वर्तमान में यह स्थिति है कि हिन्दीभाषी राज्यों की आपस की सम्पर्क भाषा हिन्दी है, कागज पर केन्द्र तथा क एवं ख क्षेत्र के राज्यों की सम्पर्क भाषा भी हिन्दी है पर व्यवहार में ऐसा बहुत कम होता है। 'ग' क्षेत्र के राज्यों व केन्द्र के बीच अंग्रेजी चल रही है। यों द्विभाषी नीति चल रही है किन्तु स्पष्ट है कि अनन्तकाल तक यह स्थिति नहीं चल सकेगी न चलनी चाहिए। अन्ततः जिस किसी दिन हमारे अहिन्दीभाषी प्रदेश यह एहसास करेंगे कि पारस्परिक सम्पर्क भाषा के रूप में एक विदेशी भाषा को लदे रहने देने की बजाय वे किसी भारतीय भाषा को क्यों न अपना लें, उस दिन शायद स्वेच्छा से वे पसन्द करें कि संविधान की धारा 346 की मंशा के तहत स्वीकृत सम्पर्क भाषा हिन्दी को क्यों न काम में लिया जाए। महाराष्ट्र, पंजाब, गुजरात आदि राज्य तथा चंडीगढ़ केन्द्र शासित प्रदेश (ख क्षेत्र) ऐसा एहसास कर चुके हैं। राजनैतिक कारणों से आज पंजाब में चाहे उस एहसास को दबाया जाए पर शेष ख क्षेत्र में सम्पर्क भाषा के रूप में हिन्दी की भूमिका को सबल बनाया जाना अत्यन्त वांछनीय है। हमें उस दिन के लिए और उस भूमिका के लिए भी हिन्दी को

अभी से सशक्त बनाना है जिस दिन वह सारे देश की सम्पर्क भाषा बन सके। उस दिशा में बहुत कुछ काम हुआ भी है और निरन्तर हो रहा है। उन क्षेत्रों में जहाँ हिन्दी के प्रवेश की कल्पना 50 वर्ष पूर्व तक नहीं हो सकती थी, आज हिन्दी पहुँच गई। क्रिकेट या हाकी जैसे खेलों की कमेंटरी हिन्दी में भी हो सकती है यह 30-40 वर्ष पूर्व अकल्पनीय था, जसदेवसिंह ने उस क्षेत्र में हिन्दी को ऐसा स्थापित किया कि आज अन्तर्राष्ट्रीय क्रीड़ा स्पर्धाओं में भी कमेंटरी धड़ल्ले से हिन्दी में होती है, हिन्दी के टेलीप्रिंटर देश भर में समाचार भेजते हैं अर्थात् मूलतः समाचार हिन्दी में प्रसारित हो रहे हैं, कम्प्यूटर के अनेक साफ्टवेयर हिन्दी में बनने लगे हैं और हिन्दीतर भाषी प्रदेशों में हिन्दी सिखाई जा सके इस हेतु त्रिभाषा सूत्र तमिलनाडु (और बंगाल) के अतिरिक्त सभी राज्यों में लागू हैं। तीसरी भाषा के रूप में पढ़ी जा रही यह हिन्दी सम्पर्क भाषा की भूमिका के लिए ही है। हिन्दी पत्र-पत्रिकाओं की पाठक संख्या में अभूतपूर्व वृद्धि हुई है। हिन्दी फिल्मों ने उसे देश के कोने-कोने तक और विदेशों में भी लोकप्रिय कर दिया है। रामायण, महाभारत जैसे दूरदर्शन धारावाहिकों ने भी उसके सार्वदेशिक प्रसार में महती भूमिका निभाई है। किन्तु वे योजनाबद्ध प्रयत्न जो उसे सम्पर्क भाषा बनाने के लिए होने चाहिए थे, राजनैतिक कारणों से शिथिल पड़ते जा रहे हैं।

अगली पीढ़ी की शिक्षा में

मेरा अपना विचार है कि सारे प्रयत्न मूलतः सर्वप्रथम शिक्षा के क्षेत्र में आकृष्ट होने चाहिए। प्राथमिक शिक्षा के स्तर पर यदि हिन्दी देश भर की नई पीढ़ी को आ गई तो समझ लें कि वह देश भर में छा गई। त्रिभाषा सूत्र का उद्देश्य यह था कि बच्चा अपनी मातृभाषा सीखे, उसके साथ देश की राजभाषा और राष्ट्रभाषा तथा वह भाषा जिसे अन्ततः देश की सम्पर्क भाषा बननी है (हिन्दी) सीखे, साथ ही पुस्तकालय भाषा के रूप में अंग्रेजी (या अन्य भाषा) सीख ले। इस फॉर्मूले के कार्यान्वयन में राजनैतिक कारणों से दक्षिण या पूर्व के कुछ राज्यों में जो रोड़े अटकाए गए उन्होंने हिन्दी को ही बाहर किया है, मातृभाषा और विदेशी भाषा अंग्रेजी जहाँ की तहाँ रही है। एक राज्य ने तो उसे पहले से ही नकार दिया था किन्तु वहाँ भी उसकी वांछनीयता की दृष्टि से निजी हिन्दी स्कूल धड़ल्ले से चल रहे हैं और बच्चे अपने भविष्य के हित में लगन से हिन्दी सीख रहे हैं। माध्यमिक स्तर पर हिन्दी की अनिवार्यता पर (अहिन्दी क्षेत्रों में) प्रहार उसकी सम्पर्क भाषा भूमिका में गम्भीर व्यवधान डालता है और अन्ततः सारे देश की एकता के सूत्र के रूप में किसी भी भारतीय भाषा की मान्यता की उस भावना को धूमिल बनाता है जो संविधान की धारा 346 में अपेक्षित है। क्या अहिन्दी क्षेत्रों के बन्धु कभी भी यह नहीं सोचेंगे कि क्या सदा के लिए इस देश में आपस के सम्पर्क की भाषा एक विदेशी भाषा ही रहेगी ?

यह सोच उस समय स्वाभाविक रूप से अपने आप उभरने लगा था जब स्वतन्त्रता संग्राम लड़ा जा रहा था और उसकी सम्पर्क भाषा अंग्रेजी थी। अपने-अपने क्षेत्रों में तो राष्ट्रीय चेतना को हिन्दी, गुजराती, मराठी, बंगला, तेलगू आदि के अखबार जागृत रखते थे, नेतागण अपनी भाषा में अपने क्षेत्र के लोगों में आजादी का अलख जगाते थे पर कांग्रेस के या अन्य स्वातन्त्र्य आन्दोलन के मंचों पर अंग्रेजी चलती थी। वह अपरिहार्य भी हो गई थी। गाँधीजी की मातृभाषा गुजराती, तिलक की मराठी, राजाजी की तमिल, सुभाष चन्द्र बोस की बंगला थी अतः अपनी मातृभाषा की बजाय पारस्परिक सम्प्रेषण के लिए वे सब अंग्रेजी का प्रयोग करते थे, कांग्रेस के प्रस्ताव अंग्रेजी में पारित होते थे। उन्नीसवीं सदी के अन्तिम दशक से लेकर बीसवीं सदी के प्रारम्भिक दो दशकों तक नेताओं में यह सोच स्वतः उभरा कि हम जिस विदेशी प्रभुत्व के विरुद्ध लड़ रहे हैं उसी की भाषा का सहारा ले रहे हैं। क्या हमारे यहाँ अपनी कोई सम्पर्क भाषा नहीं है ? सदियों पूर्व संस्कृत यह भूमिका निभाती थी पर आज क्या कोई सम्पर्क भाषा अपनी नहीं है ? तब 'राष्ट्रभाषा' की अवधारणा ने जन्म लिया और हिन्दी को इस आवश्यकता की पूर्ति के लिए 'राष्ट्रभाषा' कहा गया। यह काम मराठी, बंगला, गुजराती आदि के नेताओं ने किया। तिलक ने 'केसरी' में हिन्दी का स्तम्भ शुरू किया, नेताजी हिन्दी में बोलने लगे, गाँधीजी की प्रेरणा से 1925 से कांग्रेस के प्रस्ताव दोनों भाषाओं में बनने लगे। सम्पर्क भाषा के रूप में हिन्दी के अभिषेक का वह स्वयंभू प्रयत्न ही स्वतन्त्रता के बाद संविधान में राजभाषा के रूप में हिन्दी के स्वीकार के रूप में प्रतिफलित हुआ था।

आज उस भूमिका को हम भूलते जा रहे हैं। बहुधा यह दृश्य देखा जाता है कि आकाशवाणी, दूरदर्शन आदि पर जो कार्यक्रम हिन्दी अंचल के लिए प्रसारित होते हैं उनमें तो हिन्दी पूर्णतः प्रतिष्ठित दिखती है, अखिल भारतीय कार्यक्रमों या नेटवर्क कार्यक्रमों में भी उसका कुछ स्थान अवश्य है पर माना यह जाता है कि ऐसे अवसरों पर अंग्रेजी साथ अवश्य रहनी चाहिए। राष्ट्रपति का भाषण पूरे देश के लिए हो तो अंग्रेजी में भी हो, अन्य भाषा की फिल्में दूरदर्शन पर दिखाई जाएँ तो अखिल भारतीय स्वीकार्यता के लिए उनमें सब-टाइटिल अंग्रेजी के होने चाहिए। ऐसा क्यों ? हाल ही में यह माँग उच्चतम स्तर तक रखी गई है कि अन्य भाषाओं की फिल्मों में सब-टाइटिल हिन्दी में क्यों न हों ? क्या दक्षिण या पूर्वी भारत में सब अंग्रेजी जानते हैं ? नहीं। अधिकांश जनसाधारण केवल अपनी मातृभाषा जानते हैं। अंग्रेजी उतनी ही जानते हैं जितनी हिन्दी भी।

विभिन्न भारतीय भाषाओं को परस्पर अंग्रेजी ही मिलाएगी, वही सम्पर्क भाषा हो सकती है, हिन्दी केवल हिन्दी क्षेत्र की है यह सोच तुरन्त बदला जाना चाहिए। इसे बदलने में फिल्में, दूरदर्शन आदि सराहनीय भूमिका निभा रहे हैं। इस दिशा में यह विकास तो हुआ है कि प्रयाग की या अवधीनिष्ठ लहजे की हिन्दी ही शुद्ध हिन्दी है

यह भ्रम दूर हुआ है। दूरदर्शन पर उड़िया, असमी या कन्नड़ कहानी की हिन्दी प्रस्तुति में उस क्षेत्र में चल रही मिली-जुली हिन्दी का प्रयोग जान-बूझकर किया जाने लगा है। यह परिहार्य नहीं, स्वीकार्य है क्योंकि सम्पर्क भाषा हिन्दी लखनऊ, भोपाल या जयपुर में नहीं ढलेगी, कोलकाता, मुम्बई और चेन्नै में ढलेगी। हिन्दी के मठाधीशों का यह प्रथम कर्त्तव्य है कि उन भाइयों की खिचड़ी हिन्दी को गले लगाकर उसका स्वागत करें, बजाय उसकी खिल्ली उड़ाने के।

दूसरे अहिन्दी भाषी राज्यों में तीसरी भाषा के रूप में हिन्दी की शिक्षा में पूर्ण योगदान केन्द्र सरकार का ही नहीं हिन्दीभाषी राज्यों, हिन्दी के विद्वानों और हिन्दी लेखकों, पत्रकारों, प्रकाशकों आदि सभी का पावन कर्त्तव्य है। उन राज्यों को जो केवल दो भाषाएँ पढ़ा रहे हैं और त्रिभाषा सूत्र को नकार रहे हैं, हमें स्नेह से हिन्दी को भी स्वीकार करने हेतु समझाना है किन्तु उससे पूर्व हिन्दी क्षेत्र में अंग्रेजी माध्यम के स्कूलों की बढ़ती ललक पर भी ध्यान देना है। अब जबकि अखिल भारतीय सेवा परीक्षाओं, बैंकों की परीक्षाओं, सनदी लेखाकार परीक्षाओं आदि में हिन्दी माध्यम भी स्वीकृत हो गया है, यह भ्रान्त धारणा अभिभावकों में बनी नहीं रहनी चाहिए कि उनके बच्चों का भविष्य अंग्रेजी माध्यम में ही सुरक्षित है। इसके लिए अच्छे स्तर के हिन्दी माध्यम स्कूल तैयार किए जाने चाहिए। ऐसा होने भी लगा है। केन्द्रीय स्कूलों में हिन्दी माध्यम का चलन एक शुभ लक्षण है और उसी से यह आभास भी होना चाहिए कि पूरे देश की एकता केवल अंग्रेजी में निहित नहीं है। लेकिन इधर अंग्रेजी माध्यम के तथाकथित पब्लिक स्कूलों की जो ललक बढ़ती जा रही है और अभिजात वर्ग का हर व्यक्ति उन स्कूलों में बच्चों को पढ़ाना ही अच्छे स्तर की कसौटी मान रहा है, उससे विदेशी संस्कृति की जगह उतनी ही मजबूत होती जा रही है। इसका परिणाम यह होगा कि ऐसा तबका पूरे देश से कटकर अलग-थलग रह जाएगा।

आज अंग्रेजी की यह सम्पर्क भाषा भूमिका जो हिन्दीतर भाषी प्रदेशों को भा रही है उसके दो ही कारण हैं। एक तो यह अड़ कि उत्तर के कुछ प्रदेशों की मातृभाषा को हम सबकी सम्पर्क भाषा क्यों मानें ? हमारी अन्य भाषाएँ क्या कम हैं ? उस समय वे यह भूल जाते हैं कि हिन्दी भाषा किसी की मातृभाषा उन अर्थों में नहीं है जिन अर्थों में बंगला, तमिल या मराठी क्योंकि अवधी, भोजपुरी, राजस्थानी आदि अनेक मातृभाषाओं के होते हुए भी एक अभिजात और संस्कृत सम्पर्क भाषा की भूमिका निभाने के लिए ही इसका जन्म हुआ था ताकि एकता की दृष्टि से सब पारस्परिक सम्प्रेषण कर सकें। दूसरा यह कि गत दो-तीन सदियों से विदेशी राज के दबाव से पाठ्यक्रमों में अंग्रेजी पढ़-लिखकर उन क्षेत्रों में पढ़े-लिखे व्यक्तियों का अंग्रेजी से जो घना परिचय या अधिकार हो गया है उस सुविधा को देखते हुए यह पीढ़ी अंग्रेजी प्रयोग सरल और हिन्दी सीखना कठिन पाती है। नई पीढ़ी जिसे अपनी मातृभाषा के अतिरिक्त कोई अन्य भाषा संपर्क भाषा के रूप में सीखनी है, यह सुविधा शायद न पाए। कल्पना कीजिए उस स्थिति की जब किसी समय किसी कारण से एक बंगला भाषी या कन्नड़ भाषी बालक

केवल अपनी मातृभाषा पढ़ रहा हो, उसमें दक्ष हो जाए और अपने राज्य में उस भाषा से अपना काम बखूबी चला सकता हो। तब उसे अखिल भारतीय सम्पर्क के लिए हिन्दी और अंग्रेजी में से किसी एक को सीखने का विकल्प दिया जाए तो क्या वह हिन्दी को अंग्रेजी की बजाय अपने अधिक निकट नहीं पाएगा ? यदि पाएगा तो उसे हिन्दी पढ़ लेना और अतिरिक्त भाषा के रूप में स्वीकारना अधिक उचित जान पड़ेगा ही। इसके दो कारण प्रमुख हैं। एक तो यह कि एक-दो को छोड़कर भारत की सभी भाषाओं की लिपियों का वर्णक्रम, उच्चारण, लेखन-प्रक्रिया समान है। अंग्रेजी की लिपि, वर्णमाला सभी बिल्कुल अलग है, व्याकरण, उच्चारण, प्रयोग सब अलग है। दूसरे, सभी भारतीय भाषाओं में संस्कृत की शब्दावली 50 प्रतिशत से लेकर 90 प्रतिशत तक होने के कारण अधिकांश संस्कृतनिष्ठ शब्द सभी भाषाओं के व्यक्तियों के सुपरिचित हैं। यही कारण है कि हिन्दी शब्दावली को उद्‌विकसित और संकलित करते समय शब्दावली आयोग ने संस्कृतनिष्ठ शब्दावली को तरजीह दी क्योंकि वह सभी भाषाओं को स्वीकार्य होगी। वह स्थिति कितनी सुखद होगी जब भारतीय भाषाएँ उच्चतम स्तर तक शिक्षा का माध्यम होंगी किन्तु उनकी तकनीकी शब्दावली (रसायन, अणु, ऊर्जा, विलयन, मुद्रा आदि शब्द) समान होने कारण विभिन्न राज्यों में प्रवास या स्थानान्तरण के बावजूद छात्र विशेष कठिनाई अनुभव नहीं करेंगे। अन्य भाषा में लिखना-बोलना सीखने मात्र से उनकी समस्या का समाधान हो जाएगा क्योंकि तकनीकी शब्दावली सारे भारत में समान होगी। कुछ अन्तर्राष्ट्रीय संज्ञाओं को तो वैसे भी सभी भाषाएँ और सभी देश ज्यों की त्यों स्वीकार कर ही रहे हैं।

इस प्रकार आज की बहुत बड़ी आवश्यकता यह है कि अंग्रेजी जिन-जिन क्षेत्रों में सम्पर्क भाषा की भूमिका निभा रही है उनमें वह भूमिका हिन्दी को देने के योजनाबद्ध प्रयत्न सुदृढ़तापूर्वक किए जाएँ। अब इस धारणा में भी परिवर्तन होने लगा है कि पूरे देश में, विभिन्न राज्यों में घूमना हो तो अंग्रेजी जानने से काम चल जाएगा। स्थिति यह है कि बड़े शहरों के उच्च वर्ग में तो अंग्रेजी सब जानते हैं पर सुदूर गाँवों में असमिया, तमिल या तेलुगु ही बोली समझी जाती है, ग्रामीण किसान या मजदूर अंग्रेजी नहीं जानता। इस प्रकार अंग्रेजी का सम्पर्क भाषा रूप दो प्रतिशत अभिजात और शिक्षित तथा नागरिक तबकों में तो दिखलाई देता है लेकिन ठेठ ग्रामीण अंचलों में जहाँ वे अपनी-अपनी भाषा बोलते हैं, तमिल, बंगला, उड़िया आदि भाषाएँ ही चलती हैं, अंग्रेजी नहीं। आधे देश के हिन्दीभाषी ग्रामीण जब उनके प्रदेशों में जाएँगे तो उनके सम्पर्क से अहिन्दीभाषी बन्धु हिन्दी अधिक जल्दी अपनाएँगे। अंग्रेजी का प्रचलन धीरे-धीरे कम होता जाएगा, यह कल्पना भी स्वाभाविक है।

इस प्रकार हालत यह है कि हिन्दी आम जनता में, गाँवों में और नई पीढ़ी की शिक्षा के माध्यम के रूप में प्रायः आधे देश में तेजी से बढ़ी है किन्तु अहिन्दीभाषी क्षेत्र में उतनी गति से नहीं फैल पाई है। उसकी सम्पर्क भाषा भूमिका शिथिल गति से बढ़ रही है तथापि उसका प्रचार बहुत अंशों में हुआ है। अभी तक जिन गलियारों में इसका

प्रवेश नहीं हुआ है वे हैं उच्च प्रशासकों की ऊँची अट्टालिकाएँ, बड़े-बड़े वाणिज्यिक संस्थान और पब्लिक स्कूल। जिस दिन इन तीनों में यह प्रतिष्ठित हो जाएगी उसका सिंहासन सुरक्षित हो जाएगा। केन्द्रीय प्रतियोगिता परीक्षाओं, बैंकों, टेलीप्रिंटरों व कम्प्यूटरों में भारतीय भाषाओं का प्रवेश उस दिशा में पहला कदम था। हिन्दी माध्यम के 5 उम्मीदवार पहली परीक्षा में सफल हुए थे, 26 दूसरी परीक्षा में। आज हिन्दी माध्यम लेकर पास होनेवाले अखिल भारतीय सेवा अधिकारियों की संख्या बहुत बड़ी है। यह बहुत उत्साहजनक शुरुआत है।

विभिन्न प्रान्तों की विधान सभाओं के कानून उनकी अपनी मातृभाषाओं में बने किन्तु एकता की दृष्टि से उनका अंग्रेजी अधिकृत अनुवाद साथ में रहे यह व्यवस्था अनुच्छेद 348 में है। इस प्रकार विधि एवं न्याय क्षेत्रों में अंग्रेजी को सम्पर्क भाषा की भूमिका संविधान ने दी है। इस भूमिका को हिन्दी अपनाए यह आवश्यक हो गया है। इस दृष्टि से अपने-अपने विधान मंडलों में अपनी-अपनी भाषाओं में पारित अधिनियमों के मूलपाठ और अंग्रेजी पाठ के अतिरिक्त उनका अधिकृत हिन्दी अनुवाद भी रहे, यह प्रावधान केन्द्रीय राजभाषा अधिनियम में है, जो सम्पर्क भाषा की इसी भूमिका के लिहाज से है। गुजरात और महाराष्ट्र राज्यों में यह हो भी रहा है। उनकी विधानसभाएँ गुजराती, मराठी में बहस कर अधिनियम पारित करती हैं, उसका अंग्रेजी पाठ भी साथ रहता है। तीसरा हिन्दी पाठ भी गजट में छपता है। यही स्थिति सभी राज्यों में हो और उनकी पूर्व अधिनियमित तथा भविष्य की विधियाँ अपनी भाषा और अंग्रेजी भाषा के अतिरिक्त हिन्दी में भी अनूदित की जाएँ इस हेतु राजभाषा अधिनियम की धारा 6 में प्रावधान है। अनुवादार्थ केन्द्रीय विधि मन्त्रालय उन राज्यों को अनुदान देने को तैयार है। पूरे देश की संविधि पुस्तिका हिन्दी में उपलब्ध हो तो वह विधि क्षेत्र की प्रतिष्ठित सम्पर्क भाषा बन जाएगी। इसका क्रियान्वयन केन्द्रीय विधि मन्त्रालय समयानुसार करवा रहा है। कदम यों ही बढ़ते रहे तो हमारे सपने साकार हो सकेंगे। राजनैतिक वितंडा, विघटनकारी तत्त्वों के कुचक्र और आभिजात्य के मिथ्या अहसास के नाम पर विदेशी भाषा लदी रहे और गदराती रहे तो वे सपने बीच में ही कहीं टूट न जाएँ इसका खतरा तो बना हुआ है ही।

भारतीय भाषाओं के समान तत्त्व

पिछले दिनों जब से विभिन्न राजनैतिक उद्देश्यों को लेकर इस देश में भाषा के झगड़े खड़े हुए हैं, भारतीय भाषाओं को एक-दूसरे से लड़ाने या पारस्परिक प्रतिद्वन्द्विता की दृष्टि से उनका विभेद या तारतम्य देखने की प्रवृत्ति भी पनपी है। कभी सीमा विवाद के कारण, कभी राजभाषा विवाद के कारण, भारतीय भाषाएँ कभी एक-दूसरे के ही आमने-सामने विरोध की मुद्रा में खड़ी हो जाती हैं यह देखकर आश्चर्य होता है। विरोध या प्रतिद्वन्द्विता तो किसी भी भाषा से नहीं होनी चाहिए, यदि हो भी तो किसी विदेशी भाषा या अंग्रेजी जैसी शासकों की उस भाषा से फिर भी हो सकती है जिसने भारतीय भाषाओं का सिंहासन शासक की भाषा होने के कारण हथिया लिया था। तथापि यह करिश्मा राजनीति का है कि उसने अकारण ही भारतीय भाषाओं को आपस में विभेद के अखाड़े में बहुधा ला खड़ा किया है। इन अखाड़ों में खड़े लोग क्या कभी यह नहीं सोचते कि जिन्हें हम लड़ा रहे हैं वे एक ही माँ की सन्तानें हैं ? उनमें एक ही रक्त बह रहा है। सहोदरों में भी जो कुछ फर्क आ जाता है उतना फर्क भारतीय भाषाओं में भले ही हो किन्तु मूलतः उनकी धारा, उनके स्वर और उनका गठन कितना समान है यह देखने का प्रयत्न किया जाए तो बहुत सुखद निष्कर्ष निकलेंगे। दुर्भाग्य यह है कि आज के माहौल में विभेद ही अधिक देखे गए, समान तत्त्व नहीं ।

कुछ तो भाषाशास्त्रियों के भाषा परिवारों के वर्गीकरण ने भी यह भ्रम फैला दिया कि भारत की अनेक भाषाएँ अनेक परिवारों की हैं। इनमें आर्य भाषा परिवार, द्रविड़ भाषा परिवार, कोल भाषा परिवार और भोट-बर्मी भाषा परिवार—इन चार भाषा परिवारों की कल्पना ने ऐसा आभास दिया कि शायद ये भाषाएँ बिल्कुल अलहदा-अलहदा हैं। भाषा शास्त्र की दृष्टि कुछ भी रही हो, भाषिक गठन, साहित्य और संस्कृति की समानता को देखते हुए ये सब भाषाएँ पूर्णतः सहोदरा सिद्ध होती हैं, यदि कुछ समान सूत्रों का अध्ययन किया जाए। कुछ विद्वानों ने जिनमें द्रविड़ भाषाओं के और संस्कृत के पंडित प्रो. एमेन्यू, भाषाशास्त्री डॉ. विद्यानिवास मिश्र आदि गिनाए जा सकते हैं, इस प्रकार के अध्ययन कर यह घोषित भी किया है कि भाषिक दृष्टि से पूरे भारत को एक भाषा परिवार ही मानना चाहिए। यदि कुछ समान सूत्रों की ओर दृष्टि डाली जाए तो भी भारत की प्रायः सभी भाषाओं के सहोदर होने की बात और अधिक उभर कर स्पष्ट हो सकती है।

लिपि और वर्णमाला

भारत की भाषाएँ भाषाशास्त्रीय वर्गीकरण में चाहे किसी भी परिवार की बता दी जाती हों किन्तु उनमें लिपि और वर्णमाला के आधारभूत सिद्धान्त बिल्कुल समान हैं। उर्दू, कश्मीरी जैसी भाषाओं को छोड़ दें (जिन्होंने अरब की लिपि अपना ली है) तो भारत की समस्त भाषाओं की लिपियाँ बाईं ओर से दाईं ओर को जाती है। उनकी वर्णमाला, विशेषकर वर्णक्रम बिल्कुल समान है। हो सकता है किसी एक प्राचीन समान स्रोत से उत्पन्न होने के कारण सबका वर्णाधार एक ही रहा हो। वेदकाल में वर्णमाला को **ब्रह्मराशि** और **पथ्यास्वस्ति** नामों से अभिहित किया गया था। उसके बाद पाणिनि आदि आचार्यों ने वर्णमाला का जो वैज्ञानिक विश्लेषण किया ठीक उसी के अनुरूप द्रविड़ भाषाओं में भी वर्णक्रम है और बंगला, गुजराती जैसी अन्य भाषाओं में भी। वर्णक्रम की यह समानता सभी भारतीय भाषाओं को एक सूत्र में पिरो देती है।

संस्कृत में कवर्ग, चवर्ग, टवर्ग, तवर्ग और पवर्ग जिस क्रम में बताए गए हैं, सभी भारतीय भाषाओं में वही क्रम है। इसका आधार वैज्ञानिक है। बाएँ से दाएँ जाने का हमारा जो मूल सिद्धान्त है उसके क्रम से ही कंठ से लेकर तालू, मूर्धा और दन्त से होते हुए ओष्ठ तक जो मुखांग हैं उनसे बोले जानेवाले वर्णों का क्रम इन्हीं पाँच वर्गों में एक-दूसरे के बाद सब भाषाओं में रखा गया है। इसी प्रकार नासिका से बोले जानेवाले ङ, ण, म आदि वर्णों को वर्ग के अन्त में रखा जाता है। जिन भाषाओं में प्रत्येक वर्ग में पाँच वर्ण है उनमें इन्हें पंचम वर्ण कहा जाता है। तमिल आदि भाषाओं में प्रत्येक वर्ग में पाँच से कम वर्ण हैं पर उनका क्रम और मूल आधार वही है। इसी प्रकार काना और मात्रा लगाकर स्वरों को मिलाने का तरीका भी समान है। चाहे मात्रा बंगला जैसी लिपि में पीछे और ऊपर लगती हो, तेलुगू और कन्नड़ में ऊपर और नीचे, तमिल में आगे तथा हिन्दी (देवनागरी) में ऊपर, नीचे, आगे, पीछे सब ओर, किन्तु सिद्धान्त और आधार वही है। इसी को देखकर हमने तो अनेक स्थानों पर यह सुझाव दिया था कि वर्तमान में अखिल भारतीय एकरूपता के नाम पर सूचियों में अंग्रेजी का जो वर्णक्रम (अल्फाबेटिक ऑर्डर) चलता है उसके स्थान पर भारतीय वर्णक्रम रखा जाए क्योंकि उर्दू को छोड़कर शेष सारी भारतीय भाषाओं में जिन्होंने भारतीय लिपि अपनाई है वर्णक्रम समान है। इस प्रकार समान तत्त्वों पर विचार किया जाए तो एकरूपता और सहोदरता के बहुत से रिश्ते निकल आएँगे।

शब्दावली

शब्दावली में तो पूरे देश में अद्भुत समानता पाई जाती है। कहा जाता है कि संस्कृत सभी भारतीय भाषाओं की जननी है इसलिए उसकी शब्दावली 80 प्रतिशत सब भारतीय भाषाओं में गई है। वस्तुस्थिति यह है कि संस्कृत और अन्य भारतीय भाषाओं (जैसे

द्रविड़ भाषाएँ) में शब्दावली का पारस्परिक आदान-प्रदान इतना हुआ है कि आज वे नीर-क्षीर की तरह एकजीव हो गए हैं। मयूर, केयूर, पिक, मीन, आदि सैकड़ों द्रविड़ शब्द संस्कृत में अपने बनकर घुल-मिल गए हैं और संस्कृत के हजारों शब्द द्रविड़ भाषाओं में घुल-मिल गए हैं। अपना-अपना व्याकरण लगाकर उन भाषाओं ने उन्हें अपना बना लिया है। उनकी ध्वनि अद्‌भुत रूप से भारतीय हुलिए की पहचान कराती है। यह समान तत्त्व भी आश्चर्यजनक है।

यह अवश्य है कि संस्कृत के अनेक शब्द विभिन्न भारतीय भाषाओं में लोक व्यवहार के कारण अलग-अलग अर्थों में प्रचलित हो गए जैसे **अवकाश** जो मूलतः समयावकाश या अन्तर का बोध कराता था हिन्दी में छुट्‌टी के लिए आने लगा है। **अवसर** शब्द जो समयवाची है बंगला में रिटायर्मेंट के लिए आने लगा है। **संशोधन** शब्द हिन्दी में शुद्धि का अर्थ देता है, मराठी में अनुसन्धान का। **शिक्षा** हिन्दी में शिक्षण का पर्याय है और मराठी में दंड का। ऐसा अन्तर इस बात का प्रमाण है कि ये शब्द सदियों से इन भाषाओं में घुल-मिल गए हैं। लोक व्यवहार के बाहुल्य के कारण ऐसा होना स्वाभाविक है। स्वयं संस्कृत में भी अनेक शब्द विभिन्न युगों और स्थानों के प्रभाव से विभिन्न अर्थ देते रहे हैं।

व्याकरण

समस्त भारतीय भाषाओं का व्याकरणिक गठन समान है। यह अवश्य है कि द्रविड़ भाषाओं में क्रियापद अनेक भागों में बँटकर अर्थात् रंजक क्रियाएँ लगाकर बनता है जबकि संस्कृत में एक ही पद से क्रिया बताई जाती है। रंजक क्रियाओं की द्रविड़ भाषाओं की यह प्रवृत्ति हिन्दी में भी आई है और अन्य अनेक भाषाओं में भी। द्रविड़ भाषाओं का यह प्रभाव प्रायः सारी भारतीय भाषाओं में एक अनूठे मधुर आदान-प्रदान का प्रतीक है। संस्कृत पर भी यह प्रभाव पड़ा है कि कृदन्त लगाकर और उसके साथ रंजक क्रिया लगाकर क्रिया-पद बनाने की प्रवृत्ति सदियों से लोकप्रिय होती गई।

संस्कृति

यह तो सुविदित ही है कि पूरे देश की सांस्कृतिक एकता के पीयूष ने सारी भारतीय भाषाओं को समान रूप से सींचा है। वेद, पुराण और रामायण, महाभारत जैसे महाकाव्यों के रंग में रँगी हुई हमारी संस्कृति के आलोक में ही सारी भारतीय भाषाओं का साहित्य जीवन पाता है। राम और कृष्ण के अवतार उत्तर भारत में होते हैं, गंगा उत्तर भारत में बहती है किन्तु उनका नाम सारे भारत में गूँजता है और सारी भाषाओं का साहित्य उन्हीं की प्राणवायु से जीवन पाता है। रामानुज और वल्लभ जैसे भक्ति प्रवर्तक आचार्य दक्षिण से आते हैं और सारा उत्तर भारत उनके चरण पूज कर भक्ति

की भागीरथी में नहाता है। कौन सी ऐसी भाषा है जिसमें इन सबका प्रभाव नहीं है ? कौन सी ऐसी भाषा है जिसमें भीष्म प्रतिज्ञा शब्द से दृढ़ प्रतिज्ञा का बोध नहीं होता है और कुम्भकर्णी निद्रा से लम्बी नींद का ? हमारी संस्कृति के ये प्रतीक सारी भाषाओं में समान रूप से रच-बस गए हैं। मकर संक्रान्ति दक्षिण में पोंगल है तो हमारे यहाँ भी यह बड़ा धार्मिक पर्व है। होली और दीपावली किसी भी नाम से हो, सारे देश के उत्सव हैं। सांस्कृतिक समानता भाषिक समानता का कितना प्रबल आधार होती है यह हम उस समय भूल जाते हैं जब राजनीति के चश्मे से देखकर अपने राजनैतिक स्वार्थों के लिए क्षेत्रीयता की भावनाओं को भुनाना चाहते हैं। यह नारा इस दृष्टि से कितना सटीक बैठता है कि राजनीति तोड़ती है और संस्कृति जोड़ती है।

साहित्य

समस्त भारतीय भाषाओं पर देश के कालजयी साहित्य का जो समान रूप है वह भी सबको एक बिरादरी में ला बिठाता है। समूचा भारतीय साहित्य व्यास, वाल्मीकि और कालिदास की जन्मघूटी पीकर बड़ा हुआ है। इनके साहित्य का प्रतिबिम्ब, उनकी वाणी की गूँज सभी भाषाओं में समान रूप से सुनाई देती है। आश्चर्यजनक रूप से यह समानता भी भारतीय भाषाओं को एक सूत्र में पिरो देती है कि संस्कृत के शिखरिणी, शार्दूल-विक्रीडित आदि छन्दों में सदियों से प्रत्येक भाषा में काव्य रचना होती रही है। तेलुगु, कन्नड़ जैसी द्रविड़ भाषाएँ हों या गुजराती, मराठी, सबके क्लासिकी काव्यों में भाषा अपनी-अपनी है और छन्द उपर्युक्त है। संस्कृत का साहित्य तो सब भाषाओं में जा-जाकर इस तरह घुल-मिल गया था कि प्रत्येक भाषा ने यह मनोरंजन किसी-न-किसी समय में किसी-न-किसी रूप में अवश्य किया है कि अपनी भाषा को पद्य में (या गद्य में भी) एक हिस्से में अपनी भाषा की कविता है और दूसरे हिस्से में संस्कृत की। आधी संस्कृत और आधी स्वभाषा में काव्य राचना की यह शैली मलयालम जैसी अनेक दक्षिणी भाषाओं में तो **'मणि-प्रवाल शैली'** के रूप में प्रसिद्ध हो गई थी जिसका अर्थ है. यह हार में कुछ मणि और कुछ मूँगे पिरो कर आभूषण बनाना। संस्कृत का यह आभूषण सब भारतीय भाषाओं ने समान रूप से पहना है।

इसके अतिरिक्त वेद से लेकर कालिदास और जयदेव जैसे संस्कृत कवियों को, तुलसीदास जैसे हिन्दी कवियों को, टैगोर जैसे बंगला तथा सुब्रह्मण्य भारती जैसे तमिल और वल्लतोल जैसे मलयालम कवियों को उद्धृत कर सभी भाषाओं ने गौरव का अनुभव किया है। नरसी मेहता का 'वैष्णव जन तो तैने कहए' पद गुजराती में जब सुब्बालक्ष्मी (दक्षिण) गाती हैं तो हमारे शरीर में हुआ रोमांच यह नहीं पूछता कि यह किस भाषा का पद है और कौन गा रहा है। जन-गण-मन गाता हुआ हमारा गौरवोन्नत भाल क्या यह जानता है कि हम बंगला गीत गा रहे हैं ? एक-दूसरे के साहित्य से रोमांचित होने की यह परम्परा सदियों से चली आ रही है और यही सारी भारतीय भाषाओं का प्राण

है। हमारा दृढ़ विश्वास है कि ओछी राजनीति का कोई भी षड्यन्त्र इस रोमांच को रंच मात्र भी कम नहीं कर सकेगा। ज्यों-ज्यों हम भारतीय भाषाओं के समान सूत्र खोजने लगेंगे, भ्रातृत्व का ऐसा मधुर ताना-बाना हमें स्नेहिल ऊष्मा में लपेट लेगा कि अलगाव का पाला हमें कभी नहीं मार सकेगा।

परिशिष्ट

परिशिष्ट–एक

वैज्ञानिक तथा तकनीकी शब्दावली आयोग द्वारा प्रकाशित शब्द-संग्रह एवं शब्दावलियाँ

क्र.स.	शब्द-संग्रह	मूल्य
1.	बृहत पारिभाषिक शब्द-संग्रह : विज्ञान, खंड-1,2 (पृ. 2058)	174.00
2.	बृहत् पारिभाषिक शब्द-संग्रह : विज्ञान (हिन्दी-अंग्रेजी) (पृ. 819)	38.50
3.	बृहत् पारिभाषिक शब्द-संग्रह : मानविकी और सामाजिक विज्ञान, खंड-1,2 (पृ. 1297)	292.00
4.	बृहत् पारिभाषिक शब्द-संग्रेह : मानविकी और सामाजिक विज्ञान (हिन्दी-अंग्रेजी), (पृ. 700)	132.00
5.	बृहत् पारिभाषिक शब्द-संग्रह : कृषि विज्ञान (पृ. 233)	278.00
6.	बृहत् पारिभाषित शब्द-संग्रह : आयुर्विज्ञान, भेषजविज्ञान, नृविज्ञान	239.00
7.	बृहत् पारिभाषिक शब्द-संग्रह : आयुर्विज्ञान, कृषि एवं इंजीनियरी (हिन्दी-अंग्रेजी) (पृ. 240)	48.50
8.	बृहत् पारिभाषिक शब्द-संग्रह : मुद्रण इंजीनियरी (पृ. 104)	48.00
9.	बृहत् पारिभाषिक शब्द-संग्रह : इंजीनियरी (सिविल, विद्युत्, यान्त्रिक) पृ. 566	57.00
10.	,, ,, II पृ. 186	84.00
11.	कंप्यूटर विज्ञान शब्दावली पृ. 317	87.00

12. बृहत् प्रशासन शंब्दावली (अंग्रेजी-हिन्दी)
,, ,, ,, (हिन्दी-अंग्रेजी)

वैज्ञानिक तथा तकनीकी शब्दावली आयोग,
पश्चिमी खंड-7, रामकृष्ण पुरम, **नई दिल्ली**
निःशुल्क

अन्य शब्द-कोष

बृहत् अंग्रेजी हिन्दी शब्द-कोष : (दो भाग)
डॉ. हरदेव बाहरी : पृ. 2200
ज्ञानमंडल, **वाराणसी**

अंग्रेजी हिन्दी शब्दकोष : कामिल बुल्के
कार्यालय प्रेस **रांची**

बृहत् हिन्दी शब्द सागर (13 भाग),
नागरी प्रचारिणी सभा, **वाराणसी**

विधि शब्दावली	पृ. 650; विधि मन्त्रालय, विधि साहित्य प्रकाशन भगवानदास रोड, **नई दिल्ली**
बैंकिंग शब्दावली	रिजर्व बैंक ऑफ इंडिया
मानक हिन्दी कोष (भाग-5)	हिन्दी साहित्य सम्मेलन, **इलाहाबाद**
मानक हिन्दी कोष (अंग्रेजी-हिन्दी)	पृ. 1750; हिन्दी साहित्य सम्मेलन **इलाहाबाद** सम्पादक : डॉ. सत्यप्रकाश आदि
बृहत् हिन्दी कोष	ज्ञानमंडल कबीर चौक, **वाराणसी**

परिशिष्ट–दो

हिन्दी के कुछ शब्दकोषों की सूची

1. मानक हिन्दी शब्द-कोष (चार भागों में) हिन्दी साहित्य सम्मेलन प्रयाग
2. हिन्दी शब्द सागर (13 भाग) नागरी प्रचारिणी सभा काशी
2. ज्ञान शब्द कोष : ज्ञान मंडल वाराणसी
4. आदर्श हिन्दी शब्द कोष-गंगा पुस्तकालय गायघाट वाराणसी
5. बृहत हिन्दी कोष : ज्ञानमंडल वाराणसी
6. भाषा शब्द कोष : ज्ञानमंडल वाराणसी
7. संक्षिप्त हिन्दी शब्द सागर-नागरी प्रचारिणी सभा काशी

अंग्रेजी-हिन्दी के शब्दकोष

1. अंग्रेजी-हिन्दी कोश : कामिल बुल्के
2. नालन्दा करेंट डिक्शनरी : अंग्रेजी-हिन्दी
3. बृहत् अंग्रेजी-हिन्दी कोष : हरदेव बाहरी
4. कम्प्रीहेन्सीव इंगलिश-हिन्दी डिक्शनरी : डॉ. रघुवीर
5. भार्गव डिक्शनरी : अंग्रेजी-हिन्दी

हिन्दी-अंग्रेजी शब्दकोष

1. व्यवहारिक हिन्दी-अंग्रेजी कोश   महेन्द्र चतुर्वेदी
2. भार्गव डिक्शनरी : हिन्दी-अंग्रेजी

अंग्रेजी-संस्कृत शब्दकोष

1. इंगलिश संस्कृत डिक्शनरी-मोनियर विलियम्स

परिशिष्ट–तीन

भारत सरकार के मानकीकरण सम्बन्धी अनुदेश

1. मानक हिन्दी वर्णमाला तथा अंक

भारतीय संघ तथा कुछ राज्यों की राजभाषा स्वीकृत हो जाने के फलस्वरूप हिन्दी का मानक रूप निर्धारित करना बहुत आवश्यक था, ताकि वर्णमाला में सर्वत्र एकरूपता रहे और टाइपराइटर आदि आधुनिक यन्त्रों के उपयोग में लिपि की अनेकरूपता बाधा न हो।

इन सभी बातों को ध्यान में रखकर केन्द्रीय हिन्दी निदेशालय ने शीर्षस्थ विद्वानों आदि के साथ वर्षों के विचार-विमर्श के पश्चात् हिन्दी वर्णमाला तथा अंकों का जो मानक स्वरूप निर्धारित किया, वह इस प्रकार है—

मानक हिन्दी वर्णमाला

स्वर	अ आ इ ई उ ऊ ऋ ए ऐ ओ औ
मात्राएँ	ा ि ी र ु ू ृ े ै ो ौ
अनुस्वार	ं (अं)
विसर्ग	ः (अः)
अनुनासिकता चिह्न	ँ (अँ) (चन्द्रबिन्दु)
व्यंजन	क ख ग घ ङ
	च छ ज झ ञ
	ट ठ ड ढ ण ड़ ढ़
	त थ द ध न
	प फ ब भ म
	य र ल व ळ
	श ष स ह
संयुक्त व्यंजन	क्ष त्र ज्ञ श्र (द्य, द्व द्ध)
हल् चिह्न	(ड्)
गृहीत स्वर	ऑ (ॅ) ख़, ज़ फ़, (अर्धचन्द्र, नुक़्ता)

देवनागरी अंक	१	२	३	४	५
	६	७	८	९	०

भारतीय अंकों का अन्तर्राष्ट्रीय रूप

1	2	3	4	5
6	7	8	9	0

संस्कृत के लिए प्रयुक्त देवनागरी वर्णमाला में तो ॠ, लृ तथा ॡ भी सम्मिलित हैं, किन्तु हिन्दी में इन वर्णों का प्रयोग न होने के कारण इन्हें हिन्दी की मानक वर्णमाला में स्थान नहीं दिया गया है।

संविधान के अनुच्छेद 343 (1) के अनुसार संघ के राजकीय प्रयोजनों के लिए प्रयुक्त होनेवाले अंकों का रूप भारतीय अंकों का अन्तर्राष्ट्रीय रूप होगा, परन्तु राष्ट्रपति संघ के किसी भी राजकीय प्रयोजन के लिए भारतीय अंकों के अन्तर्राष्ट्रीय रूप के साथ-साथ दवेनागरी रूप का प्रयोग भी प्राधिकृत कर सकते हैं।

परिवर्धित देवनागरी वर्णमाला

केन्द्रीय हिन्दी निदेशालय ने उपर्युक्त मानक हिन्दी वर्णमाला के साथ ही परिवर्धित देवनागरी वर्णमाला भी विकसित की है, ताकि उसके माध्यम से सभी भारतीय भाषाओं का लिप्यन्तरण देवनागरी में हो सके। परिवर्धित देवनागरी का विवरण आगे पृष्ठ पर दिया है।

2. हिन्दी वर्तनी का मानकीकरण

किसी भी भाषा के सीखने-सिखाने में सहायक या बाधक बननेवाले दो प्रमुख तत्त्व हैं, उसका व्याकरण और लिपि। लिपि का एक पक्ष है, सामान्य और विशिष्ट स्वरों में पृथक् प्रतीक-वर्णों की समृद्धि, उनका परस्पर स्पष्ट आकार-भेद, लिखावट में सरलता तथा स्थान-लाघव एवं प्रयत्न-लाघव।

लिपि का दूसरा पक्ष है, वर्तनी। एक ही स्वर को प्रकट करने के लिए विविध वर्णों का प्रयोग वर्तनी को जटिल बना देता है और यह लिपि का एक सामान्य दोष माना जाता है। यद्यपि देवनागरी लिपि में यह दोष न्यूनतम है, फिर भी उसकी कुछ विशिष्ट कठिनाइयाँ भी हैं।

इन सभी कठिनाइयों को दूर रक हिन्दी वर्तनी में एकरूपता लाने के लिए भारत सरकार के शिक्षा मन्त्रालय ने सन् 1961 में एक विशेषज्ञ समिति नियुक्त की थी। समिति ने अप्रैल, 1962 में अपनी अन्तिम सिफारिशें प्रस्तुत कीं, जिन्हें सरकार ने स्वीकृत किया। इन्हें 1967 में **हिन्दी वर्तनी का मानकीकरण** शीर्षक पुस्तिका में व्याख्या तथा उदाहरण सहित प्रकाशित किया गया था। वर्तनी सम्बन्धी अद्यतन नियम इस प्रकार हैं—

1. संयुक्त वर्ण

(क) खड़ी पाईवाले व्यंजन

खड़ी पाईवाले व्यंजनों का संयुक्त रूप खड़ी पाई को हटाकर ही बनाया जाना चाहिए, यथा–

ख्याति, लग्न, विघ्न	व्यास
कच्चा, छज्जा	श्लोक
नगण्य	राष्ट्रीय
कुत्ता, पथ्य, ध्वनि, न्यास	स्वीकृत
प्यास, डिब्बा, सभ्य, रम्य	यक्ष्मा
शय्या	त्र्यम्बक
उल्लेख	

(ख) अन्य व्यंजन

(अ) 'क' और 'फ' के संयुक्ताक्षर–
संयुक्त, पक्का, दफ्तर आदि की तरह बनाए जाएँ न कि संयुक्त, पक्का, दफ्तर की तरह।

(आ) ड, छ, ट, ठ, ड, ढ, द और ह के संयुक्ताक्षर हल् चिह्न लगाकर ही बनाए जाएँ, यथा–
वाङ्मय, लट्टू, बुड्ढा, विद्या, चिह्न, ब्रह्मा आदि
(वाङ्मय, लट्टू, बुड्ढा, विद्या, चिह्न, ब्रह्मा नहीं)। (वैसे अब द्य, द्व और द्ध चल रहे हैं तथा चलते रहेंगे।)

(इ) संयुक्त 'र' के प्रचलित तीनों रूप यथावत् रहेंगे, यथा : प्रकार, धर्म, राष्ट्र।

(ई) 'श्र' का प्रचलित रूप ही मान्य होगा, इसे 'श्र' के रूप में नहीं लिखा जाएगा। त्-र के संयुक्त रूप के लिए त्र और त्र दोनों रूपों में से किसी एक के प्रयोग की छूट होगी। किन्तु 'क्र' को 'क्र' के रूप में नहीं लिखा जाएगा।

(उ) हल् चिह्न युक्त वर्ण से बननेवाले संयुक्ताक्षर के द्वितीय के व्यंजन साथ 'इ' की मात्रा का प्रयोग सम्बन्धित व्यंजन के तत्काल पूर्व ही किया जाएगा, न कि पूरे युग्म से पूर्व, यथा कुट्टिम, द्वितीय, बुद्धिमान, चिह्नित न लिखें, कुट्टिम, द्वितीय, बुद्धिमान, चिह्नित आदि लिखें।

(ऊ) संस्कृत में संयुक्ताक्षर पुरानी शैली से भी लिखे जा सकेंगे, उदाहरणार्थ– संयुक्त, चिह्न, विद्या, चञ्चल, विद्वान, वृद्ध, अङ्क, द्वितीय आदि।

2. *विभक्ति-चिह्न*

(क) हिन्दी के विभक्ति-चिह्न सभी प्रकार के संज्ञा शब्दों में प्रातिपदिक से पृथक् लिखे जाएँ, जैसे—राम ने, राम को, राम से आदि तथा स्त्री ने, स्त्री को, स्त्री से आदि। सर्वनाम शब्दों में ये चिह्न प्रातिपदिक के साथ मिलाकर लिखे जाएँ, जैसे—उसने, उसकी, उसपर आदि।

(ख) सर्वनामों के साथ यदि दो विभक्ति-चिह्न हों तो उनमें से पहला मिलाकर और दूसरा पृथक् लिखा जाए, जैसे—उसके लिए, इसमें से।

(ग) सर्वनाम और विभक्ति के बीच 'ही' 'तक' आदि का निपात हो तो विभक्ति को पृथक् लिखा जाए, जैसे—आप ही के लिए, मुझ तक को।

3. *क्रिया पद*

संयुक्त क्रियाओं में सभी अंगभूत क्रियाएँ पृथक्-पृथक लिखी जाएँ, जैसे—पढ़ा करता है, आ सकता है, जाया करता है, खाया करता है, जा सकता है, किया करता था, पढ़ा करता था, खेला करेगा, घूमता रहेगा, बढ़ते चले जा रहे हैं आदि।

4. *हाइफन*

हाइफन का विधान स्पष्टता के लिए किया गया है।

(क) द्वन्द्व समास में पदों के बीच हाइफन रखा जाए, जैसे—राम-लक्ष्मण, शिव-पार्वती-संवाद, देख-रेख, चाल-चलन, हँसी-मजाक, लेन-देन, पढ़ना-लिखना, खाना-पीना, खेलना-कूदना आदि।

(ख) सा, जैसा आदि से पूर्व हाइफन रखा जाए, जैसे—तुम-सा, राम-जैसा, चाकू-से तीखे।

(ग) तत्पुरुष समास में हाइफन का प्रयोग केवल वहीं किया जाए, जहाँ उसके बिना भ्रम होने की सम्भावना हो, अन्यथा नहीं, जैसे भू-तत्त्व। सामान्यतः तत्पुरुष समासों में हाइफन लगाने की आवश्यकता नहीं है, जैसे—रामराज्य, राजकुमार, गंगाजल, ग्रामवासी, आत्महत्या आदि।

इसी तरह यदि 'अ-नख' (बिना रख का) समस्त पद में हाइफन न लगाया जाए तो उसे 'अनख' पढ़े जाने से 'क्रोध' या अर्थ भी निकल सकता है। अ-नति (नम्रता का अभाव), अनति (थोड़ा), अ-परस (जिसे किसी ने न छुआ हो), अपरस (एक चर्मरोग), भू-तत्त्व (पृथ्वी-तत्त्व), भूतत्त्व (भूत होने का भाव) आदि समस्त पदों की भी यही स्थिति है। ये सभी युग्म वर्तनी और अर्थ दोनों दृष्टियों से भिन्न-भिन्न शब्द हैं।

(घ) कठिन सन्धियों से बचने के लिए भी हाइफन का प्रयोग किया जा सकता है, जैसे : द्वि-अक्षर, द्वि-अर्थक आदि।

5. अव्यय

'तक', 'साथ' आदि अव्यय सदा पृथक् लिखे जाएँ, जैसे—आपके साथ, यहाँ तक।

इस नियम को कुछ और उदाहरण देकर स्पष्ट करना आवश्यक है। हिन्दी में आह, ओह, कहा, ऐ, ही तो, सो, भी, न, जब, तब, कब, यहाँ, वहाँ, सदा, क्या, श्री, जी, तक, भर, मात्र, साथ, कि, किन्तु, मगर, लेकिन, चाहे, या, अथवा, तथा, यथा, और आदि अनेक प्रकार के भावों का बोध करानेवाले अव्यय हैं। कुछ अव्ययों के आगे विभक्ति चिह्न भी आते हैं, जैसे—अब से, तब से, यहाँ से, वहाँ से, सदा से आदि। नियम के अनुसार अव्यय सदा पृथक् लिखे जाने चाहिए, जैसे—आप ही के लिए, मुझ तक को, आपके साथ, गज भर कपड़ा, देश भर, रात भर, दिन भर, वह इतना भर कर दे, मुझे जाने तो दो, काम भी नहीं बना, पचास रुपए मात्र आदि। सम्मानार्थक श्री और जी अव्यय भी पृथक् लिखे जाएँ जैसे—श्री श्रीराम, कन्हैयालाल जी, महात्मा जी आदि।

समस्त पदों में प्रति, मात्र, यथा आदि अव्यय पृथक् नहीं लिखे जाएँगे, जैसे—प्रतिदिन, प्रतिशत, मानवमात्र, यथासमय, यथोचित आदि। यह सर्वविदित नियम है कि समास होने पर समस्त पद एक माना जाता है। अतः उसे व्यस्त रूप में न लिखकर एक साथ लिखना ही संगत है।

6. श्रुतिमूलक 'य', 'व'

(क) जहाँ श्रुतिमूलक य, व का प्रयोग विकल्प से होता है, वहाँ न किया जाए, अर्थात् किए-किये, नई-नयी, हुआ-हुवा आदि में से पहले (स्वरात्मक) रूपों का ही प्रयोग किया जाए। यह नियम क्रिया, विशेषण, अव्यय आदि सभी रूपों और स्थितियों में लागू माना जाए, जैसे दिखाए गए, राम के लिए, पुस्तक लिए हुए, नई दिल्ली आदि।

(ख) जहाँ 'य' श्रुतिमूलक व्याकरणिक परिवर्तन न होकर शब्द का ही मूल तत्त्व हो वहाँ वैकल्पिक श्रुतिमूलक स्वरात्मक परिवर्तन की आवश्यकता नहीं है, जैसे—स्थायी, अव्ययीभाव, दायित्व आदि। यहाँ स्थाई, अव्यईभाव, दाइत्व नहीं लिखा जाएगा।

7. अनुस्वार तथा अनुनासिकता-चिह्न (चन्द्रबिन्दु)

अनुस्वार (ं) और अनुनासिकता चिह्न (ँ) दोनों प्रचलित रहेंगे।

(क) संयुक्त व्यंजन के रूप में जहाँ पंचमाक्षर के बाद सवर्गीय शेष चार वर्णों में से कोई वर्ण हो तो एकरूपता और मुद्रण/लेखन की सुविधा के लिए अनुस्वार का ही प्रयोग करना चाहिए, जैसे—गंगा, चंचल, ठंडा, संध्या, संपादक आदि में पंचमाक्षर के बाद उसी वर्ग का वर्ण आगे आता है, अतः पंचमाक्षर के स्थान पर अनुस्वार का प्रयोग होगा (गङ्गा, चञ्चल, ठण्डा, सन्ध्या, सम्पादक का नहीं)। यदि पंचमाक्षर के बाद किसी अन्य वर्ग का कोई वर्ण आए अथवा वही पंचमाक्षर दुबारा आए तो पंचमाक्षर अनुस्वार के रूप में परिवर्तित नहीं होगा, जैसे—वाङ्मय, अन्य, अन्न, सम्मेलन, सम्मति, चिन्मय, उन्मुख आदि। अतः वांग्मय, अंय, अंन, संमेलन, संमति, चिंमय, उंमुख आदि रूप ग्राह्य नहीं हैं।

(ख) चन्द्रबिन्दु के बिना प्रायः अर्थ में भ्रम की गुंजाइश रहती है, जैसे—हंस, हँस, अंगना, अँगना आदि में। अतएव ऐसे भ्रम को दूर करने के लिए चन्द्रबिन्दु का प्रयोग अवश्य किया जाना चाहिए किन्तु जहाँ (विशेषकर शिरोरेखा के ऊपर जुड़नेवाली मात्रा के साथ) चन्द्रबिन्दु के प्रयोग से छपाई आदि में बहुत कठिनाई हो और चन्द्रबिन्दु के स्थान पर बिन्दु (अनुस्वार चिह्न) का प्रयोग किसी प्रकार का भ्रम उत्पन्न न करे, वहाँ चन्द्रबिन्दु के स्थान पर बिन्दु के प्रयोग की छूट दी जा सकती है, जैसे नहीं, में, मैं। कविता आदि के प्रसंग में छन्द की दृष्टि से चन्द्रबिन्दु का यथास्थान अवश्य प्रयोग किया जाए। इसी प्रकार छोटे बच्चों की प्रवेशिकाओं में जहाँ चन्द्रबिन्दु का उच्चारण सिखाना अभीष्ट हो, वहाँ उसका यथास्थान सर्वत्र प्रयोग किया जाए, जैसे—कहाँ, हँसना, आँगन, सँवारना, मैं, में, नहीं आदि।

8. विदेशी ध्वनियाँ

(क) अरबी-फारसी या अंग्रेजीमूलक वे शब्द जो हिन्दी के अंग बन चुके हैं और जिनकी विदेशी ध्वनियों का हिन्दी ध्वनियों में रूपान्तर हो चुका है, हिन्दी रूप में ही स्वीकार किए जा सकते हैं, जैसे—कलम, किला, दाग, आदि (क़लम, क़िला, दाग़ नहीं)। पर जहाँ उनका शुद्ध विदेशी रूप में प्रयोग अभीष्ट हो अथवा उच्चारण भेद बताना आवश्यक हो वहाँ उनके हिन्दी में प्रचलित रूपों में यथास्थान नुक्ते लगाए जाएँ जैसे—खाना : ख़ाना, राज : राज़, फन : फ़न। सारांश रूप में यह कहा जा सकता है कि अरबी-फारसी एवं अंग्रेजी की मुख्यतः पाँच ध्वनियाँ (क़, ग़, ख़ ज़ और फ़) हिन्दी में आई हैं जिनमें से दो (क़ और ग़) तो हिन्दी उच्चारण (क, ग) में परिवर्तित हो गई हैं, एक (ख़) लगभग हिन्दी 'ख' में खपने की प्रक्रिया में है और शेष दो (ज़, फ़) धीरे-धीरे अपना अस्तित्व खोने/बनाए रखने के लिए संघर्षरत हैं।

(ख) अंग्रेजी के जिन शब्दों में अर्धविवृत 'अ ॉ' ध्वनि का प्रयोग होता है, उनके शुद्ध रूप का हिन्दी में प्रयोग अभीष्ट होने पर 'आ' की मात्रा (ा) के ऊपर अर्धचन्द्र का प्रयोग किया जाए (ऑ, ॉ)। जहाँ तक अंग्रेजी और अन्य विदेशी भाषाओं से नए शब्द ग्रहण करने और उनके देवनागरी लिप्यन्तरण का सम्बन्ध है, अगस्त-सितम्बर, 1962 में वैज्ञानिक तथा तकनीकी शब्दावली आयोग द्वारा वैज्ञानिक शब्दावली पर आयोजित भाषविदों की संगोष्ठी में अन्तर्राष्ट्रीय शब्दावली के देवनागरी लिप्यन्तरण के संबंध में की गई सिफारिश उल्लेखनीय है। उसमें यह कहा गया है कि अंग्रेजी शब्दों का देवनागरी लिप्यंतरण इतना क्लिष्ट नहीं होना चाहिए कि उसके लिए वर्तमान देवनागरी वर्णों में अनेक नए संकेत-चिह्न लगाने पड़ें। अंग्रेजी शब्दों का देवनागरी लिप्यन्तरण मानक अंग्रेजी उच्चारण से अधिक-से-अधिक निकट होना चाहिए। उसमें भारतीय शिक्षित समाज में प्रचलित उच्चारण सम्बन्धी थोड़े-बहुत परिवर्तन किए जा सकते हैं। अन्य भाषाओं के शब्दों के सम्बन्ध में भी यही नियम लागू होना चाहिए।

(ग) हिन्दी में कुछ शब्द ऐसे हैं, जिनके दो-दो रूप बराबर चल रहे हैं। विद्वत्समाज में दोनों रूपों की एक-सी मान्यता है। फिलहाल इनकी एकरूपता आवश्यक नहीं समझी गई है। कुछ उदाहरण हैं—गरदन/गर्दन, गरमी/गर्मी, बरफ/बर्फ, बिलकुल/बिल्कुल, सरदी/सर्दी, कुरसी/कुर्सी, भरती/भर्ती, फुरसत/फुर्सत, बरदाश्त/बर्दाश्त, वापिस/वापस, आखीर/आखिर, बरतन/बर्तन, दोबारा/दुबारा, दूकान/दुकान, बीमारी/बिमारी आदि।

9. हल् चिह्न

संस्कृतमूलक तत्सम शब्दों की वर्तनी में सामान्यतः संस्कृत रूप ही रखा जाए, परन्तु जिन शब्दों के प्रयोग में हिन्दी में हल् चिह्न लुप्त हो चुका है उनमें उसको फिर से लगाने का यत्न न किया जाए, जैसे—महान, विद्वान आदि के 'न' में।

10. स्वर-परिवर्तन

संस्कृतमूलक तत्सम शब्दों की वर्तनी को ज्यों-की-त्यों ग्रहण किया जाए। अतः 'ब्रह्मा' को 'ब्रम्हा', 'चिह्न', को 'चिन्ह', 'उऋण' को 'उरिण' में बदलना उचित नहीं होगा। इसी प्रकार गृहीत, द्रष्टव्य, प्रदर्शनी, अत्यधिक, अनधिकार ही लिखना चाहिए। जिन तत्सम शब्दों में तीन व्यंजनों के संयोग की स्थिति में एक द्वित्वमूलक व्यंजन लुप्त हो गया है उसे न लिखने की छूट है, जैसे—अर्द्ध/अर्ध, उज्ज्वल/उज्ज्वल, तत्त्व/तत्त्व आदि।

11. विसर्ग

संस्कृत के जिन शब्दों में विसर्ग का प्रयोग होता है, वे यदि तत्सम रूप में प्रयुक्त हों तो विसर्ग का प्रयोग अवश्य किया जाए, जैसे—'दुःखानुभूति' में। यदि शब्द के तद्भव रूप में विसर्ग का लोप हो चुका हो तो उस रूप में विसर्ग के बिना भी काम चल जाएगा, जैसे—'दुख-सुख के साथी'।

12. 'ऐ', 'ओ' का प्रयोग

हिन्दी में ऐ (ै), और (ौ) का प्रयोग दो प्रकार की ध्वनियों को व्यक्त करने के लिए होता है। पहले प्रकार की ध्वनियाँ 'है', 'और' अदि में है तथा दूसरे प्रकार की 'गवैया', 'कौवा' आदि में। इन दोनों ही प्रकार की ध्वनियों को व्यक्त करने के लिए इन्हीं चिह्नों (ऐ, ै, औ, ओ) का प्रयोग किया जाए। 'गवय्या, कव्वा' आदि संशोधनों की आवश्यकता नहीं है।

13. पूर्वकालिक प्रत्यय

पूर्वकालिक प्रत्यय 'कर' क्रिया से मिलाकर लिखा जाए, जैसे—मिलाकर, खा-पीकर, रो-रोकर आदि।

14. अन्य नियम

(क) शिरोरेखा का प्रयोग प्रचलित रहेगा।

(ख) फुलस्टाप को छोड़कर शेष विराम आदि चिह्न वही ग्रहण कर लिए जाएँ, जो अंग्रेजी में प्रचलित हैं, यथा—
(-,—, ', ?, ' ', ।, :, ; =)
विसर्ग के चिह्न को ही कोलन का चिह्न मान लिया जाए)

(ग) पूर्ण विराम के लिए खड़ी पाई (।) का प्रयोग किया जाए।

15. मानक वर्तनी के प्रयोग का उदाहरण

हिंदी एक विकासशील भाषा है। संघ की राजभाषा घोषित हो जाने के बाद यह शनैः शनैः अखिल भारतीय रूप ग्रहण कर रही है। अन्य क्षेत्रीय भाषाओं के सम्पर्क में आकर, उनसे बहुत कुछ ग्रहण करके और अहिंदीभाषियों द्वारा प्रयुक्त होते-होते उसका यथासमय एक सर्वसम्मत अखिल भारतीय रूप विकसित होगा—ऐसी आशा है।

यद्यपि यह सही है कि एक विस्तृत भू-खंड में और बहुभाषी समाज के बीच व्यवहृत किसी भी विकासशील भाषा में उच्चारणगत गठन में अनेकरूपता मिलना स्वाभाविक है, उसे व्याकरण के कठोर नियमों में जकड़ा नहीं जा सकता, उसके प्रयोगकर्ताओं को, किसी ऐसे शब्द को जिसके दो या अधिक समानांतर रूप प्रचलित हो चुके हैं, एक विशेष रूप में प्रयुक्त करने के लिए बाध्य नहीं किया जा सकता, ऐसे शब्दरूपों में बारे में किसी विशेषज्ञ समिति द्वारा निर्णय दे देने के बाद भी उसकी ग्राह्यता-अग्राह्यता के विषय में मतभेद बना ही रहता है, फिर भी प्रथमतः कम-से-कम लेखन, टंकण और मुद्रण के क्षेत्र में तो हिंदी भाषा में एकरूपता और मानकीकरण की तत्काल आवश्यकता है ही। क्या ऐसा करना आज के यंत्राधीन जीवन की अनिवार्यता नहीं है ?

भाषाविषयक कठोर नियम बना देने से उनकी स्वीकार्यता तो संदेहास्पद हो ही जाती है, साथ ही भाषा के स्वाभाविक विकास में भी अवरोध आने का थोड़ा सा डर रहता है, फलतः भाषा गतिशील, जीवंत और समयानुरूप नहीं रह पाती। हिंदी वर्णमाला के मानकीकरण में और हिंदी वर्तनी की एकरूपता विषयक नियम निर्धारित करते समय इन सब तथ्यों को ध्यान में रखा गया है और इसलिए, जहाँ तक बन पड़ा है, काफी हद तक उदारतापूर्ण नीति अपनाई गई है।

3. हिन्दी में संख्यावाचक शब्दों की एकरूपता

हिन्दी प्रदेशों में संख्यावाचक शब्दों के उच्चारण और लेखन में प्रायः एकरूपता का अभाव दिखाई देता है। शिक्षा मन्त्रालय द्वारा प्रकाशित **ए बेसिक ग्रामर ऑफ माडर्न हिन्दी** में भी इस एकरूपता का अभाव था। अतः निदेशालय में 5-6 फरवरी, 1980 को आयोजित भाषा विज्ञानियों की बैठक में इस पर गम्भीरता से विचार किया गया। तदनुसार एक से सौ एक सभी संख्यावाचक शब्दों पर विचार करने के बाद इनका मानक रूप स्वीकृत हुआ। यह आगे उद्धृत किया जा रहा है।

4. परिवर्धित देवनागरी

केन्द्रीय हिन्दी निदेशालय का एक प्रमुख उद्देश्य देवनागरी को भारतीय भाषाओं के लिप्यन्तरण का सशक्त माध्यम बनाना भी रहा है। इसके लिए यह आवश्यक था कि देवनागरी में अन्य भाषाओं की ध्वनियों के सूचक प्रतीक विकसित किए जाएँ। अतः निदेशालय ने विशेषज्ञों के साथ विचार-विमर्श के बाद सन् 1966 में **परिवर्धित देवनागरी** नामक एक पुस्तिका प्रकाशित की, जिसमें दक्षिण भारत की भाषाओं तथा कश्मीरी के विशिष्ट स्वरों और व्यंजनों के अतिरिक्त सिन्धी और उर्दू की विशिष्ट ध्वनियों के लिप्यन्तरण के लिए देवनागरी में अपेक्षित परिवर्धन किया गया। सिन्धी को छोड़कर शेष सभी भारतीय भाषाओं में संविधान के एक अंश का लिप्यन्तरण इस परिवर्धित देवनागरी

में किया गया था।

परिवर्धित देवनागरी की न्यूनताओं पर बाद में भी विचार चलता रहा और इनके निराकरण के लिए प्रयास किया गया और विद्वानों से इस प्रसंग में सम्मतियाँ भी माँगी गईं। प्राप्त सम्मतियों और सुझावों के अनुसरण में एक तुलनात्मक सारणी बनाई गई जिसमें संविधान की अष्टम अनुसूची की सभी भाषाओं को समाविष्ट किया गया। यह सारणी निदेशालय की विभिन्न बहुभाषी कोष-योजनाओं में काफी सहायक सिद्ध हुई। कालान्तर में इस सारणी में भी संशोधन-परिवर्धन करने की आवश्यकता जान पड़ी। अतः 5-6 फरवरी, 1980 को निदेशालय में भाषा-विशेषज्ञों की एक बैठक हुई, जिसमें देवनागरी में निम्नलिखित सुधार किया गया—

(1) **हटाए गए लिपिचिह्न**

(क) कश्मीरी : इ़, उ., ज, झ
(ख) संस्कृत : ॡ, ॡ

(2) **जोड़े गए लिपिचह्न**
(क) कश्मीरी : ॲ, ऑ
(ख) हलूचिह्न : ्

(3) परिवर्तित लिपिचिह्न

	पूर्व रूप	परि. रूप
(क) कश्मीरी ह्रस्व आ	ॲ	आ
(ख) दक्षिण भारतीय भाषाओं में ह्रस्व ए :	ऍ	ए
(ग) सिन्धी अन्तःस्फोटी	द	ड
(घ) मलयालम	ष़	ळ

(ङ.) उर्दू-फारसी अथवा अरबी (अ़) को व्यंजन मानते हुए इनके साथ अन्य मात्राएँ इस प्रकार जुड़ेंगी : अ़ि, अ़ी, अ़ू आदि।

इस प्रकार परिवर्तित देवनागरी वर्णमाला सारणी का जो रूप स्वीकृत हुआ है, वह निम्नलिखित है—

परिवर्धित देवनागरी वर्णमाला

देवनागरी वर्णमाला

स्वर	अ आ इ ई उ ऊ ऋ ॠ ए ऐ ओ औ
मात्राएँ	ा ि ी ु ू ृ े ै ो औ
अनुस्वार	ां (अं)

विसर्ग		:	(अः)				
अनुनासिकता चिह्न		ँ	(अँ)				
व्यंजन	क	ख	ग	घ	ङ		
	च	छ	ज	झ	ञ		
	ट	ठ	ड	ढ	ण	ड़	ढ़
	त	थ	द	ध	न		
	प	फ	ब	भ	म		
	य	र	ल	व		ळ	
	श	ष	स	ह			

संयुक्त व्यंजन क्ष त्र ज्ञ श्र

हल् चिह्न

विशेषक चिह्न :

स्वर : (1) ह्रस्व ए और ओ मात्राएँ ऎ ऒ
ॆ ॊ

(2) कश्मीरी के विशिष्ट स्वर उ़ ऊ़ ओ ओ अॅ ऑ
मात्राएँ ु़ ू़ ो ो ॅ ॉ

व्यंजन : (1) कश्मीरी चवर्ग च़ छ़

(2) सिन्धी अन्तःस्फोटी व्यंजन ॻ ॼ ॾ ॿ

(3) तमिळ और मलयालम ळ

(4) बंगला-असमिया य़

(5) दक्षिण भारतीय भाषाओं को 'र' का कठोर उच्चारण ऱ

(6) तमिल़ ऩ

(7) मलयालम (ण) का वर्त्स्य उच्चारण ऩ

(8) फ़ारसी-अरबी और अंग्रेजी से गृहीत स्वन क़, ख़, ग़ ज़, झ़, फ़

(9) उर्दू अैन (अ) अ़

स्थिति के अनुसार आ़ (आ़दत), इ़ (इ़बादत),

अ़ी अ़ीद, अु (अुमर),

अै, (अ़ैब), अ़ौ (अ़ौरत) आदि।

5. एक से सौ तक संख्यावाचक शब्दों का मानक रूप

एक	दो	तीन	चार	पाँच	छह	सात	आठ	नौ	दस
ग्यारह	बारह	तेरह	चौदह	पन्द्रह	सोलह	सत्रह	अठारह	उन्नीस	बीस
इक्कीस	बाईस	तेईस	चौबीस	पच्चीस	छब्बीस	सत्ताईस	अट्ठाईस	उनतीस	तीस
इकतीस	बत्तीस	तैंतीस	चौंतीस	पैंतीस	छत्तीस	सैंतीस	अड़तीस	उनतालीस	चालीस
इकतालीस	बयालीस	तैंतालीस	चवालीस	पैंतालीस	छियालीस	सैंतालीस	अड़तालीस	उनचास	पचास
इक्यावन	बावन	तिरपन	चौवन	पचपन	छप्पन	सतावन	अठावन	उनसठ	साठ
इकसठ	बासठ	तिरसठ	चौसठ	पैंसठ	छियासठ	सड़सठ	अड़सठ	उनहत्तर	सत्तर
इकहत्तर	बहत्तर	तिहत्तर	चौहत्तर	पचहत्तर	छिहत्तर	सतहत्तर	अठहत्तर	उनासी	अस्सी
इक्यासी	बयासी	तिरासी	चौरासी	पचासी	छियासी	सतासी	अठासी	नवासी	नब्बे
इक्यानबे	बानबे	तिरानबे	चौरानबे	पचानबे	छियानबे	सतानबे	अठानबे	निन्यानबे	सौ

6. पैराग्राफ़ों आदि के विभाजन में सूचक वर्णों तथा अंकों का प्रयोग

(केवल विधि से सम्बन्धित क्षेत्र हेतु)

देखने में आया है कि अंग्रेजी-हिन्दी अनुवादों में तथा अन्य प्रशासनिक साहित्य में विषय के विभाजन, उपविभाजन तथा पैराओं-उपपैराओं का क्रमांकन करते समय अंग्रेजी* A, B, C a, b, c के लिए कहीं क, ख, ग तथा अ, आ, इ और कहीं अ, ब, स का प्रयोग किया जाता है। यह अनेकता भी हिन्दी के मानक स्वरूप के विकास में बाधक रही है। केन्द्रीय हिन्दी निदेशालय ने इस विषय पर भाषा-विशेषज्ञों की दिनांक 5-6 फरवरी, 1980 की बैठक में विचार-विमर्श के बाद यह निर्णय किया है कि A, B, C अथवा a, b, c के स्थान पर हिन्दी में सर्वत्र, क, ख, ग का प्रयोग किया जाए। जहाँ रोमन वर्ण कोष्ठक में हो, वहाँ देवनागरी वर्णों को भी कोष्ठकों में रखा जाए। विषय के विभाजन, उपविभाजन, पैराओं या उरपैराओं के लिए अन्तरराष्ट्रीय अंकों अर्थात् 1, 2, 3 के प्रयोग के साथ-साथ आवश्यकता के अनुसार रोमन, i, ii, iii आदि का भी प्रयोग किया जा सकता है। उपर्युक्त पद्धति को निम्नलिखित नमूने में उदाहरण स्वरूप देखा जा सकता है—

पैराग्राफ़ों आदि के विभाजन में सूचक वर्णों तथा अंकों का प्रयोग

GRAMMAR	**व्याकरण**
1. The Alphabet	1. वर्ण विचार
A. Vowels	क, स्वर
1. Definiton of vowel	1. स्वर की परिभाषा
2. Kinds of vowels	2. स्वर-भेद

*विधि में A,B,C को a,b, c से सुभिन्न करने के लिए आवश्यकतानुसार A,B,C के स्थान पर अ, आ, इ का प्रयोग किया जाएगा और a,b,c के लिए क, ख, ग का प्रयोग होगा।

(1) According to form	(1) रचना के अनुसार
(i) basic (Monophthong)	(i) मूल (एकस्वरक)
(ii) lengthened	(ii) दीर्घीकृत
(a) long	(क) दीर्घ
(b) protracted	(ख) प्लुत
(iii) diphthong	(iii) सन्ध्यक्षर
(2) According to nasality	(2) अनुनासिकता के आधार पर
(i) oral/non-nasal	(i) मौखिक/निरनुनासिक
(ii) nasal	(ii) अनुनासिक
(B) Consonants	ख. व्यंजन
II. The Word	II. शब्दविचार
III. The Sentence	III. वाक्यविचार
IV. Composition	IV. रचना

7. वैज्ञानिक तथा तकनीकी शब्दावली के स्थायी आयोग द्वारा स्वीकृत शब्दावली-निर्माण के सिद्धान्त

(1) अन्तर्राष्ट्रीय शब्दों को यथासम्भव उनके प्रचलित अंग्रेजी रूपों में ही अपनाना चाहिए और हिन्दी व अन्य भारतीय भाषाओं की प्रकृति के अनुसार ही उनका लिप्यन्तरण करना चाहिए। अन्तर्राष्ट्रीय शब्दावली के अन्तर्गत निम्नलिखित उदाहरण दिए जा सकते हैं—

(क) ऐसे शब्द जो व्यक्तियों के नाम पर बनाए गए हैं जैसे, मार्क्सवाद (कार्ल मार्क्स), ब्रेल (ब्रेल), बायकाट (कैप्टिन बायकाट), गिलोटिन (डॉ. गिलोटिन), गेरीमैन्डर (गेरी) आदि;

(ख) ऐसे अन्य शब्द जिनका आमतौर पर सारे संसार में व्यवहार हो रहा है जैसे—टेलीफोन, लाइसेंस, रायल्टी, परमिट, टैरिफ़ आदि।

(2) संकल्पनाओं को व्यक्त करनेवाले शब्दों का सामान्यतः अनुवाद किया जाना चाहिए।

(3) हिन्दी पर्यायों का चुनाव करते समय सरलता, अर्थ की परिशुद्धता और सुबोधता का विशेष ध्यान रखना चाहिए। सुधार-विरोधी और विशुद्धिवादी प्रवृत्तियों से बचना चाहिए।

(4) सभी भारतीय भाषाओं के शब्दों में यथासम्भव अधिकाधिक एकरूपता लाना ही इसका उद्देश्य होना चाहिए और इसके लिए ऐसे शब्द अपनाने चाहिए जो—

(क) अधिक-से-अधिक प्रादेशिक भाषाओं में प्रयुक्त होते हों, और

(ख) संस्कृत धातुओं पर आधारित हों

(5) ऐसे देशी शब्द जो सामान्य प्रयोग के पारिभाषिक शब्दों के स्थान पर हमारी भाषाओं में प्रचलित हो गए हैं जैसे, telegraph/telegram के लिए तार, continent के लिए महाद्वीप, post के लिए डाक आदि, इसी रूप में व्यवहार में लाए जाने चाहिए।

(6) अंग्रेजी, पुर्तगाली, फ्रांसीसी आदि भाषाओं के ऐसे विदेशी शब्द जो भारतीय भाषाओं में प्रचलित हो गए हैं जैसे टिकट, सिगनल, पेंशन, पुलिस, ब्यूरो, रेस्तराँ, डी लक्स आदि, इसी रूप में अपनाए जाने चाहिए।

(7) अन्तर्राष्ट्रीय शब्दों का देवनागरी लिपि में लिप्यन्तरण—अंग्रेजी का लिप्यन्तरण इतना जटिल नहीं होना चाहिए कि उसके कारण वर्तमान वर्णों में नए चिह्न व प्रतीक शामिल करने की आवश्यकता पड़े। अंग्रेजी शब्दों का देवनागरीकरण करते समय लक्ष्य यह होना चाहिए, कि वह मानक अंग्रेजी उच्चारण के अधिकाधिक अनुरूप हों और उनमें ऐसे परिवर्तन किए जाएँ जो भारत के शिक्षित वर्ग में प्रचलित हों।

(8) **लिंग**—हिन्दी में अपनाए गए अन्तर्राष्ट्रीय शब्दों को अन्यथा कारण न होने पर, पुल्लिग में प्रयुक्त करना चाहिए।

(9) **संकर शब्द**—पारिभाषिक शब्दावली में संकर शब्दों जैसे guaranteed के लिए 'गारन्टिड', classical के लिए 'क्लासिकी', codifier क लिए 'कोडकार' आदि, के रूप सामान्य और प्राकृतिक भाषाशास्त्रीय प्रक्रिया के अनुसार बनाए गए हैं और ऐसे शब्दरूपों को पारिभाषिक शब्दावली की आवश्यकताओं यथा सुबोधता, उपयोगिता और संक्षिप्तता का ध्यान रखते हुए व्यवहार में लाना चाहिए।

(10) **पारिभाषिक शब्दों में सन्धि और समास**—कठिन सन्धियों का यथासम्भव कम-से-कम प्रयोग करना चाहिए और संयुक्त शब्दों के लिए दो शब्दों के बीच हाइफन लगा देना चाहिए। इससे कई शब्द-रचनाओं को सरलता और शीघ्रता से समझने में सहायता मिलेगी। जहाँ तक संस्कृत पर आधारित 'आदिवृद्धि' का सम्बन्ध है, 'व्यावहारिक', 'लाक्षणिक' आदि प्रचलित संस्कृत तत्सम शब्दों में आदिवृद्धि का प्रयोग ही अपेक्षित है परन्तु नवनिर्मित शब्दों में इससे बचा जा सकता है।

(11) **हलन्त**—नए अपनाए हुए शब्दों में आवश्यकतानुसार हलन्त का प्रयोग करके उन्हें सही रूप में लिखना चाहिए।

(12) **पंचम वर्ण का प्रयोग**—पंचम वर्ण के स्थान पर अनुस्वार का प्रयोग करना चाहिए परन्तु lens, patent आदि शब्दों का लिप्यन्तरण लेंस, पेटेंट न करके लेन्स, पेटेन्ट ही करना चाहिए।

●●●